出版说明

本译丛的第一批共八部，是从英国开放大学出版社（Open University Press）出版的“犯罪与司法”丛书（Crime and Justice）中挑选出来的。“犯罪与司法”丛书是国际专业领域中颇有影响的一套丛书，由英国著名犯罪学家麦克·马吉尔（Mike Maguire）任丛书主编。该丛书是英国乃至整个西方国家“教授犯罪学和刑事诉讼法学的关键资料”。应该说，它是一套教学参考书，注重于为进一步研究“提供坚实的基础”，不仅在书后附有大量参考文献，而且在正文中也给予了提示性的处理，译者基本是原封不动地加以保留。因此，请读者注意：正文中往往有这样的情况，某个论点之后有个括弧，其中有一或两个英文人名，接着有一个或一组数字，这是指此观点见于该作者某某年的出版物的某某页，这个出版物的名称一定包含在书后的参考文献中。恰恰是为了读者寻找到参考文献的原文的便利，我们未将参考文献翻译成中文，而是将原参考文献附在中文版书后。

现代西方犯罪学译丛
丛书主编：［英］麦克·马吉尔

解读心理学与犯罪

——透视理论与实践

Understanding psychology and crime

——Perspectives on theory and action

［英］詹姆斯·马吉尔　著
张广宇等　译

中国人民公安大学出版社
·北　京·

图书在版编目（CIP）数据

解读心理学与犯罪：透视理论与实践/［英］马吉尔著；张广宇等译. —北京：中国人民公安大学出版社，2009. 3

（现代西方犯罪学译丛）

书名原文：Understanding psychology and crime——Perspectives on theory and action

ISBN 978-7-81139-354-5

Ⅰ. 解… Ⅱ. ①马…②张… Ⅲ. 犯罪心理学—研究 Ⅳ. D917. 2

中国版本图书馆 CIP 数据核字（2009）第 013367 号

解读心理学与犯罪

——透视理论与实践

Understanding psychology and crime

——Perspectives on theory and action

［英］詹姆斯·马吉尔 **著**

张广宇等 **译**

出版发行：中国人民公安大学出版社
地　　址：北京市西城区木樨地南里
邮政编码：100038
经　　销：新华书店
印　　刷：北京蓝空印刷厂

版　　次：2009 年 3 月第 1 版
印　　次：2009 年 3 月第 1 次
印　　张：20. 5
开　　本：787 毫米×1092 毫米　1/16
字　　数：252 千字

书　　号：ISBN 978-7-81139-354-5/D·306
定　　价：56. 00 元

网　　址：www. cppsup. com. cn　www. porclub. com. cn
电子邮箱：cpep@ public. bta. net. cn　zbs@ cppsu. edu. cn

营销中心电话（批销）：（010）83903254
警官读者俱乐部电话（邮购）：（010）83903253
读者服务部电话（书店）：（010）83903257
教材分社电话：（010）83903259
公安图书分社电话：（010）83905672
法律图书分社电话：（010）83905637
公安文艺分社电话：（010）83903973
杂志分社电话：（010）83903239
电子音像分社电话：（010）83905727

本社图书出现印装质量问题，由本社负责退换

James McGuire

Understanding psychology and crime – Perspectives on theory and action

ISBN: 0 – 335 – 21119 – 4

Simplified Chinese translation edition jointly published by McGraw – Hill Education (Asia) Co. and Chinese People's Public Security University Press.

北京市版权局著作权合同登记号: 01 – 2007 – 4004

译　者：（按姓氏笔画排列）
王志美　张广宇
李　颖　姚　兵

目　录

丛书主编序言

James McGuire 的书是由开放大学出版社（Open University Press）出版的“犯罪与司法”系列丛书中的第十一本。这一系列丛书是英国大学教授犯罪心理学和刑事司法学的主要参考资料，在海外大学中也日益受到重视。丛书的目标是从一开始就给本科生和研究生提供相关领域坚实的基础知识，带他们进行更深入的探索。尽管丛书适合新涉足本领域的学生，并且尽可能使用简单清楚的语言进行撰写，但这绝不意味着过分简化了相关内容，相反，作者们着眼于使内容贴近读者，并鼓励他们以批评和质疑的心态踏进犯罪心理学知识和理论的殿堂。

James McGuire 引领了最近十年来刑事司法领域日益激烈的关于“什么发挥了作用”的争论，并重点引导了关于鼓励和帮助缓刑犯和囚犯理解和陈述他们犯罪行为的认知—行为程序的发展。无疑，他在该书中对此进行了深入的剖析，但他的目的不仅于此。事实上，他着手评估了心理学能够在犯罪学和刑事司法领域的理论与实践中作出的贡献，并为此作出了切实的努力。正如他所指出的，自 20 世纪 70 年代以来，心理学家和犯罪学家之间彼此脱离，社会学方法开始支配理论犯罪学（至少在英国是这样），而心理学方法就像实证主义受到的部分主要批评一样，因为过多关注个体病理学因素并忽略了对更广阔的社会影响因素的考察而受到批评。

然而，正如 McGuire 所言，与那些批评对犯罪研究的实用性的拙劣观点所描述的不同，心理学是无限丰富和更复杂的主题，心理学家们广泛采用的多种理论方法将对犯罪学家产生重要影响。此外，心理学已经回归刑事政策和实践领域，不仅在发展“什么对缓刑犯和囚犯起作用”的研究方面，更在侦查（特别是对严重犯罪的调查）、法庭刑事证据、风险评估以及对儿童和家庭的早期干预方面作出了贡献。因此，在刑事司法领域内有更多机遇青睐于具有心理学知识的研究生。犯罪学专业的在读大学生和研究生日益认识到这一点，并且越来越注重心理学知识。司法心理学学位和课程也在大学里迅速发展。该书对以上所有学生都是有价值的。

该书开篇是对心理学和犯罪研究之间关系的广泛回顾，同时努力平息有关心理学基本哲学假设的荒诞说法。在第二章至第四章，McGuire 坚持认为在更广泛地理解犯罪，包括注意到社会化、同伴及更广阔的社会和经济背景对犯罪的影响时，也应当把个体因素包括认知和情绪的发展看成是一个重要的因素。他同时还重点介绍了理解犯罪行为的各种“路径”及相关的批评观点。第五章、第六章包括用以证明“犯因性风险因素”的理论和实验研究，并通过犯罪行为计划的发展说明理论如何运用于实践。第七章在关于犯罪学家和刑罚学家争论了多年的核心观点，包括报应、威慑和剥夺犯罪能力方面提供了更广阔的心理学调查。第八章着眼于心理学在侦查、起诉和判决中的主要运用，也提出了这些实践引发的一些重要的伦理和政策问题。

该书以丰富的资料、广阔的视角讨论了心理学、犯罪学和刑事司法政策与实践之间复杂的关系，具有很强的可读性。书中提出重视刑事司法政策与实践的理论基础的发展，将对司法实践工作者和理论研究者产生重要的影响。

之前出版的“犯罪与司法”系列丛书中的其他各书，题目均以“解读”一词开头，它们涵盖了犯罪学理论（Sandra Walklate）、刑罚理论（Barbara Hudson）、犯罪数据与统计（Clive Coleman and Jenny Moynihan）、青少年与犯罪（Sheila

Brown)、犯罪预防（Gordon Hughes)、暴力犯罪（Stephen Jones)、社区处罚（Peter Raynor and Maurice Vanstone)、白领犯罪（Hazel Croall)、风险与犯罪（Hazel Kemshall）和社会控制（Martin Innes）各方面的内容。其中有两本已经发行第二版，其他各书也正在计划发行第二版。其他正在准备发行的新书包括监狱、侦查、犯罪学研究方法、判决与刑事司法、毒品犯罪、种族与犯罪、犯罪与社会排斥等方面的内容。所有这些都是大学犯罪与刑事司法课程的主题，每本书也都可以作为相关模块理想的基础课本。为了帮助理解，每章之前提供了简明的摘要，每本书后都附有词汇表和主要概念索引表①。另外，为帮助读者拓展知识面，每章后面都推荐了进一步阅读的书目。

麦克·马吉尔
2004 年 4 月

① 本书未对此二者进行翻译，译者注。

绪　言

几年前，一个著名的犯罪学研究者告诉我，在他的工作中“几乎从不运用心理学”，并暗示他完全看不到心理学与犯罪学的相关性。最初主要由于这种生硬和完全的轻视，令我感到迷惑，我认为这一定是一个特殊的观点。随着逐渐对犯罪学文献的熟悉，我开始认识到这是一种非常普遍的观点。犯罪学作者描述了心理学典型的实证主义方向，并对此进行了严厉的批评（例如，Roshier，1989）。心理学家自身也评论了心理学理论在主流犯罪学中被忽视，甚至被“系统地低估”的状况（例如，Andrews，1995）。犯罪学领域的教科书明显受到了其他社会科学尤其是社会学的影响。这就是为什么心理学内容在 Conklin（1992）的教科书中只占了全书 564 页中的 22 页，而在 Glick（1995）的教科书中更是只分配到 529 页中的区区 6 页。

本书并非为了减少这种伤痛的感觉，或者阻止我们可怜的心理学家遭受这种境遇，尽管我们中的许多人也许会产生这样的敏感！本书只想近距离地检视心理学对理解被我们称之为“犯罪”的行为的贡献，以及由此得出的实用的结论（如果存在的话）。犯罪行为可以用多种方法进行研究，其中至少有一种会考虑到无论是否有其他影响在起作用，大多数犯罪行为是由个体实施的。法律操作的基础是：法律决策将犯罪的责任和罪恶归于个人，尽管这一基础可能受到挑战，也没有一点迹象表明会有任何有意义的改变。即使是有组织犯罪或其他团伙犯罪，个体的决定也仍然密切伴随着犯罪的过程。几年以后，另一个研究者认为，1980～1982 年英格兰和威尔士有记录的盗窃案的上升是由于那一时期的经济萧条导致的。经济萧条可能真的是一个非常重要的因素，但确切地说它是怎么发生作用的呢？难道是额外 20 万名盗贼聚集在海德公园，共同决定进行一次强行侵入他人住宅的狂欢？或者是他们的环境变化了，他们对环境的感知和环境对他们的反作用，导致了众多制造侵财案件的独立决定？为什么同时期的许多其他人也经受着经济困苦的折磨却没有盗窃呢？

一个普遍的假设认为心理学存在许多缺陷而不适合用于研究犯罪。心理学的从业者描述他们自己是经受过严格训练的，像物理学家或生物学化学家一样采用这类“硬”科学同样的调查方法。当其他社会研究学科已经着手新的研究范式时，他们依然谈论行为并且进行控制下的实验。心理学被认为或多或少只在人们自身内部寻找他们行为的原因，并被认为如果不是有意拒绝诸如社会条件或政治力量等外部的环境因素，就是忽视了它们。这已经被认为是心理学本身固有的保守姿态（见 Lilly et al.，2002）。心理学与生物学和医学有着很近的联系，并将犯罪看成是一种病态。心理学家使用老鼠、鸽子、大学生和其他外国人进行实验，他们在一些相当有限的抽样样本和奇特调查的基础上得出大量结论。在一些实验中，他们让人们待在黑屋子里并戴上一种能让所看到的世界上下颠倒的透镜，或对其进行电击。他们应用智力测验、无意义音节、单向玻璃和厌恶疗法。总而言之，这是一群古怪的令人讨厌的家伙，最好离他们远点。

我完全同意心理学的历史并非是完全健康和值得赞美的观点，其中堆满了一些令人后悔的观点和不幸的应用（见 Gould，1981）。尽管在这方面心理学并不是孤例。但我仍然相信，并希望本书可以使读者相信，心理学中包含了大量有用于犯罪学理论、实验和应用的内容。最近的一个评论记录了犯罪学和心理学之间潜在的一个新的更令人兴奋也更有用的关系（见 Hollin，2002a）。而且，像其他学科一样，心理学稳定发展，并且普遍使用了大部分方法论的方法。大多数心理学家认识到，对知识的各领域之间的边界的划分是易变的，有时几乎是武断的，事实上任何问题都需要多视角才能充分理解。

本书的目的是，在尽可能建立心理学与其他社会科学的必要联系的同时，努力描绘出犯罪中的心理学元素。这并不是主张个体的、心理的因素有时比在犯罪学中通常研究的那些因素更重要。相反，我们坚决认为如果抛弃或忽视那些因素，我们对犯罪问题的理解将是不充分的。只有联合更广泛的理论、掌握更多的证据，才能帮助我们更全面的理解犯罪。

我非常感激在我解读本书所探讨的各种问题时给予我大量帮助的人们。首先，我要感谢 Philip Priestley，他将我引领进了“犯罪与司法”的领域，并且以他广博的知识给了我大量的帮助。我也非常感谢 Mike Maguire 邀请我参加这一丛书系列的写作，并对原稿提出宝贵的修改意见。在许多大小会议和小组讨论中，我从这一领域的许多权威人物那里收获颇多。另外，本书还获得了许多人默默的帮助，他们是 Don Cooke，David Farrington，Paul Gendreau，Clive Hollin，Doug Lipton，Friedrich Lösel，Mary McMurran，Frank Porporino，Beverley Rowson，David Thornton 和 Sheila Vellacott。尽管获得了如此多的帮助，本书还是难免存在错误和不足。

詹姆斯·马吉尔
2004 年 3 月

第一章

心理学视角

研究犯罪学历史和理论的学者，一般都将犯罪的正式研究和犯罪学学科的起源上溯至19世纪上半叶，认为其距今还未超过200年。当然，在历史上无法确定一个有文件记载的独立时点，在那一刻有人明确宣称自己有目的地发明了犯罪学这一新学科。那看起来真是遗憾，如果这样的时点真的存在，相关的历史可能将更容易书写。

您现在正在读的，是一本致力于通过心理学理论和研究来阐述犯罪学具体问题或特殊方法的书。公正地说，犯罪学和心理学最初并不存在确定的关联（见 Hollin，2002a）。关键的原因可能在于，心理学家过于强调观察个体，而很多犯罪学家则认为，犯罪是只能从社会环境和整个社会趋势的角度进行理解的事物。不过对此还有其他几个方面的说法，我们将在第一章中予以充分的探讨。

在本书接下来的章节中，笔者试图根据个人的观点，概述心理学在许多犯罪学关键问题研究上的贡献。总体来看，本书的写作计划如下：第一章是为后续章节做铺垫的。首先提出犯罪如何被定义的问题，接着给出一些思考心理学与犯罪学关系的背景材料，并为初次接触心理学的读者提供一些心理学方面的基础知识。第二章考察那些有助于解释犯罪行为生成的社会、生态、环境和个体（心理学）因素之间的关系。这涉及犯罪学理论的全面梳理、研究采取的主要方向，以及心理学在其中可能起到的作用。第三章深入研究个人行为和发展的“心理—社会”模型与如何运用这一模型理解那些被标定为“犯罪”的行为类型的发生，以及在某种情境下犯罪行为的持续。第四章将运用这一模型，仔细分析心理学如何有助于理解财产犯罪、人身伤害、药物滥用和性犯罪这四种具体犯罪行为的产生。在此基础上，第五章将在当下流行的“风险—需要”模型中针对那些在犯罪过程中发挥作用的因素作进一步的研究。尽管大多数人在他们生活中的某一时刻都出现过违法情况，但只有相当少的一部分人表现出重复违法模式，并要对相当大一部分已发现的犯罪负责。可能的话，本章也会探讨犯罪和精神障碍之间的关系。第六章的注意力将转移到几种干预措施上，这些措施已显示出能对减少累犯起作用，并且已表现出积极效果。我们需要针对干预犯罪人的不同措施的实际工作效果进行大范围的检视与比较。

从中得出的某些结论，可能是最近在犯罪学研究中重新对心理学产生兴趣的主要原因之一。第七章阐述社会当前对犯罪人作出的主要反应：运用刑罚或者进行“威慑”。尽管这些措施得到广泛运用，但显然已难达到预定的效果。心理学能够帮助我们破解这一明显的悖论吗？最后，在第八章中，我们将讨论一些心理学的实际应用，以及在运用心理学方法研究犯罪时应注意的一些道德和政治方面的问题。其中，关键问题是方法是否科学，而其他问题则涉及是否符合建立在社会公正基础上的基本价值体系。

定义犯罪

近期，犯罪学的一些争论已经集中于犯罪的定义本身。犯罪究竟是什么？在某种层面上，这听起来像一个空洞的浪费时间的问题。当然，通过一个社会的成文法律，可以很容易地将犯罪定义为任何公开禁止的行为。因此，诸如超速驾驶、刑事伤害、盗窃、诈骗和伤害等具体的行为，都在刑法的规定中得到定义和禁止。仅此倒也没什么问题，但如果要研究这些行为并理解其模式，这种明显简单的定义则具有相当的误导性。犯罪学家承认，在法律规定正式界定的行为与市民、警察、法庭和刑罚系统的活动所反馈出的信息之间，存在一种复杂的联系，使得研究犯罪的过程极为困难。即便是在那些已经以某种形式建立起犯罪统计制度数百年的社会中，犯罪记录的统计结果也很难解释（见 Walker，1995；Coleman and Moynihan，1996；Maguire，2002）。

因此，有很多不确定的因素会影响到一个社会中的总体犯罪率。此外，在不同的社区和社会中，犯罪的概念有所不同，并且还会因时而异，这些区别甚至以非常直接的方式表现出来。例如，少年负刑事责任的年龄（由此确定其行为是否被定罪）问题就是适例。关于这个问题，在英国国内甚至也有区别：苏格兰是 8 岁，英格兰和威尔士是 10 岁。除爱尔兰是7岁外，一般来说，欧洲其他国家的规定都高于英国，法国是13岁，德国是14岁，瑞典是15岁，西班牙是16岁。一个更为具体的例子是，在欧洲的不同国家，关于私藏大麻的法律规定也有不同。最近，在英格兰和威尔士，因私藏大麻而被逮捕的比率出现下降（见 May et al.，2002）。从2004年1月起生效的从B级到C级的毒品重新分类，通过在法律表述上改变何种行为构成“犯罪”，将对私藏大麻的逮捕率产生更加明显的影响。

一个更极端的例子是婚内强奸犯罪。根据自18世纪以来确定的英国普通法理论推定，缔结婚姻意味着丈夫就发生性行为而言，获得了妻子一方不可撤销的承诺（倘若他们生活在一起的话），所以据此能够给予针对丈夫的强奸指控以法律豁免。但在1992年的司法裁定中，这种行为被重新定义，接着在1994年《刑事司法与公共秩序法》中被规定为犯罪（见 Reed and Seago，1999）。这使得在200多年时间里被视为合法的行为彻底转变了性质。进一步考察，我们可能会发现与此类似但后果更严重的行为。南美雨林中的 Mundurucu 人将双胞胎出生视为向动物界退化的不祥之兆（人类以外的其他物种常见的是多胎）。在 Mundurucu 人社会中，这种婴儿会被杀死，结果没有人认为这是犯罪（见 Sanday，1981）。

因此，在某些情境下被标定为犯罪的行为，在其他情境下则不被定义为犯罪；没有一种行为在任何时间、任何地点都是犯罪（见 Phillipson，1971：5）。考虑到这一点，我们开始怀疑究竟是什么构成了犯罪，以及犯罪是否能够在任何情境下都被“客观”地描述。很明显，在很大程度上与其将犯罪看作是由法律条文构成的概念，不如将其视为一种社会固有的现象。

在关于这一难题的讨论中，Muncie（2001）已经确认了多达11种独立的犯罪定义。一些定义围绕着刑法规定的犯罪进行界定，或者在其基础上加以变动；另一些定义则从背离道德和社会法则这一更为广阔的背景出发进行表述；还有一些定义关注在社会权力结构内部犯罪定义本身的来源，并且通过研究这些定义的制定过程，拓展了犯罪学的研究目的。一些最精细的定义关注行为的危害性，并且广泛地囊括了在社会关系和社会系统中导致个人权利遭受剥夺的行为或事件。这些定义涵盖很多在通常情况下不被视为犯罪的行为类型。例如，忽视工作场所的安全标准，在有证据证明有害的情况下销售烟草制品，故意污染环境，以及秘密出售武器给专制政权。“法律概念中的‘犯罪’似乎规定了特别刺眼的景象，不幸、危险、危害、风险和伤害成为日常生活的惯常部分。”（见 Muncie，2001：21）从意识形态角度来说，以某种方式定义“犯罪”并引导公众的注意力指向该行为，有助于掌握权力的利益集团将公众的注意力从服务于其目的的其他行为上转移开。

上述这些思考对于确立心理学研究的地位，以及在犯罪学研究中如何体现心理学的价值，都具有重要意义。为了能够得到承认，心理学家已经在很大程度上倾向于接受传统的、构成犯罪的所谓“官方”概念。因此，他们基本上将主要精力集中于研究在西方社会通常被视为违法的行为，如人身犯罪、暴力和性侵害，以及非法使用管制药物。

可以说，这是一种合理的处理方式，否则在如何定义犯罪这一问题上就会加剧文化差异的程度。国际调查显示，人们对于某些行为的不可接受性和可谴责性可以在相当程度上达成共识。纽曼（1976，1977）实施了一项研究，他在六个国家调查某些行为是否应当受到法律惩罚，并且评估了这些行为的严重性。这六个国家是美国、意大利、前南斯拉夫、伊朗、印度和印度尼西亚。纽曼为受访者提供了简短的介绍来描述被调查的行为：

- 一个人从另一个人那里抢走钱，并导致被害者需要入院治疗。

- 父亲与成年女儿发生性关系。
- 某人使用非法药物（不同文化之间该物质的名称不同）。
- 经理允许有毒气体从工厂排放到大气中。

在如何看待这些行为的问题上，人们能够在相当高的程度上达成一致，包括认定它们为犯罪及其相对的严重程度。

犯罪心理学家已经集中精力研究这些多少是通过常规方式定义的犯罪。时至今日，至少他们对这些行为被包括在Muncie（2001）的最宽泛的犯罪定义中没有什么疑义。关于公司犯罪或洗钱犯罪、倾倒有毒废物、奴隶运输、非法销售酷刑设备和盗窃核材料，心理学则没什么研究。几种心理学研究与这些领域具有潜在的相关性，但迄今还没有建立直接联系。对于那些只能从更为广阔的政治背景进行理解的犯罪，诸如种族灭绝之类，心理学也有所涉及（见 Staub，1989）。但在本书中，我们将集中关注心理学在更为熟悉、“普通”的犯罪类型中的潜在用途和意义。

普通犯罪

需要谨慎考虑当我们使用“犯罪”这个词时究竟赋予其何种意义，这一观点是正确而有力的。这一点确实很重要，但也不能忽略构成犯罪学理论和研究素材的很多基本行为和事实。因此，我们建议，无论在记录和分析犯罪的各种设计中产生误差的原因是什么，都必须肯定存在一个真实发生的客观行为的基本模式。根据本书的目的，那意味着我们对犯罪问题采取广泛的“现实主义”研究方法。这是基于以下的观察，有时针对他人实施的某些行为，会受到他人或更广泛的社会群体的怨恨。借用哲学家约翰·塞尔（1995）的区分，它们可以被视为人类行为中的某些“残忍行为”。一旦它们被编纂进构建社会体制的文献，而这些文献逐步形成了我们称之为的刑法，这些行为就变成了约翰·塞尔所谓的“制度规定的犯罪行为”。毫无疑问，后者包含的内容会随着时间的推移而演变。这体现了文化之间的差异，并且经常更多地反映出某些社会阶层的利益。将危害行为中的某些类型界定为犯罪，这种选择反映出很广泛的社会和政治内容。因此，对我们来说，拥有一个固定的犯罪定义，或者对其基本模式有全面的认识，也许根本就不可能实现。涉及任何特定犯罪的不同行为者，对于发生了什么可能有不一致的意见，我们也没有可靠的方法获悉这些行为发生的频率和精确模式。

考虑一下下面这些多数人通常都会认为是犯罪行为的例子。这些都是近年来根据英格兰和威尔士的法律检控和判决的案例。

• 保罗，15 岁，曾因偷车被多次逮捕。有几次他因被警方追赶，在普通公路上以超过 80 英里的时速高速驾驶，其中一次导致他受伤入院。

• 谢里尔，16 岁，被判一系列的商店盗窃罪。她定期通过卖威士忌或其他烈酒的瓶子弄钱，那些都是她从超市或小点的商店偷来的。有一次，她拎着装有 12 个瓶子的袋子，大摇大摆地通过收银口。

• 厄尔，17 岁，因在移动电话商店的一次口角而被捕。他对一位店员进行威胁，那人认为他持有武器并报了警。

• 安东尼，18 岁，殴打了一个年轻工人，那人在他与另一个年轻人打架时试图干涉。安东尼是故意打他的，因为之前他曾对安东尼的妹妹大喊淫词秽语，而安东尼非常在意保护她的妹妹。

• 格拉汉姆，21 岁，因提供 A 级毒品入狱。应一个据称是其朋友的人的请求，他把几袋海洛因直接交给了两位买家，后来得知这两位买家是警察假扮的。他否认知道袋子里装了什么。

• 特雷弗，35 岁，他在认罪并被判一系列伤害罪后，法院对其处以缓刑，条件是要求他参与一个家庭暴力项目。

你可能已经注意到，上面介绍中提到的六个人，有四个都处在青少年的中后期。这在许多国家的犯罪统计中已经是很常见的现象，该年龄段是实施违法行为的高峰期。在六人中有五个是男性，并有五个白人。至少在犯罪学有广泛实践的发达国家，有记录的犯罪活动主要（尽管绝不完全）是由年轻的白人男性实施的。这就提出了一个问题，任何通过这一群体获得的研究发现，或者基于这一群体构建的理论，能在多大程度上适用于其他群体（针对心理学中的一些发现和理论，人们也已经提出了类似的批评，并且有充分的理由）。

如果关于犯罪的印象是通过浏览每日新闻、收看电视连续剧或阅读《真实犯罪》之类的简装书而形成的，那么上述行为模式与很多人心目中的犯罪图像并不相符。费尔森（2002）已经指出了人们关于犯罪的最普遍的看法，是如何受到各种严重的误解和谬论影响的。例如，很多人将犯罪想象为具有扣人心弦的戏剧性内容，并且充满情节和悬疑。犯罪可能涉及大量现金、珠宝、毒品，甚至是性命攸关。犯罪人巧妙计划，然后熟练而大胆地实施。成功的英国犯罪人居住在西班牙或巴西，在那里他们甚至通过经营夜总会或赌场而变得更为富有。

当然，有些犯罪也具有高度的组织性，并且很可能较之前面列举的犯罪获得更丰厚的回报。卡拉宾等人（2002：96）编制了一幅很有价值的图表，其中列举了近年来一些更为臭名昭著的例子。它们包括关于 Guinness - Distillers、Barlow - Clowes、Polly Peck 和国际商业信贷银行（BCCI）等公司的大丑闻。其中的每一起案件都有巨额款项被挪用，其金额超过了相应年份所有“普通”盗窃和抢劫犯罪的总额（见 Maguire，2002）。在有些案件中，根本无法将犯罪人成功地绳之以法。

不过，虽然有一小部分犯罪可能符合这些描述，但相对而言，绝大多数犯罪都是普通的不引人注意的行为。他们事前很少或没有计划，费不了多大力气，涉及的金额也不大。媒体描绘的犯罪几乎只有一点是准确的，那就是大多数犯罪人都是男性。

同时，很多人受到犯罪的伤害，更多的则生活在对犯罪的恐惧中，不管他们是否曾经直接遭遇过犯罪。轻微的犯罪给受害人造成的可能仅是有限的不便，但毕竟是令人不快和厌烦的经历。不过，受到口头威胁或者在家中遭遇侵入者会是非常可怕的。有些攻击将造成长期的生理和心理伤害，严重的或重复性被害会给被害人生活带来重大、深刻而持久的困扰。无论我们对犯罪的定义是什么，也不管与之相关的学术争论如何，这些事情确实发生了。对被害人来说，这些反应是正常的。

费尔森（2002）所描述的谬误还将持续，对犯罪的恐惧尽管只与行为的客观危害具有一种间接联系（见 Mirrlees - Black and Allen，1998），却或许证明了媒体或小说对犯罪的渲染力量。

犯罪学：主体的缺失

费尔森自己对犯罪学思想的主要贡献是“日常活动理论”，其中体现的一些有趣特征与本书的宗旨相关。尽管作为一种新理论，并被该领域的一些评论家认为是“右派现实主义”的一种形式（见 Walklate，1997），“日常活动理论”已经被确立为研究犯罪的一种方法。这一理论认为，当三种重要因素出现在同一时空，财产犯罪——直接接触的掠夺性侵犯就可能发生：（1）一个具备动机的犯罪人；（2）一个合适的目标；（3）缺乏有效的监控。研究人员对该命题的后两个变量因素投入了相当大的力量，详细阐述其特征，却有意将第一个变量因素扔在一边。在早期的“日常活动理论”中，“行为人被完全当做客体，研究者严格避免将行为人的动机作为讨论的话题”（见 Clarke and Felson，1993：2）。

本书试图填补这一空白：并非只就“日常活动理论”本身，而是针对更广泛的犯罪学一般理论。笔者希望通过考察个体的生活史和实施犯罪的具体情境，来展示一种研究行为人的平衡而综合的方法，以帮助我们建立一个更加丰满和出色的研究模型，从而了解在犯罪发生时会出现什么情况。

当听说犯罪时，大多数人可能以为被逮捕的犯罪人之所以会实施犯罪，总会有一些看似有理的原因和动机。媒体将犯罪诉诸假定的动机，尽管提供的解释类型通常会根据犯罪的本质而有所变动。财产犯罪的动机可能会被理所当然地归因于贪得无厌，是源自“贪婪”还是“需要”则取决于犯罪人的具体情况。通常认为，一部分犯罪表现出强烈的“情感”驱动，诸如愤怒、仇恨、妒忌或报复。大多数人也可以理解这些因素，特别是如果还涉及酒精或毒品，我们通常会因此认为犯罪人丧失了个人控制。如果没有这些明显的动机，人们就会对犯罪行为感到困惑，但仍然会很自然地设法去理解它。犯罪也可能被归因于界定更为模糊的原因，这些原因没有什么真正的解释价值。有些犯罪的原因被描述为“愚蠢”，而更为严重的暴力犯罪则被视为一股强大的恶意力量的结果，此时“邪恶”这个词就派上了用场。但是，关于犯罪的一般研究或“基础性”理论表明，犯罪人利用的因果关系模型较之通常人们料想的情况要复杂得多（见 Furnham，1988）。一般而言，不能将犯罪行为视为任何单一动机的产物，解释犯罪时具体选用的“动机”取决于观察者自身的社会地位。

本书主要讨论如何理解前面列举的各种行为，其中需要考虑范围广泛的各种影响因素，包括历史和文化进程、社会环境和家庭背景、个体因素和个人情境。这些因素间存在一种稳定的相互作用，它们各自的影响可能在每个独立的犯罪行为中很难区分开来，这些不同因素对犯罪行为的作用可能也会因犯罪不同而有所差异。通过一种犯罪研究方法，能够将个人变量与环境乃至更广泛的社会变量同等考虑，以此来理解个体与其社会背景之间的关系。犯罪学需要坦诚地成为一门“交叉”学科，对各种相关方法兼收并蓄（见 Downes, cited in Rock, 2002）。

但是，有一段时间，在犯罪学的研究中那些根本不同的方法之间曾经存在着相互的猜忌。特别是关于犯罪的心理学研究方法，经常被视为具有过重的决定论色彩和生物主义导向，并且被认为忽视了犯罪的社会和环境背景。产生这种看法的特殊原因可能有两个：一是由于对最初由心理学家提出的人格类型学说的简单理解和认为存在导致犯罪倾向的某些心理特征的观点；二是因为心理学家在暴力犯罪和性犯罪研究中所扮演的特殊角色而导致的看法，认为犯罪行为属于“病理化”现象——也就是说，将犯罪理解为源自个体遗传基因的异常或疾病表现。

科学方法

幸运的是，心理学已经在很大程度上超越了那些原有理论。复合显微镜的比喻可能有助于说明心理学在犯罪学研究中的潜在作用（这一观点将在第二章中进行更充分的讨论，以此作为思考犯罪学理论中各种解释的方法）。复合显微镜的透镜具有不断增强的功能，能够逐渐放大因太小而肉眼无法看到的有机体。所以，当使用第一块功能最低的透镜时，我们能从社会聚合体或“宏观”层面对犯罪进行广泛研究；运用下一块透镜，我们可以揭示犯罪在不同地区和时期的分布情况；而运用心理学方法，如前所述，我们是在使用最清晰的透镜来近距离观察个体的犯罪行为和实施了犯罪的人。在运用这一方法的过程中，不可避免地会碰到方法论方面的困难。但是，只要足够细心地开展研究，我们至少能够考虑应用其中的一些方法。

通过上述方法研究犯罪，当然要在一个特定的框架——社会科学中进行。我们能够科学地研究犯罪问题，这种观点本身就是有争议的。事实上，有些学者可能会质疑笔者在这里所说的。他们认为犯罪能够得到充分的定义，并且作为一种“存在”的现象进行研究。这就需要假定，如果做得足够好，我们可以辨别犯罪的“原因”，并提出可能的“疗法”。然而，从他们提倡的更具“批判性”的观点来看，我们如何讨论这些问题，以及讨论问题时使用的术语，这些本身都是需要研究的基本问题。

心理学假定的哲学基础

因此，心理学看上去受到几个主要问题的困扰，观念上更倾向于社会学的犯罪学家可能会因此而产生顾虑。除此之外，也许还有其他问题，但基于本书的目的，让我们将注意力集中于五个越来越致命的罪过（如果你不喜欢“主义”一词，抛开它看看这第二种称呼，你会希望了解本书下面的内容，所以请继续读下去）。这些主要的障碍是心理学的假定倾向，包括实证主义、个人主义、生物主义、决定论和还原论。在许多方面，这些问题是紧密交织在一起的。

实证主义

关于心理学研究的方法，经常被认为在导向上主要是实证主义的。令人遗憾的是，这个词经常在不准确和有误导的意义上使用。正如 Coleman 和 Moynihan（1996：6）所说，实证主义“越是被滥用，导致迷惑而不是启发的几率就越大”。近年来，就算不是明确反对，社会科学中的一些思想方法也因为各种原因而引发了对实证主义的怀疑。对于那些自认为科学的学科所宣称的“客观陈述”，许多学者都表示质疑。指责心理学主要是实证导向的，意味着那些自诩为更具有“批判性”精神的学者，经常抱着有些愤世嫉俗的心态看待心理学，甚至可能根本不考虑心理学的研究方法。这种立场现在相当普遍，并且可以追溯到 20 世纪 70 年代“新犯罪学家”

的著作（见 Taylor et al.，1973）中。

否定那个时期心理学研究方法的主要特征，并且超脱其外，接下来的批评可能就显得理由充分。举例来说，Roshier（1989）就设想了似乎是实证犯罪学固有的一系列问题，并且推测其中存在心理学的影响。这些问题包括决定论、差别论和病理学，以及心理学将注意力从犯罪和法律转向个人。前两个问题具有“无法分开的联系”，并且由此可以引申出一种观点，即在行为人个体中可以确认犯罪的决定性因素，通过这种因素能将意图犯罪者与不想犯罪的人区分开来。Roshier的这种方法的成功与否在于是否能够“建立有犯罪倾向者的存在‘类型’（无论是从生物学、人格论还是价值观角度）”（见 Roshier，1989：36）。这种方法进一步假设，某些“被视为生理、心理或价值观上已经‘出错’”的人，会产生这样的犯罪倾向（p. 37）。所以，从本质上说，Roshier 描述的犯罪与病理之间的联系无非是一种道德标签形式而已。研究犯罪人个体并声称他们内部“出错”的观点，也会将注意力从法律运作和社会结构这一更为广阔的视角转移开。

然而，这些批评中的主要观点都很不恰当，实际情况比表现出来的要复杂得多。Halfpenny（1982）检视了实证主义与社会科学之间的关系史，并且从中就“实证主义”这个词总结出不下 12 种不同的含义。在其他领域，实证主义是一种关于历史和知识的理论，是关于科学一致的主题。有趣的是，提出实证主义基本概念的哲学家奥古斯特·孔德（1798 ~ 1857），却拒绝将心理学纳入他的科学系统，理由是心理学本质上是主观主义的（见 Halfpenny，1982）。实证主义几乎也被作为经验主义的代名词，也就是一种所有知识都从外部世界的感性经验中获取信息的立场。不过，也许最著名的实证主义思想体现在一群被称作“维也纳学派”的 20 世纪哲学家中，他们建立了逻辑实证主义。这一学派的思想将注意力集中于语言的使用。该学派的倡导者认为，科学和哲学中的讨论应当限于表述各种基本原理，这些基本原理能够为直接观察的感性经验所还原。所有其他类型的表述，如假设的或未直接观察到的实体或进程，都被认为是空洞的和毫无意义的。

然而，批评心理学主要是忠于实证主义的观点，根本没有什么针对性。无论在何种意义上，都很少有当代心理学被形容为实证主义的。某些行为心理学的激进派别，尤其是被称作方法论行为主义的学派，则植根于实证的概念。例如，Leslie（2002）描述了被称为行为分析的方法，该方法避免使用任何认知的、“精神的”概念或“假设的模型”，因为它们不是通过直接观察得到的，因此在 Leslie 的观念中是不科学的和多余的。根据这种观点，通过进行实验，能够使我们很好地理解心理现象，并且能在各种可观察的不同行为模式之间建立联系（尽管这也会包括对大脑功能的研究，以及关于大脑和行为之间关系的研究）。

通过采用批判现实主义的视角进行研究，大部分当代心理学能够得到更为精确的阐述。批判现实主义或科学现实主义可以采取几种形式（见 Chalmers，1999；Searle，1995；Benton and Craib，2001），通常都是假定存在一种独立于人类意识的外部事实，这种外部事实不依赖于人类的意图赋予其意义。借用 Klee（1997）的话说，当我们研究周围的外部世界时，现实会“反作用于”我们的思想和假设。尽管我们的研究方式和使用的语言会对我们发现的事实产生影响，但却不能独立创造这些事实。在这种方法中，明确允许借助未直接观察到的事实或过程来进行假说检验和理论构建。

此外，心理学家也承认，他们研究的很多现象是个人的主观存在。人类不断参与赋予周围世界意义的过程，表面上看起来似乎相同的情况，对于两个参与者来说可能具有完全不同的意义。这为相对主义留下了相当的空间——相对主义认为，对于许多领域的探索来说，是不存在“客观”的事实或发现的，进一步说，只有参与者个人或群体的观念和经验。

尽管某些现象的事实状态只能从相对意义上根据具体情况进行描述，但却并不意味着无法总结理论模型，或不容许作更抽象的概括。坚持所有描述或研究都不可避免地限于纯粹的相对层面，并且完全是由人类话语构建的，这种观点流于反现实主义的形式（见 Norris，1997）。断言可感知的“外部世界”完全是由人类思想、语言或文化构建的，最终等于否认了独立于意识之外的现实的存在。

总体而言，考虑到研究问题的范围，根据研究的领域和早期研究结论的性质，心理学家现在采取一种综合批判现实主义和社会构建主义的研究视角。在心理学研究中，一系列定量和定性方法能够分开或结合起来使用，二者一起使用时被称为方法多元化（见 Barker et al.，2002）。

个人主义

另一个明显的问题是，人们认为心理学主要是从行为人个体中寻找犯罪的“原因”和犯罪性，而忽视或漠视了社会因素。Lilly 等人（2002）将其总结为一种内在的、不可避免的保守立场：“通过考察行为人的内部来探寻犯罪的根源，个人主义理论不考虑行为人的外部经历。这种倾向将现存社会视为既有状态，并且将犯罪作为有缺陷的个人对社会的一种不适应。”（pp. 226 -7）

直到最近，一些由心理学家提出用以解释犯罪的最有影响的理论，仍然断言犯罪人与非犯罪人之间存在人格差异。当然，这种理论需要假设，可以找到整齐划一的犯罪人与非犯罪人两种类型。可是，这种假设充其量只是一个值得商榷的假说，因为自述式调查表明，在某些情况下，几乎每个人都会犯罪（见 Nettler，1984）。但是，有一种观点假设，犯罪人与非犯罪人之间存在人格差异的论断，只限于解释“惯犯”，也就是那些已经犯下很多罪行的人。在持此观点的学者中最有影响的可能是汉斯·艾森克（1997），他根据人格特质的观点发展了一种犯罪理论。人格特质是假设的内部精神变量，在个体之间存在差异并能进行相互比较。人格特质被定义为可量化的维度概念，能够通过使用依该理论设计的自述人格量表进行测量，以评估神经质、外倾或精神质等人格特征。在艾森克的模型中，犯罪人较之非犯罪人在这些人格特质方面被预设了更高的指数。不幸的是，对于这一理论来说，正如我们将在第二章中看到的那样，发现这些人格差异的过程是不规范的或不可靠的。试图通过发现与犯罪相关的鲜明人格特征来构建完善的犯罪解释理论，这种计划在很大程度上已经失败了。

不过，这并不是说，当理解重复型犯罪模式时，在行为人中就没有什么重要的个体差异，对此我们将在第五章讨论一些相关的案例。特别是对于那些反社会行为模式已经根深蒂固的人来说，某些个体间的人格维度差异会得到经验上的支持。但是，表现这些人格差异的方式，却发生在个体自己寻找或创设的情境背景中。如果喜欢冒险的人有条件和机会追求兴趣，如参与危险运动，他们就可能通过这些渠道满足自己的意愿。可是，如果唯一的“运动”是高速驾驶汽车，周围仅有的汽车属于别人，而你唯一的朋友又发现了打开车门的办法，那么结果很可能将是汽车盗窃或“（利用偷来的汽车）驾车兜风”。

心理学中的当代人格理论都建立在这样一种认同上，即人格因素和情境因素是影响行为——人们实际上所作所为的至关重要的方面。与单纯考虑其中一方面的因素相比，根据二者之间的互动关系更利于对人类行为进行考察。下文将这一立场称作互动论（见 Mischel，1999；McAdams，2001），并会在第三章进行更多的讨论。

除了发现大多数人在一生中的某些时候会违法，而他们通常实施“轻微违纪行为”之外，另外一种情况也普遍存在，即有很小一群人经常实施犯罪，并且其中有些人采取比较严重的方式（见 Nettler，1984；Rutter et al.，1998）。相反，持续研究发现，已知的犯罪人口中 5% ~10% 的一小部分人，可能实施了已发现的所有犯罪中相当大的一部分，通常占到 50% ~60%。这种情况能够通过一个反向的 J 形曲线表示：大部分人都只实施一次犯罪，而一小部分人实施几次，更小的一部分人实施多次，这一点将在第五章展开讨论。在不同的研究中，曲线的精确形状有所差异，关于相对比例的估计也不相同。但是，“精确的比例可能有疑问，但大致的结论不会错”（见 Rutter et al.，1998：58）。

各种各样的概念，如“再犯”，“重复型”、“持续型”、“多产型”甚至“慢性”犯罪人，都用来形容多次实施犯罪的人。有证据表明，这些人可能与很少违法者或有轻微违法者之间存在人格上的差异，这类证据还会在第五章详细讨论。然而，这些已经发现的人格差异并不统一。而且，与早期理论家那种将人格作为核心观点不同的是，这些人格差异在考察犯罪时也只是众多因素中的一种解释而已。此外，这些人格差异是否会表现为持续犯罪的倾向，还取决于人们成长的生活情境、犯罪机会和其他环境因素的作用。

生物主义

实证犯罪学的起源大致可以追溯到切萨雷·龙勃罗梭的著作。这名意大利医生深信，在身体特征、易感疾病特性与暴力或其他犯罪倾向之间有着某种联系。当他在意大利军队中做军医工作时，他测量了超过 3000 名的士兵样本，包括体形、前额的倾斜度、耳朵的形状、是否有刺青以及其他身体特征。有鉴于此，龙勃罗梭被视为犯罪学“人类学派”的创始人，并被一致认为是实证主义的典范。龙勃罗梭形容自己为“事实的奴隶”（见 Lilly et al.，2002：16）。加兰（2002）认为，龙勃罗梭在过去 150 年间引领了犯罪学思想中两大研究范式之一，以其名字命名的“龙勃罗梭式研究”是一种

“试图发展病因解释性科学的研究形式，其所依据的前提是犯罪人与非犯罪人之间能够进行科学的区分”（见 Garland，2002：8）。从一开始，这个“范式”中有关犯罪人差异的某些决定因素就是生物学的。

另一种研究风格是官方研究，即出于社会管理的目的对有关犯罪的信息进行大范围测量。这种研究方式与本书主旨无关，但在第八章也会进行一些讨论。在加兰看来，当代犯罪学产生于这两种不同研究范式的融合。作为对龙勃罗梭思想的发展，加兰在自己的理论中逐渐纳入了更多的环境和社会因素，只是这些因素仍然嫁接于龙勃罗梭最初的概念之上。毫无疑问，龙勃罗梭式研究中一些核心思想的影响仍延续至今。

这些思想中包括观相术，即认为某种体形与犯罪性倾向之间具有联系。这是一个假设身体类型与人格之间整体上存在联系的具体事例。与观相术联系在一起，遗传观点认为遗传因素在犯罪倾向的发展中起着重要作用，并且能够通过人口研究对其作用程度进行测量。这就需要做比较研究，例如，在同卵孪生子和异卵孪生子之间，或者由生父母抚养的孪生子与由养父母抚养的孪生子之间进行比较（见 Wilson and Herrnstein，1985；Buikhuisen and Mednick ，1988）。以艾森克（1977）为代表的人格论学者认为，个体差别的起源在于生物学方面。例如，神经质这种人格特质被假设为源自儿童心理发展中条件反射赖以建立的神经系统的兴奋与抑制水平的差异。

根据上述观点，外行可能会得出这样的结论，心理学的犯罪研究方法受到生物学解释的控制，这并不奇怪。打开任何一本犯罪学理论教材，只要涉及心理学理论，都会从一开始就与龙勃罗梭的传统研究联系起来。不过，尽管龙勃罗梭式研究仍然很活跃，但当前大多数心理学理论都采取一种更为广泛的心理社会学的研究方式。在一项设计出色的研究中，瓦尔特（1992）实施的大规模调查只是揭示了遗传与犯罪之间具有低度相关。关于遗传在犯罪中的影响范围，心理学家的看法因人而异，但大多数可能都同意戈特弗里德森和赫希（1990：61）所言。他们断言，遗传扮演的角色是“实质上无足轻重”的。相反，多数人可能都接受这样一种结论，即至今大部分现有的可靠证据都支持“对偏差行为和犯罪而言，社会性解释较之遗传性解释更具有优越性”（见 Gold，1987：67；更充分的讨论参见 Joseph，2003）。

决定论

实证主义、个人主义和生物主义之间的联系看起来可能是不可避免的，因为如果采用其中一种立场必然会获得其他两种立场的支持。反对从心理学视角考察犯罪的第四个理由，是认为心理学假设人类行为依赖于机械式的决定论模型。考虑到心理学以往曾经试图仿效自然科学，并因此关注“变量”的测量，所以心理学研究的唯一目的似乎是构建类似物理学、化学或生物学等“硬”科学的理论。

无疑，很多心理学的研究和理论都努力试图在对现象的研究中分辨因果关系。这种观点的一个基本（现代主义）科学假设是，事物的决定因素能够被探索并绘制成因素结构图，尽管在很多事例中这样做还存在格外的或许是无法超越的困难。然而，这样的做法已经严重偏离了任何单纯的决定论模型，并在以下几个方面显得尤其明显：

第一，几乎没有心理学家认为，像犯罪这样复杂而难以定义的问题，能够从中发现清晰的因果路径。相反，我们发现，任何解释都可能受到多种因素的影响，这些因素具有不同的作用，扮演不同的角色，并且各自的作用随着情境、时间和其他变量的不同而变化。

第二，目前，在解释犯罪或其他复杂行为的生成时，学者更倾向于采取概率模型。这一模型贯穿心理学中儿童发展、认知过程和社会互动等多个研究领域。在犯罪研究中应用概率模型，会衍生出一种“风险因素”式的研究方法，很多变量被认为对犯罪生成具有潜在影响，所以不得不在每个个案中重新评估这些变量各自所起的作用。关于这种方法，我们会在第五章进一步详细讨论。

第三，在某种程度上，对于根据不同变量之间的关系建立起来的因果模型，心理学家主要是在“交互决定论”的框架内使用。“在心理活动中，认知影响行为和情境，反过来二者也影响认知”（见 Bartol and Bartol，1994：327）。发展心理学已经充分认识到，即使在掌握口头表达之前，儿童也会与其照料者进行交流。大多数互动模型都包括一系列涉及多个动态过程的互动，其中几乎不可能孤立地存在任何一个作为“起点”的因素。

第四，抛开实证主义讨论诸如思想和感觉这些无法直接观察的事实，这样做既不科学也不合理，而很多心理学理论都直接涉及这些概念。例如，在认知和社会心理学中，不是将个体视作环境的产物，而是作为能动的决策者，能够赋予周围的日常生活以意义。在几乎所有的心理学疗法中，甚至包括行为主义疗法，都主要是通过个体自述的方式了解患者的经历，以便掌握他们对事物的看法以及对周围生活环境的解释。

无论是决定论的何种形式，有时都意味着否认人类拥有“自由意志”，这看起来可能多少有背离人性之嫌。法律上认为公民能够行使自由意志，因此公民需要对自己包括犯罪在内的行为负责。在很多法律演说和辩论中，个体可能无法完全作出“自由选择”的情况得到充分关注——至少这是很多无罪辩护的主旨所在（见 Reed and Seago，1999）。关于“决定论”和“自由意志”之间的关系，这一哲学难题已经远远超出了本书的研究范围。从心理学的角度来看，我们可以认为，人类行为受到两种相对因素的持续影响：一种是外部的制约因素，另一种是通过自我导向形成的不同程度的内在决策和选择。不过，经过更细致的检验，我们发现，在很多情况下，即便是自主决策和选择的某些方面也会预设多种因果路径（见 Wegner，2002），此时统称为高级精神过程的心理活动会在其中发挥作用（见 Bargh and Ferguson，2000）。

在通常情况下，人们将决定论解释为：在某种程度上，一切事物都必须在程式化的、预先设定的世界中以固定的形式发生。借用威廉·詹姆斯（1842～1910，一位杰出的心理学思想先驱）的话，杭德里西（2002）将这种解释形容为“强硬决定论”。但是，关于决定论和自由意志的关系，在哲学上存在很大争论，一些学者反对认为二者不可调和的推断。杭德里西（2002）采取了一种更为巧妙的立场，他主张，虽然决定论和通常意义上理解的自由意志概念（作为一种自我独立的能力，或者行为的“发端”）无法相容，但却可以与某些行为是自愿的这一观点共存。认知或精神上的自觉状态可以区分为决定代理和决定自主，而二者本身又由其他更为复杂的路径“引起”。

还原论

与实证主义和决定论模式的应用相联系，心理学也经常被认为过于依赖还原论的解释方法。也就是说，对于任何出色的解释而言，其核心观点都能被转换成对更低层次、更基本事实的描述。我们可以再次用自然科学来比喻，一张桌子由所谓的木头这种复杂材料的分子构成，反过来，木头分子又由碳原子和其他物质构成。同理，思想可以还原为诸如神经元刺激之类的大脑活动，也就是钠离子和钾离子的活动机能，它们是原子结构和能量水平在电子壳层中作用的结果。如此等等，一切都回到了宇宙大爆炸。

也许在自然现象中，确实存在这样一种因果链条的运行，很多心理学家可能因此将其作为一种一般性原则。因此，心理学在某种意义上可以算是还原论科学。但是，人们经常误解还原论的意义，这一点在Sommerhoff讨论意识的起源时被简要提及。比较复杂的事实在某些因果链上“只是”比较简单的事实的表现，以这种观点来理解还原论是错误的。正如Sommerhoff所言，这种评论是一种歪曲。因为这种观点意味着，提供任何还原论的解释都是“毁灭性的”，而且是“用次要之事代替欲解释之事”（p. 91）。复杂现象只是更为基本的元素的产物，如果认为这就是还原论的观点，那么显然忽略了以下事实：还原论的解释不仅与构成更复杂结构的基本元素有关，而且需要考虑这些元素之间的相互关系。

但除此之外，在试图理解任何一种顺着既定顺序发展的事物时，针对复杂程度不同的现象，其解释链条并非总是起作用的。心理学家花费大量时间论证，虽然心理事实可以在某种意义上依赖大脑内生理和电化学的活动过程，但也需要从这些心理活动本身来进行理解。说明心理活动A是神经活动B和C的产物，通常并不能提供最好的解释，比如为什么思想会那样产生，或者为什么它们也能影响到身体状况，还有为什么思维会随个体和情境而变化。所以，决定论的解释可能只是原则性的，虽然复杂得令人生畏，却对每个实际问题的解决都没有什么意义。

尽管意识经验和其他心理现象可能是肉体的产物，但并不意味着心理活动仅由大脑活动构成，这是符合哲学的论断。这一结论援引了“附随性”这个概念：“据说精神附随物质而生，却无法还原成物质。”（见Guttenplan，1994：536）

心理学的任务

总体来说，与其他毗邻的研究领域相比，心理学在一个关键方面具有独特的地位。在某种意义上，心理学试图同时达到两个显然是无法相容的目标：一个是在一般意义上研究人类的行为和经验，以发现其中的模式并进行可能的概括；

另一个是理解人类个体，探讨是什么使我们每个人显得与众不同。将这两个明显矛盾的目标结合在一起，就提出了一些艰巨的问题，营造出一种紧张的氛围，并促使我们不定期地讨论哪些才是可以接受的结论。

从一种更为正规的学术角度来看，这两种研究思路已经形成了专业性的常规法则研究法和个人特质研究法（我们将在第八章继续讨论这种区分），不幸的是二者有时会引起误解。像其他科学研究一样，探寻可以重复使用的模式和发现有助于进行理论构建的事实，构成了心理学研究的主要内容。需要补充的是，心理学主要研究个体、群体和文化现象及其相互之间的差异。从心理学研究中获取的一些结论，有时会彼此联系在一起。由于采用个人与环境相结合的研究方法，这些结论的适用范围受到严格限制（见 Cronbach，1975）。心理学研究也关注学术领域的边界设置，每个领域中都特有一系列结论，只有在这个领域内才是合适的。

历史渊源

尽管在其他很多方面存在较大的差异，但在犯罪学和心理学的发展历史中，二者也表现出显著的相似之处。例如，像早年自然科学研究从宗教和魔法中分离出来一样，在整个 18 世纪和 19 世纪，欧洲思想界不断将社会科学从哲学研究中解放出来，心理学和犯罪学都是在这一过程中形成的。在这两门学科内部，都形成了相互竞争的“学派”，各自都包括一系列理论和思想体系。目前，心理学和犯罪学面临的主要争论都在于，继续坚持传统的研究范式是否能真正促进学科的进步。

在 18 世纪理性主义哲学的影响下，特别是在欧洲启蒙运动这一思想激荡的年代，许多已经确立的思维模式得到重新检验。在观念上，道德、宗教或神秘主义与科学之间的平衡逐渐向后者倾斜。哲学推断和关于人类思想、动机及道德的本质的研究提出了关于人类行为的新概念。因而，古典主义犯罪学思想流派也开始关注行为人可能产生的犯罪动机，并且探讨社会所能采取的应对方式。以下这些研究并不处在这一阶段，但都是建立在系统的经验观察的基础之上。

犯罪学领域中的第一项经验性研究是在19世纪二三十年代的法国和比利时进行的。尽管在很多国家，地区性的犯罪记录已经存在了几个世纪，但直到1827年才在法国公布了第一个国家级的犯罪统计。随后，安德烈·米歇尔·格雷（1802～1866）在1829年出版的著作中，根据财富和收入的分布，利用地图来比较犯罪的类型，以检验犯罪与贫困相关的理论。在1831年出版的另一本书中，比利时天文学家阿道夫·凯特勒（1796～1874）发表了一项类似调查，涵盖法国部分地区、比利时和荷兰（见 Coleman and Moynihan，1996；Vold et al.，1998；Lilly et al.，2002）。鉴于这些学者使用的方法，他们有时被称为“制图学派”。加兰（2002）将这类研究作为官方研究的一部分，犯罪学研究还从属于大范围的社会测量（他在前面简要提到的龙勃罗梭式研究，直到19世纪后半期才出现）。

可以说，在很多文化中，心理学都以这样或那样的形式存在于各个历史时代。而现在西方社会熟悉的这种形式，其渊源同样可以追溯至欧洲启蒙时代的哲学思想。心理学理论的发展最初源自哲学，特别是关于心灵的学说，以及研究心灵如何获取知识的认识论。与古典主义犯罪学家类似，18世纪的欧洲哲学家也支持关于人类动机的各种理论。他们普遍认为，从抽象意义上讲，精神拥有内在而有序的力量，并以此构建了可感知到的世界。最初，除了考虑该问题的学者的经验和非正规的观察，这种理论并未得到直接的实证证据支持。

进入19世纪，这种理论开始应用实证研究的形式，“心理物理学”这一领域得到发展。一些心理学家认为，可以通过探讨感觉（施加于个体的、外在的、可测量的刺激）和知觉（主体或观察者的内在体验）之间的内在联系来研究意识经验。这是需要以实验为基础的纯粹科学，所以显然需要设置实验室。1879 年，作为一名受过医学训练的生理学家，威廉·冯特（1832～1920）在德国的莱比锡大学建立了第一个明确为进行这项工作而设计的实验室。他运用“内省实验法”，通过控制个体的内省形式，要求被试者在不同的“刺激条件”下向研究者报告意识的内容（见 Leahy，1997）。这一时代的其他心理学家，如赫尔曼·艾宾浩斯（1850～1909），作为最早对记忆和遗忘进行精细研究的心理学家之一，向我们展示了信息的不同部分是如何随着时间的推移而被保存和遗忘的。

在此后几年，美国的哈佛大学、耶鲁大学、约翰霍普金斯大学和克拉克大学都成立了心理学实验室。1878 年，哈佛大学宣布了第一项心理学治疗研究计划。1887 年，克拉克大学成立了第一个独立的心理学系。

19 世纪末期，人们对心理学这一新兴学科的兴趣急速升温。到 19 世纪 90 年代，在美国已经有一批心理学家从事学术工作，他们中的很多人在莱比锡大学取得博士学位，随后成为在这一领域最有影响的学者。作为世界上第一个心理学家的专业组织，美国心理学会于 1892 年在美国成立。第一任主席是格兰维尔·斯坦利·霍尔，他在莱比锡大学取得博士学位，并于 1887 年创办了《美国心理学杂志》。在英国，查尔斯·达尔文的表弟弗朗西斯·高尔顿于 1885 年在伦敦建立了第一个心理学实验室，或者说是实验中心。尽管高尔顿并没有接受过专业的心理学训练，但心理学却是高尔顿众多的兴趣爱好之一。高尔顿还开创了指纹研究，发展了孪生子研究，发明了相关系数概念，并发起了优生学运动。

心理学家通常与“心理测量”这一概念联系在一起，也就是运用特殊设计的测验方法来评估个体的能力和人格。心理测量的起源，可以追溯至1885年由阿尔弗雷德·比奈在法国创立的第一个心理实验室。1904年，比奈受邀设计一种测验方法，以便为存在学习障碍的儿童的教育提供服务。比奈最初的方法与龙勃罗梭曾使用过的某些手段类似，即测量个体头颅的生理特征。这种方法被认为是颅骨测量法，但比奈发现这种方法通常并不起作用。此后，他采取了另外一种思路，设计了一组逐渐增加难度的日常工作，以此来鉴别学习障碍。1908年，这种方法被整合进比奈与西奥多·西蒙合作发表的量表中。比奈反对将这种量表适用于测验学习障碍之外的其他目的，尽管有这种担心，比奈—西蒙量表后来还是成为智力测验的前身。1916年，这一量表被介绍到美国，并由刘易斯·推孟在斯坦福大学进行了进一步完善。比奈—西蒙量表后来被广泛应用于很多领域，以至于在1920年以前对儿童智力发育情况进行测量成为心理学家的一项主要活动。

在随后的几十年中，进行心理测验成为很多心理学家主要的，有时甚至是唯一的工作。美国军队招募新兵时，就广泛应用心理测验进行选择和分类。心理测验还被用以评估那些初到美国的移民。很多移民被认为缺乏足够的智力而被驱逐出境，据估计，有几百万人因此而被禁止进入美国（见Gould，1981）。在英国，心理学也成为智力测验或能力评估这一概念的同义词。20世纪上半叶，心理学家曾经大规模地进行心理测验活动，就是那个时期形成的惯性思维，使得人们至今仍普遍认为心理学家就是“心理测验者”。但现在，在大多数专业心理学家的研究中，运用心理测验只是很小的一部分内容。事实上，有些心理学家明确反对使用心理测验。

心理学的结构

对于任何一位不熟悉心理学的读者来说，要了解这门学科的本质，就需要简单考察一下心理学涉及的结构类型。在传统上，心理学分支具有专业的划分。近年来，这些分支不断发展，在每一个分支下又逐渐形成了更具专业性的亚分支。如果你觉得这还不够混乱，那么在几个亚分支之间还有很多相互交融和互相联系的情况。心理学通常划分为以下几个主要分支：

- 生理或生物心理学，关注行为的生物性基础。大多数心理学家以人类为研究对象，也有些以动物为研究对象，因为他们认为不同物种之间具有进化上的联系。后者也被称作比较心理学。
- 发展心理学，研究从婴儿、童年、青春期、成年到老年间发生的心理变化模式，以及影响心理变化模式的过程。
- 社会心理学，是关于互动与合作过程、社会化、人际影响、态度和社会行为的心理学分支学科。总而言之，就是从每一个角度研究个体、群体与社会之间的关系。
- 认知心理学，研究心理活动的某些内在过程，这些内在过程涉及基本的心理功能，如感知、记忆、思维、推理、学习、解决问题、作出决定和使用语言。
- 差异心理学，或者说个体差异研究，现在通常被称作人格心理学。它也包括变态心理学，研究个体的异常体验，以及心理与行为的障碍。

近年来，心理学对神经科学的兴起起了重要作用，当然哲学、生理学和计算机科学也对这一跨学科的研究作出了贡献。神经系统被认为是具有特殊功能的器官，能够处理有关环境（内部的和外部的）的各种信息，以维持有机体的生存。

除了刚才介绍的心理学的“理论”分支之外，这一学科还有一系列的“应用”领域。发展最成熟，也是从业者数量最多的，是以下几个分支：

- 临床心理学，关注影响精神和生理健康的各种心理因素，缓解病人的痛苦，减轻他们的心理障碍，以及在卫生保健中进行评估、干预和评价。

●教育心理学，探讨儿童在学校及相关机构的学习过程中出现的问题，为儿童的学习提供评估和支持。

●职业心理学，运用心理学来解决职场中的问题，包括诸如员工选拔、激励和团队合作，通常应用于工业和商业机构中。

●司法心理学，研究心理学和法律之间的联系，为法律判决提供相关证据，以及司法运作的各个方面。

所有这些分支领域都有大量的教科书。出于本书的目的，我们将对那些与犯罪学（从更广泛的意义上讲，也包括法律研究）具有最密切联系的心理学领域，进行更为详细的考察。

心理学与法律的关系

上文提到，人们大多将心理学家视为“心理测验者”，与这种标准化的印象相比，人们对心理学运用于法律的历史却知之甚少。尽管当前这一领域发展迅猛，但心理学在犯罪研究和其他法律运作方面的应用却绝不是最近才开始的。在欧洲，法律心理学的发展经历了一段重要的时期。在许多国家，法律心理学能追溯至19世纪中后期完成的有关该领域研究的一系列著作。早期心理学在法律中的运用，经常致力于探讨“犯罪人心理”，以及如何理解那些看起来令人费解的行为。此外，早期的研究还关注如何根据法庭上的心理学证据作出判决。

例如，20世纪初，比奈在法国，斯特恩和闽斯特贝格在德国，分别独立进行了关于目击者证词的研究项目。特拉弗斯和曼纳（1992）认为，意大利的法律学者早在1833年就表现出犯罪心理学的思想萌芽，雅各布（1992）则对19世纪德国法学家的犯罪心理学思想的发展进行了概括。包括西班牙和波兰在内的其他国家，就心理学与法律的关系发表论文也有几十年了。

当前，心理学与法学和犯罪学的“接触”，是一个非常重要的动态发展的领域。在这一领域内，心理学与法学和犯罪学的联系有多种形式，研究犯罪只是其中的一个主题。使用多种不同的术语来形容它们之间的联系，可能会造成一定的混乱。下面三个术语有时是通用的，尽管三者之间存在重要而细微的差异，而这种差异关系到人们对每个术语赋予的具体含义。

- 犯罪心理学，是应用心理学研究犯罪行为（见 Hollin，1989，2001a；Blackburn，1993；Andrews and Bonta，2003）。犯罪心理学的主要兴趣在于解释和理解犯罪行为，通常是针对监狱、缓刑监督机构、少年司法机构和相关机构中的犯罪人口进行直接研究。不过，犯罪心理学也会开展纵深研究，关注少年犯罪（人）的发展和相关的社会问题，以及诸如校园中的恃强凌弱等其他反社会行为。这一领域主要关注某些犯罪行为类型，尽管并不局限于此，但特别侧重于暴力犯罪、性犯罪和药物滥用的研究。有些犯罪心理学的研究会涉及犯罪与精神障碍的关系，此类研究与精神病学联系在一起，有时被称作临床犯罪学。
- 法律心理学，致力于从更广泛的视角，研究法律自身运作中的心理学因素。法律心理学的研究内容包括：陪审团和法庭判决的作出，刑事责任的各个方面，错误的判决，就业和歧视，家庭法和儿童保护，以及在法庭上提供的专家证据的科学性和伦理性（见 Bartol and Bartol，1994；Bull and Carson，1995；Roesch et al.，1999；Wrightsman et al.，2000）。
- 司法心理学，从更狭义的角度，关注作出法律判决的证据规则问题（见 Blackburn，1996）。司法心理学的研究者探讨以下问题，如对人或行为的记忆，目击者的可靠性和可信度，询问易受伤害证人的过程，以及儿童证词的可靠性（见 Memon et al. 1998）。近年来，有关虚假证词和警方审问中暗示及诱供的研究，已经对英国的审判程序产生了重大影响（见 Kapardis，1997；Gudjonsson and Hayward，1998；Gudjonsson，2002）。这一领域的专业人员可能对每个被告人或证人开展直接的司法或临床评估，以提供给（少年和成年）刑事法庭、精神健康审查法庭等不同机构，或用于被指司法不公的案件的复议程序（见 Melton et al.，1998；Weiner and Hess，2000）。另外，司法心理学对于培训人质劫持情况下的谈判人员，也起到了重要作用。近年来，“司法心理学”这一术语，被扩展指称依托监狱、缓刑监督机构和其他类似机构进行研究的心理学家的工作。

新的更专业的领域也已经建立，最著称的是侦查心理学，即心理学家与警方合作协助侦破（通常是相当严重的）犯罪案件。这门学科包括一系列关于犯罪行为遗留物的分析技术（犯罪现场分析），并且能够揭示犯罪行为人的心理特征，有助于推进侦查进程（犯罪心理画像）（见 Canter and Alison，2000；Ainsworth，2001；Holmes and Holmes，2002）。

刚刚提到的犯罪心理学、法律心理学和司法心理学三者之间具有众多的联结点和重叠处，以至于描述三者间的固定界限比较困难，它们之间的关系可以通过图 1.1 中的维恩图得到很好的说明。

在本书的最后一章，我们将会简要考察心理学家在这些领域的研究，以及他们从专业机构或组织那里获得了怎样的支持。在接下来的章节中，笔者将根据自己的观点，概述心理学在研究犯罪学一系列关键问题中的重要作用。如前所述，通过探讨这些问题，第二章将会从更广泛的意义上展开讨论：在犯罪学内部，以心理学为基础的犯罪研究方法，怎样与源自其他学科的方法联系在一起，以及它们是如何在真正意义上被整合为一体的。

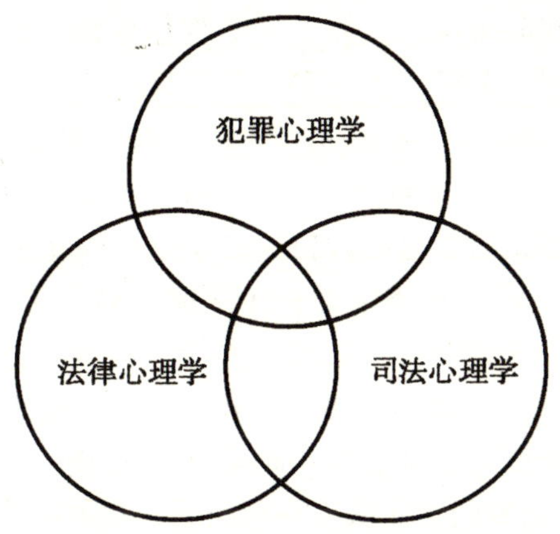

图 1.1 犯罪心理学、法律心理学和司法心理学三者重叠的领域

扩展阅读

首先声明，较之可以给出的书目范围，还有许多著作对心理学在犯罪研究中的应用有更为详尽的阐述。目前，我们给出的书目包括两本同名著作：罗纳德·布莱克本的《犯罪行为心理学》（见 Chichester：Wiley，1993）和唐纳德·A·安德鲁斯的《犯罪行为心理学》（见 Cincinnati，OH：Anderson，3rd edn，2003）。关于心理学与犯罪学关系的历史，可参见克莱夫·R·霍林（2002）的《犯罪心理学》一书，该书收录于迈克·马吉尔、罗德·摩根和罗伯特·赖纳编写的《牛津犯罪学指南》（见 Oxford University Press，3rd edn，2002）。对许多具体问题更详细的论述，可参见克莱夫·R·霍林编写的大型图书《牛津罪犯评估与矫治指南》（见 Chichester：Wiley，2001）。如果你希望概要地了解心理学，那么这有很多基础性的著作，以至于很难选择，不过理查德·格罗斯（2001）的《心理学：心理与行为的科学》（4th，edition，London：Hodder Arnold）是一个不错的选择。关于心理学中某些哲学问题的详细论述，参见 William O' Donohue 与 Richard F. Kitchener 等人（1996）合编的《心理学哲学》（London：Sage publications)。关于科学哲学更深入的介绍，参见罗伯特·克利（1997）的《科学哲学导论：切中自然的关节》(New York：Oxford University Press)。有关社会科学的问题，可参见 Ted Benton 和 Ian Craib（2001）合著的《社会科学哲学：社会思潮的哲学基础》(Basingstoke：Palgrave)。

比较而言，很多著作更关注法律心理学和司法心理学，而不是心理学中的犯罪学因素。关于一些具体问题的详细论述，有两本大型指南可供参考：Ray Bull 与戴维·卡森等人（1995）合编的《法律语境中的心理学指南》（Chichester：Wiley）基本上专门关注法律心理问题，本书的第二版修订颇多，和第一版相比简直成了另一本著作（见 Chichester：Wiley，2003)；而 Allen K. Hess 与 Irving B. Weiner 等人（1999）合编的《司法心理学指南》（2nd edn，New York：Wiley）也有几章探讨心理学和犯罪的问题。

第二章

犯罪原因论

为了把握心理学对解释犯罪行为的潜在价值，定位犯罪学领域其他学科所提及的解释将是一个很好的起点。正如第一章所概述的，犯罪学理论在极大程度上来自社会学对大规模的社会结构和社会变化趋势的广博认知。即使犯罪学与其母学科的关系至今可能仍是半分离的状态，但“首先考虑社会学”的模式仍得以保留（见 Rock，2002：76）。因而，对于过分注重个体影响和心理学影响的解释的实用性一直处于不停的争辩中。因此，本章的目标之一是举例阐述这些解释如何能够与社会学注重政治、社会和团体影响的观点并存且对其加以补充，而不是与之一争高下。

正如我们在第一章中看到的，在概念和实证两方面，犯罪学的理论结构都存在相当大的局限。在提到“犯罪”时，充分一致的意见认为需要提供一个系统的以实证为基础的解释，本章将努力承担这样的任务。很显然，这必须建立在接受适用刑法的官方定义的“犯罪”的基础之上。这一定义的局限性虽然饱受争议，但却是在犯罪学教科书中使用最广泛的定义。

关于犯罪产生原因的各种理论还需要说明的是，尽管犯罪被认为是人类社会出现后不可避免的产物，但其本身也需要得到解释。翻开一些理论书籍，很容易被一个半世纪以来不断丰富的观点搞糊涂。不同的甚至互相矛盾的观点最初各自听起来可能都是有道理的。通常我们总是缺少足够的信息来决定哪种理论才是正确的。这也反映了一个问题，即科学哲学家所说的“不充分决定理论”（见 Klee，1977）：可获得的数据与许多观点都相符。

本章主要分为三个部分。首先，自然要对犯罪学理论作简要的描述，并依照本章开头目录里“描述水平”中的几个最有影响的理论方法进行说明。其次，纵览一些最近提出的“综合”方法，并对其发展的主要影响进行评估，这样做是为了在更宽泛的犯罪学框架中从心理学的角度去理解犯罪行为。最后，介绍一些历史背景来说明当代心理学中用以研究犯罪的最有影响力的方法——“认知社会学习理论”的起源，该方法将在下一章中作更充分的阐述。

犯罪学理论的主要观点

正如 Garland（2002）所认为的，犯罪学的中心议题之一仍是努力寻求导致犯罪的原因。这首先与犯罪是由个别的或者个人的因素所导致的观点相联系。作为其中一种观点，古典犯罪学派认为犯罪是一种深思熟虑的有意识的计划的结果，个体被认为会评估不同行动过程的利弊并决定是否实施犯罪。另外，实证主义学派认为，犯罪行为起因于个体与生俱来的生理或心理结构，无论处于强势还是弱势都使他们实施反社会行为。

然而，还有一种对犯罪原因的研究并不受制于个体影响因素，或许可以说这种与上述相反的观点得到更广泛的认可。这是一种认为犯罪主要是由社会和环境因素导致的观点，其包含的许多变量构成了大多数犯罪学教材中多数章节的内容。很多因素与不同的研究方式相结合，催生出一些综合了宏观犯罪因素、区域性犯罪因素和个人因素的新理论。

此外，还有一种观点认为，犯罪是个体和社会压力之间不可调和的矛盾的表现。如果让个人可以按照自己的意愿行事，多数人会从事自己感兴趣的活动，而不太考虑会给他人带来的影响，“如果能够的话他们将几乎必然地触犯法律”（见 Rock，2002：56）。这一思想的主要来源是启蒙主义时期卢梭和伏尔泰等人的“社会契约”理论和法国社会学家涂尔干·埃米尔（Emil Durkheim）对 19 世纪晚期的研究。受其影响的各种理论统称为“控制理论”，此类理论认为保持社会的秩序和完整必须抑制个人的私欲。这一理论主要用于解释为什么在多数情况下大多数人并不犯罪，而不是用来解释为什么某些个体会犯罪。

前述各类观点是不断完善的现代犯罪学理论的核心内容（见 Vold et al.，1998）。虽然发生了相当大的改变，一些观点仍从犯罪学起源至今保持着可识别的延续性。而尽管细节上更加丰富并有了更多实验研究的支持，大多数当代的理论仍是这些类似的基础观点的这样或那样的变形（见 Garland，2002，Rock，2002）。

因此，在当代讨论“理性犯罪”（reasoning criminal）的模型中，能够发现古典犯罪学派贝卡利亚、边泌的著作及 18 世纪功利主义哲学家著述中的观点。其中，“理性选择”的观念被重新述及，并在很大程度上受到了一些犯罪学家思想的影响（见 Clarke and Flson，1993）。那些有时被称为“道德统计学家”（moral statisticians）的制图学派（Guerry、Quetelet 等人）通过早期的实验研究提出了第二种思路（见 Coleman and Moynihan，1996）。19 世纪 20 年代前期芝加哥大学犯罪生态学研究方法的发现者们正是追随这一思路，开创性地提出了社会学导向的许多研究方法。

大约 20 世纪 70 年代提出的犯罪学的另一种可选择的研究方法和理论与上述所有的观点都不同。从其多变的名称如“异化理论”或有时仅称为“新犯罪学”即可知道，其研究焦点是法律本身的作用。它的理论任务涉及法律相关的所有过程、法令的作用和个人对法律后果的感知。受这一理论方法中太多激进和批判的观点影响，一些思想家从认识论的角度拒绝承认犯罪可以被“解读”。他们认为仅仅使用语词或讨论犯罪如何可能被“引起”，是将这一范畴强加于我们周围的世界，对这些谈论本身的使用将变成我们研究的主题。一些后现代主义作家因此批判关于“真实的世界”（real world）需要解读的说法（见 Henry and Milovanovic，1991）。其他学者则认为这个观点可以和一个更传统的认为犯罪原因仍是一个正统的研究主题的“现代主义”观点相结合（见 Schwartz and Friedrichs，1994）。

描述水平

大量犯罪学理论构建使得将不同理论按某主题进行归类

显得非常必要。Bernard 和 Snipes（1996）将各种理论分为两种基本类型：“个体—差异型”理论和“结构—过程型”理论。所采用的方法是根据各理论描述的焦点和解释的范围来考虑犯罪模型。看似不同的犯罪学理论实际上是因为它们从不同的描述水平来检验犯罪问题。

为了简化，犯罪学理论领域可以被描述为关于理解犯罪行为的各种理论的五个离散但相互连接的水平。广义地说，这些理论涉及了从大规模的宏观社会水平到微观的个体水平。借用生物学的说法（而不是采用生物学理论方法），这些描述水平可以被认为具有复合显微镜的特征，即可以通过一系列日益增多的更有效的“透镜”来观察犯罪。各水平如表 2.1 所示。表中的各水平最初被称为“分析单元”，显示了研究和理论框架主要的关注点。第三栏列出了这一水平的各理论的主要目标，最后一栏逐一列出了这一水平的例证性的理论。

表 2.1　犯罪学理论描述水平示意表（改编自 McGuire，2000a）

水平	描述焦点（分析单元）	目　　标	例证性理论
1	社会	将犯罪理解为广泛的社会现象	冲突理论 张力理论 社会控制理论 女权主义理论
2	局部范围，社区	解释犯罪中的地理学变量，诸如城乡差别或行政区域和邻里关系之间的差别	环境论 差别机会理论
3	最近的社会群体	理解通过家庭、学校和同伴群体而起作用的社会化和社会影响的作用	亚文化不良行为理论 差别交往理论 社会学习理论

续表

水平	描述焦点（分析单元）	目　　标	例证性理论
4	犯罪行为和事件	分析和解释犯罪事件的模型和种类、犯罪目标及随时间变化的趋势	日常行为理论 理性选择理论
5	个体犯罪者	检验个体行为和内部心理因素如思想、情感和态度的模式	中立化理论 心理控制理论 认知社会学习理论

描述水平1：宏观犯罪学理论

作为第一个描述水平，犯罪被认为是人类在广泛的社会群体中生活所不可避免的产物。以此为起点发展起来的理论普遍假定犯罪及其社会条件与人类社会自身的特性有着本质的密切联系。

这一描述水平上的理论包括冲突理论、张力理论、控制理论和女权主义理论。冲突理论多起源于激进的政治分析。着眼于社会中各利益群体之间关系的本质，犯罪看来是不可避免的。纵观人类社会的历史，充斥并延续着对有限的物质资源和权势地位的竞争。在社会中占统治地位的阶级通过制定和实施法律来维护他们的利益。犯罪就产生于这样的社会环境和所应用的详细而明确的法律规范。统治阶级设计这些法律用来维护社会秩序并保持他们的长久统治。尽管犯罪一直是个巨大的危害，但它也服务于这样一个目标，即它为控制特定人群的实践提供了一种现行的公众理性。

这一水平上的第二个例证性理论是由美国社会学家 Robert Merton 提出来的张力理论。他也注意到了工业社会主要的问题是对物质资源的追逐伴随着不可避免的激烈的竞争与冲突。这是因为，只有少数市民能实现追求财富的梦想，其他人必须以某种方式去适应残酷的失败，并寻求应付他们所处环境的方式。为了努力保护社会赋予他们的目标，一些人不惜使用非法手段。在这个理论框架下，Merton 描绘了与不同犯罪形式相匹配的几种适应不良的模型。适度的实验证明支持了对这一理论的修订，并解释了一些其他因素如不良行为同伴的影响等（见 Agnew and White，1992）。

女权主义理论在犯罪学中的出现也被归于这一描述水平，因为最初这些理论考查的是社会中犯罪的全部模式。可能最值得注意的一个特征是这些理论对于犯罪行为中男女性别差异的宣告（性别比例问题，Daly and Chesney – Lind，1988）。另一个经常涉及的问题是针对男性犯罪人的研究获得的理论是否也同样适用于女性犯罪人（理论涵盖问题）。对这些理论的曲解正是对犯罪学中“完全大男子主义本性”的最好证明（见 Chesney – Lind and Pasko，2004：2）。这一领域内其他研究的主要内容包括：女性成为男性犯罪人的受害者的比例高得离谱（见 Heidensohn，2002）。这些发现被认定与男性在社会中的主导地位有不可分割的联系。即使女性犯罪人实施了贪污犯罪，她们在经济组织内的低下地位也使得她们的犯罪所得仅仅只是同类男性犯罪所得的 1/10（见 Chesney – Lind and Pasko，2004：102）。

犯罪学中大量的理论观点都可以被归结到控制理论的标题之下。在表 2.1 中，控制理论被分别定位于两个不同的水平上。在社会广义的水平上，通过社会学理论，主要关注犯罪在整个社会团体中的发生及社会结构维护社会秩序与和谐的本质。在个体水平上的核心问题是，如果说一些人具有坚守法律规定的强大定力，需要辨别究竟是哪些心理因素，诸如个体的个性差异或者是自控水平的不同，可以用来对此进行解释。

大量犯罪学实验研究能被形容为关注大规模社会水平和

符合 Garlan（2002）所描绘的政府计划。这不仅包括现在对官方记录的犯罪率的常规分析，也包括这些犯罪与经济指标如失业率和个人消费水平之间关系的调查（见 Field，1990，1999）。

描述水平 2：区域性犯罪学理论

除了在全社会范围内都会发生以及犯罪人中男性远多于女性之外，犯罪的最显著特征是地区之间分布的不平衡。这导致了第二类描述水平和理论构建，其中空间和社会区分对于犯罪的作用是研究的主要焦点。

芝加哥城 20 世纪 20 年代以来的研究是对此进行检验的第一个系统性的尝试。19 世纪晚期和 20 世纪初，大量的移民和城市人口的急速增长促使芝加哥大学的社会学家发展了一种“扩展中的城市随时间演变的模型”。Clifford Shaw 和 Henry McKay 及他们的同事们调查了城市的结构与变迁和社会破坏的指标（包括犯罪率）之间的关系。他们发现犯罪总是高发于城市内部外来移民首先聚居的贫民区，那里的外来移民总是受到大量社会问题的侵扰。在某些方面，这构成了一个“自然实验”，由于移民模式，新到达这个地区的移民数量是一个常数。一旦达到了某种富裕程度，他们就迁居到城市中更有利于健康的地区居住，那里的犯罪率也相应少得多。“过渡期地带”（芝加哥学派的研究者们的操作性称法）的地区动态容易促生不良行为。犯罪被认为是这些过程的一个衍生物，独立地发生于生活在这样区域的各种典型的个体中。芝加哥学派的观点和研究在犯罪学史中相当突出。然而，Farrington（1993）提出了质疑，那些按照推测能证明邻里因素重要性的证据是否像有时宣称的那样令人信服？最近更多验证性设计的研究并不支持邻里之间的社会经济差异是严重的青少年犯罪的肇端或相应犯罪率的良好预测指标这一假设（见 Elliot et al.，1996，Wikström and Loeber，2000）。

在这些开创性研究的基础上，其他犯罪学家发展了更精细的理论来解释城市不同区域完全不同的发案率。这导致了一串有影响的研究和理论，即环境犯罪学，专注于对人们居住、工作和游玩的环境特征的研究，并将之作为犯罪发生的潜在的原因。另一种衍生的理论是差异机会理论，它将张力理论中抽取的观念和特定的局部地区的“机会结构”结合起来进行研究。因此，它既不关注为什么犯罪发生在这些“优先”地区这一主要问题，也不关注哪些个体更有可能实施犯罪的问题。它注意的是自然和社会环境的结构及其是如何影响地区犯罪率与犯罪类型的。

描述水平 3：社会化和群体影响过程理论

接下来我们转到复合显微镜的第三级透镜和第三种描述水平。这里，我们的目标是理解为什么即使在特定的地区和团队中，有些人会犯罪而有些人却不会。这就要以较小的离个体最近的群体如家庭和青少年同伴为关注的变量。这些是个体大多数日常活动的社会网络背景。

这一水平可以发现一些理论模型，如亚文化不良行为理论、差别交往理论和社会学习理论。依照亚文化不良行为理论，个体遇到某些问题，特别是青少年在学校和家庭中遇到困难，追求另一种人际关系，在那里他们可以从同伴的眼中获得身份和地位。这个理论模型被广泛地运用于对青少年犯罪团伙的理解。

另外的研究者尝试对不良行为团伙中发生的社会互动过程进行解释。社会学家 Edwin Sutherland 认为犯罪行为的发展实质上是一种潜在的学习过程，是个体受到不同影响作用的结果。差别交往理论的中心概念是个体之所以变得行为不良，是因为他过多地接受了“赞成违法”的观念而不是“不赞成违法”的观念。换言之，你遇到更多争辩入店偷窃有好处的人而遇到较少认为入店偷窃不好的人，那么你进行商店偷窃的可能性就更大。一般而言，卷入犯罪行为是在基本的生活环境背景下，一系列复杂的学习经验的结果，但更重要的是习得的态度和思维习惯的反映。当然，Sutherland 理论最主要的一点是它适用于社会各阶层，无论是低级的城市破败角落中的不良行为还是职业群体中的“白领”犯罪（欺诈行为、侵占公款、洗黑钱及逃税漏税），都可以用它来尝试解释。

正如我们下面会看到的，差别交往理论中使用的观念虽然从社会学框架中发展而来，但大体上更像是心理学中的学习理论。因此，在寻求关于犯罪行为的综合的、跨学科的解释时，它们提供了一种宝贵的联系点。

描述水平 4：犯罪事件与“日常行为”理论

正如我们在第一章中看到的，一些犯罪学的理论形式仅将注意力集中在犯罪行为上，有意识地排斥和忽视谁实施了犯罪的问题。研究的唯一材料就是犯罪事件本身，尽管它们由犯罪人公然的行为产生，但是考虑可能导致这种行为的动机和其他个体因素的诱惑还是被竭力避免了（见 Clarke and Felson，1993）。

在这种观点下，调查的焦点是犯罪行为的时空模式。例如，入室盗窃、盗窃交通工具和打斗更普遍地发生在某些地点和白天或黑夜的某个时段。犯罪行为展示模式预示了个体可获得的犯罪时机，正如在他们日复一日的生活中发生于其他行为周期的活动一样。日常行为理论在犯罪学中以这一方法著称，它将大批犯罪套用这一模板，并通过集中“被激发的犯罪人、适当的犯罪目标、有能力的监护人的缺失”的空间和时间特征来解释犯罪（见 Cohen and Felson，1979：589）。

一些研究者发现了这些观点和理性选择理论的前提之间的共鸣，理性选择理论的起源可以追溯到将犯罪当做有图谋的、有目的的蓄意行为的古典犯罪学观点。然而，作为它的现代形式，这种方法被运用在更狭窄有限的领域内，以解释犯罪的某种类型。例如，一旦全部的决心都下定了要实施一次入室盗窃，想要成为夜贼的家伙就会考虑一系列的因素来挑选最好的“犯罪目标”。这些因素可能包括与目标区域之间的距离、接近住所的容易程度、被中断或觉察的可能以及可预期的收获（见 Bennett and Wright，1984）。

表面上，这个理论的焦点是犯罪个体的认知过程，并且它可以被认为属于下一个我们将要考虑的描述水平。然而，理性选择理论只是较少地分析了犯罪人的思考和决定。更多的是用来研究可能的犯罪目标，形成关于上述过程的直接推论，以发展犯罪预防策略，诸如加强对可能目标的防范和监视（见 Rock，2002）。但随着这一方法的发展，它得到了不断的重视，以确定哪些犯罪元素可以被认为是理性的，哪些不能（见 Brezina，2002）。

描述水平 5：个体因素理论

第五个也是最后一个描述水平和理论结构明确地致力于个体内部因素。正像前面章节所述，这些理论大多数建立在个体特征或区别的概念上解释犯罪的方法，目前并没有在犯罪学中获得应有的重视。

龙勃罗梭的事业和他的“原因科学”（science of causes）还有许多残留的影响。在大多数继承这一种传统的特殊研究方法的内核中，还有对人进行一般分类、对犯罪类型进行详细分类的思想。在龙勃罗梭原创的观念中，他将犯罪人分为四类：天生犯罪人、精神病犯罪人、偶然犯罪人或“本性有犯罪倾向之人”及激情犯罪人。第一种犯罪人被认为表现出隔代遗传（返祖现象）的特征。Charles Goring 在 1913 年完成的对英国监狱的大规模的调查中并没有发现能支持龙勃罗梭对犯罪人的分类理论及犯罪人与非犯罪人之间存在生理特征差异的证据（见 Garland，2002，Lilly et al.，2002）。这也许可以认为是标志了对犯罪人体型研究的终结，但是其他建立在与个体有关的假设或犯罪原因假设上的研究贯穿了整个20世纪并延续到现在，产生了许多形式。在生物学水平上的研究包括以下几个方面：

- William Sheldon 等人基于人体构造和犯罪人累犯倾向之间联系的观点对体型分类的运用（见 Wilson and Herrnstein，1985）；
- 对“犯罪基因”的研究（见 Walters，1992；Rutter et al.，1998）；
- 从对双胞胎的研究中收集数据，以建立犯罪遗传可能性因素的凭证（见 Buikhuisen and Mednick，1988；Brennan et al.，1995）；
- 运用神经成像技术探测关于暴力犯罪人脑部畸形的假设（见 Raine，1997）。

前两种研究现在看来是完全不足信的，其早期于1965年提出的关于XYY染色体和暴力行为之间联系的发现，后来被证实是人为的统计结果。关于体型分类的概念，一些观点对它的坚定不移很值得注意。Goode（1997）描述了 Sheldon 在1940～1960年间开展的秘密研究，包括耶鲁和哈佛在内的美国常春藤联合会大学的新生被裸体拍照以记录他们的身体状态，用以研究身体状态与智力的关系。许多后来获得显赫成就的学生就是通过这种方式被拍照记录的，包括后来的总统老乔治·布什［George Bush（Senior）］、参议员希拉里·克林顿（Senator Hillary Clinton）和演员 Meryl Streep。

关于遗传在犯罪行为中可能的作用的争论，比从前日子里不成熟的“本性—教育”的争辩，幸运地有了某种进展。显然，在某种程度上我们都至少部分地继承了某个人的遗传。没有任何证据表明这种遗传直接导致了任何形式的犯罪倾向。然而，遗传因素可能直接导致了各种弱点的形成，诸如气质上的许多特征与不利环境的互动，可能导致儿童期发生行为问题的风险上升。部分这样的儿童问题可能延续到青春期，甚至演变为成年期的犯罪行为。第三章和第五章将更详细地探讨这些因素可能相互作用的途径。

关于大脑损伤可能导致犯罪的证据是最不确定的。很多年以来都有一种共识，认为出生时的并发症导致的未被发现的“最小的脑功能紊乱”是后来的冲动性和青少年犯罪倾向的原因，直到这种并发症被认识到是远非罕有的。“关于出生时的并发症造成脑损伤的假定的起因作用还没有定论。很显然，这种原因在大多数青少年犯罪案件中是完全不可能的。”（见 Rutter et al.，1998：140）

在心理学水平上，大多数关于个体因素潜在作用的研究集中于人格的差异方面，尽管大多数卓越的理论都认为这种差异具有可确认的生物学基础。对于犯罪人格的心理学基础的解释起源于包括心理分析理论的几个方向，并对龙勃罗梭传统理论中最核心的内容进行了批评，但是却没有在大多数犯罪学教科书中得到足够重视。

Eysenck（1977）清晰地举例说明了这类理论，他假定人的先天素质（包括可能由遗传产生的神经系统功能的个体差异）会影响社会化过程的效果。依据 Eysenck 的理论，这种影响作为个体条件能力（使条件反射更容易建立）差异的结果，也影响到个体意识的发展。这些因素的联合结果与可测量的人格特质的差异有关。其中，三个特性（高外倾性、神经质性、精神病性）被认为与卷入犯罪行为的高可能性相关。本质上，按照 Roshier（1989）所界定的关于差别的概念，这也是控制理论的一种形式，因为这里发现的任何差别都被认为决定着个体遵守社会规范的能力。

然而支持这一观点的证据有点不牢固。Hollin（1989，2002a）汇集了运用 Eysenck 人格测量比较犯罪人群体和非犯罪人群体的许多研究发现，得到了有些矛盾的结果。或许对

Eysenck 理论最严格的检验来自于使用了聚合分析方法，并调查了相关的青少年犯罪人样本和非犯罪人样本，显示出预测中三种人格尺度的轮廓的研究。在 Hollin（2002a）看来，最终的结果显示“有实证证据支持 Eysenck 的理论”（p. 155），但他也表达了一些保留意见。Blackburn（1993）也证明“在验证的过程中产生了许多显著的结果……其中必然包括像 Eysenck 关于犯罪行为的理论没有得到足够支持这样的结果”（p. 127）。最终结果远不足以使人信服，并且运用单维的线性方法对犯罪倾向纯粹基于人格基础的解释，几乎已经被更复杂的对交互关系的研究所抛弃。这一点将在第三章有更充分的讨论。

总的来说，要想从犯罪人群体和非犯罪人参照群体中分离出能稳定区别二者的任何人格维度，被证实是困难的或者差不多是不可能的。Gottfredson 和 Hirschi（1990）认为这方面最好的例子是“低自控”。在对 21 项研究进行的大规模的回顾中，Pratt 和 Cullen（2000）发现尽管没有得到后续研究和纵向研究的足够支持，但“低自控”是适用于许多犯罪类型的一个重要的犯罪预测指标。Vold 等人（1998）对“冲动”这个不同但有重叠的变量给予了极大的重视。有趣的是，Farrington（2002）认为在某种程度上，Eysenck 的理论产生了一些经验性的支持，如果使用人格目录结构，有可能“从大体上界定冲动与犯罪之间的联系”（p. 665）。有证据表明，任何单一维度都不足以可靠地区分犯罪人群与非犯罪人群，因为后者格外地难以界定和确保研究目的。而且，正如 Farrington（1996）所认为的，强调“对于犯罪可能只有一种潜在结构”无疑是很难获得综合的理论构架的（p. 79）。

然而，正如我们将在第五章看到的，有证据表明一些个体因素和犯罪行为的持续性之间存在联系。得到最坚实支持的变量是体验各种负性情绪的倾向，加之相关自我约束的缺失。二者的联合作用可能使个体具有较高的卷入犯罪行为的风险（见 Caspi et al.，1994）。

社会模型中的心理过程

寻求个体因素以暴露犯罪人与守法者之间的一贯不同，在很大程度上被证明是不成功的。尽管对它的潜在假设做了大量工作，但还是缺少太多的实证支持，这遭到了许多犯罪学家的广泛贬低。有较强的证据支持在持续犯罪人中存在确定的个人特征群，尽管这些因素的重要性相对于其他类型的影响来说还不太清楚。荒谬的是，虽然个体导向的理论通常会成为犯罪学研究中被批评的靶子，但是心理因素和心理过程还是被当成基于社会学的许多犯罪学理论的要素。

例如，遏制理论，这是 Reckless（1967）根据控制理论演变而来的。这一理论关注的至关重要的问题是为什么在许多可能导致犯罪的压力下，大多数个体（除了较小的过失）并未卷入犯罪，并一致战胜了不良影响。这个理论甚至用以解释高犯罪社区中男孩对不良行为诱惑的抑制（见 Reckless et al.，1956）。Reckless 提出两组他认为可以用于解释的因素。外部遏制因素包括儿童成长过程中的外部限制，如被指定为有建设性的及有意义的角色以及获得支持性的关系。内部遏制因素由诸如积极的自我观念、对生命的直观感觉、挫折忍受力以及投入和保持群体规范的能力产生。

对这个问题的另一种解释来自另一理论。亚文化不良行为理论认为，不良行为群体的成员可能表现出反社会的态度，包括拒绝道德价值和主流社会的标准。相反的是，研究发现，即使是惯犯在大多数时候也是倾向于认可传统价值的。中立化理论（见 Sykes and Matza，1957）试图解决假设和研究发现中的这一矛盾。在这一模型中，允许个体存在对于犯罪的矛盾情感和态度，人们运用一系列内部机制来减少对离经叛道和墨守成规之间价值观的冲突。这种自我原谅机制被称为中立化的技术，由下面五个过程组成：

- 否认责任："这不是我的过错，我是被逼这样干的"；
- 否认伤害："他们损失得起，他们都办了保险"；
- 否认受害者："他/她是个反对组织/欠收拾的放荡的/邪恶的支持者"；
- 谴责刑罚："警察是腐败堕落的，他们和我一样坏"；
- 呼吁忠诚："打架斗殴中你必须站在你朋友一边"。

通过这种方式，许多犯罪人可以降低他们表达的观念和他们真实行为之间的不可调和性。这个观点和第三章述及的认知社会学习模型有很多类同之处。它们包括各种先于或支持犯罪行为的自我说服，从对自己非法酒后驾车的默许到一些对儿童进行性侵害的男性的"认知扭曲"。所有这些模式如果能够改变，将有助于个体自我管理从而远离犯罪。

可能犯罪社会学和犯罪心理学的显著趋同源于差别交往理论和基于行为主义的社会学习理论之间相近观念的链接关系。二者都认为犯罪的缘起与个体的易受诱惑性或人格差异无关，而与群体之间的互动和影响过程有关。

Akers 等人（1979；见 Nietzel，1979 年同样发现）吸收了大量关于人类学习的研究成果，精心制作了一个模型。他们将之描述为"根据一般行为强化理论修订了的差别交往理论"（p. 637）（在第三章中，我们将进一步了解强化理论）。作者认为，犯罪是通过模仿和差别强化过程学习得来的，在这一过程中个体可能接触到支持不良行为的观念。这一切发生在社会群体的影响下，尤其是青春期同伙的影响下。学习理论认为，个体在群体中受到的与此相应的影响是被鼓动并持续非法食用酒精和其他药物。Akers 和他的同事们（1979）最初通过在一个十多岁青少年的大样本中进行包含物质滥用问题的自陈式调查来检验他们的理论。自变量（根据差别交往和社会学习机会测量）和因变量（物质滥用水平）之间存在显著相关。尽管这一研究不能详细解释其内在的机制，但是却初步提供了关于在某些禁止行为之初社会学习的重要性的证据。

最近，Sellers 等人开展了一项大规模的关于一系列共 140 项研究的元分析回顾（2000；见 Lilly et al.，2002 引用），为这一模型提供了大量翔实的证据支持。在苏格兰的一项针对青少年犯罪的研究中，Jamieson 等人（1999）访谈了三组年轻人，分别是未犯罪组（从来没有犯过罪）、不再犯罪组（以前犯过罪但已经收手）、持续犯罪组（时不时仍会犯罪）。回答者报告的家庭犯罪模式和他们朋友的犯罪率也可用这一模型作出解释。正如 Lilly 等人指出的和我们将在第五章、第六章看到的，对这一观点的另外的支持证据可以从其他两个方面获得。一方面是 Andrews 和 Bonta（2003）及其他人通过对犯罪人再犯罪的预测因素的大规模回顾获得的一系列发现，另一方面是与减少犯罪人累犯率稳定相关的干预类型的相关证据。

前述理论中社会学和心理学观念的交叉预示了潜在的理论综合，并开启了其他观念和分析水平上更多变量合并的可能。下面，笔者将纵览迄今为止在这一方向上一些更富有成效的尝试。

理论综合

之前，我们注意到犯罪学理论模型的丰富性和不断增加的可能性。考虑到这些模型之间的差异，一些作者倡议对这一领域进行简化，或者在各种观点和不同模型的观念综合之间进行重建。“不幸的是，源自不同方法的理论观点和实验发现之间有着巨大的分歧。最终，变态和犯罪只能被以零碎的方式去理解，用以研究这些主题的不同的方法急需统一。”（见 Cohen and Machalek，1988：446）此外，尽管研究者提倡仅仅建立在一类变量上的模型已经是一种显著的趋势，仍有主张认为“犯罪学理论需要更广的范围和囊括所有这些不同类型的变量”（见 Farrington，1993：30）。

Bernard（1990）调查了犯罪学理论20年来的发展情况，表达了对其发展状况的失望。他认为，这20年并没有获得有意义的进展，因为没有什么能遵循的大胆假设的哲学原则，也就是说，遵循的都是实验检验的原则，凡是经过实验检验的就有机会推翻我们的思考（见Klee，1997）。在大量相互竞争的，同时又是似是而非的立场之间很少有选择的余地。但是，几乎只回顾了近几年的形势，Bernard和Snipes（1996）就感觉到了更加乐观的前景。这种变化的因素之一是在解释力方面越来越强的理论日益增多。近几年，有一些关于犯罪原因和持续犯罪的真正的综合理论出现，尽管一些作者仍对这些努力的可能的价值报有悲观的态度（见Leavitt，1999）。

Elliott等人的一些早期的综合工作吸收了大量的理论观点（1979）。他们的模型联合了张力理论、控制理论和社会学习理论的元素。个体体验到紧张是因为不能获得成功（在他们的文化定义中）。在社会解体的条件下，他们也将受到相对较弱的控制和附带的传统规范的支配。社会学习过程使他们在态度上趋向于不良行为，最终导致犯罪行为。Hirsch（1979）对这些综合概念的早期努力提出了强烈的反驳，他断言这个方向的努力是没有意义的并力劝对此加以抛弃。尽管面对这样的申斥，此后联合理论模型的各种努力继续齐头并进。关于理论构建和理论综合的相对价值的争论在Messner等人（1989）和Barak（1998）编辑的著作中一直存在。

一项涉及四个国家（荷兰、瑞士、匈牙利和美国）的大规模的跨国研究例证了从不同领域吸收概念的需要和进行理论综合的重要性。一个数量足够大的15~19岁的年轻人样本（7000~8000）被应用到该项研究中（见Vazsonyi et al.，2001，2002）。研究者发现，自陈犯罪的不同部分的变异分别与独立的预测变量相关。日常行为模式解释了样本中犯罪变异的16%~18%。个体间自控水平的差异解释了变异的16%~20%。要建立一个关于犯罪行为的现实的模型，需要将这两个变量和一些其他变量集合到一个整合的框架中（这些发现稳定地出现在不同国家背景的样本中）。下文中将对一些最著名的理论概念的整合作主要概述。

综合发展模型

在努力发展一个整合理论的尝试中，大多数犯罪学研究者认识到必须对从儿童中期到青春期之间的过渡期作出解释，因为问题行为可能首次出现在这个时期。正如我们将在下章中所见，世界范围内许多纵向研究中的广泛发现将是推动这一进程的有用资源。

Thornberry（1987）描绘了一个关于不良行为的交互影响理论，其中结合了在 Elliott 等人（1979）的模型中对引用的控制理论和社会学习理论观点的解释性概念。此模型试图寻找到对以下两种过程的最终解释：为什么对行为的约束会越来越弱及为什么“最终的自由被引向不良行为模式”（见 Thornberry，1987：865）。模型包含了预测不良行为的六个主要交互变量：对父母的依恋，对学校的依附和对传统态度的维系，结交不良行为伙伴，吸纳他们的价值观念和认可不良行为。然而，这些因素没有被考虑以某种方式发挥固定不变的价值。例如，没有将不断发展着的儿童对父母的依赖水平变成静态的自变量。另外，其理论的中心意思是，这是一个随时间变化的交互影响的模型，应当被理解为对不良行为的肇端给出的解释。Thornberry 对模型中关于交互过程的结论给予了极大关注，并坚持认为依赖作为一个单向的自变量的观念必须抛弃。因此，正如年轻人与父母分离可能导致其逐步形成反社会的价值观，这个因果关系也是可逆的。因素间不断发展的相互影响促使犯罪行为可以描述为发生于一个“不断扩大的原因圈”。在最复杂的层面上，变量之间的交互模型被期望随着青春期早期、中期和晚期的变化而变化。

在后来的论文中，Thornberry 比较了 17 个独立研究，引用了大量证据来支持双向因果影响论。文章报告了他最初的模型中的许多变量（对父母和学校的依附，异常的信仰和态度，不良行为同伙）和犯罪行为变化（轻微的和严重的“通才”犯罪，偷窃，恶意破坏行为，入店盗窃，药物滥用和人际暴力）之间的关系。后来发表的另外两项大规模的研究（见 Matsueda and Anderson，1998，Wright et al.，2001）对这一理论提供了更多的证据支持，《罗彻斯特青少年发展研究》（Rochester Youth Development Study）中的许多发现也广泛地验证了这一理论（见 Thornberry et al.，2003）。

Catalano 和 Hawkins（1996）采纳了相似的观点，他们的模型综合了控制理论、社会学习理论和差别交往理论，和 Thornberry 的研究平行但又有某些差异。他们认识到必须纳入发展的维度以建立一般模型和四个特定年龄的“亚模型”。发展过程作为一种“相互影响”，不仅是变量之间相互的影响，而且在持续的发展阶段产生不同质的结果。三个主要的客观因素预设了发展的一般背景：个体在社会结构中的位置（社会经济阶层、性别、种族和年龄）、本质因素和其他外部环境的制约。四个结构被认为主要影响了发展的方向：（1）感知到的卷入与别人互动的机会；（2）卷入程度；（3）拥有的参与人际互动的技巧；（4）不断重复下可预见的自然增加的强化。当这些因素发生整合作用，一种社会关系就得以发展，并可能会独立自发地影响到其后的行为，产生（或没能产生）控制。由此习得的亲社会行为和反社会行为，其二者之间的平衡关系将决定儿童是否沿着不同的“道路”发展。Catalano 和 Hawkins 例证了模型中因果关系元素产生的许多干预点指标。

在这一方向上，Laub 和 Sampson（1993）提醒犯罪学家，既然犯罪生涯具有连续性，就必然有转变点。有些可以归因于随时间自然发生的变化，还有的则是生活事件的影响导致的结果。犯罪模式和潜在的原因或构成因素在生命的不同阶段并不稳定。因此，适用于青年人犯罪的模型可能并不能解释成年人犯罪。参与、维持、增加和停止犯罪可能是由不同的独立变量引起的，或是由相似变量以不同的交互方式引起的。理论家应当接受“关于人的发展，不变的或确定的概念是无用的”（见 Laub and Sampson，1993：310）。即使一个人卷入犯罪，有证据表明在相对的高频犯罪，如入店盗窃、机动车盗窃和一些药物滥用形式中，个体的动机在青春早期、青春后期和成人期都是不同的（见 McGuire，1997a，2001a；Jamieson et al.，1999）。

一些其他理论家在此提出了不同的发展主题，他们假定导致犯罪的因素作用于不同的水平。Martens（1993）介绍了基于相关社会生态学框架下的儿童发展研究的概念。成长的儿童在四个水平上被置于一个复杂的关系网中：微系统（儿童和他或她临近的环境）、中间系统（家庭、学校和游戏中的其他意义主体）、外围系统（父母的社会经济地位、邻里环境）和宏观系统（广泛的结构和社会文化影响）。Martens 检验了这些系统水平中不同因素之间的动态的相互作用，另外介绍了随时间变化的维度。

LeBlanc（1993）的“多层”观念更复杂，其理论结构包括一些阶段。它首次区分了不良行为、不良行为者和社会不良行为现象，并分别将其视为一些交互变量的产物。相应的，LeBlanc 分别提出了主要影响路径的模型。子系统为整个结构添加了一个总共包括 18 个自变量的三层“同构模型”。从本质上说，尽管很复杂，但它仍属于控制理论，其基本方向是对增强或削弱个体与传统道德之间联系的因素的理解，或者为不良行为提供诱因。因此，LeBlanc 分别讨论了三类变量：

- 对不良行为的抑制（诸如出现相对于犯罪机会的有能力的监护人）；
- 对可能的犯罪人产生内在约束力（诸如依恋他人，尤其是与犯罪交往相对的亲社会模型）；

• 缓和整个社会的犯罪水平（与社会解体和社会混乱相对的合法的机会结构、法律强制机构和犯罪制裁）。

进化的框架

一个新元素被 Cohen 和 Machalek（1988）介绍到犯罪学理论化的进程中来，开创了一个新的里程碑。他们从进化论和行为生态论中吸收借鉴并发展了一种研究犯罪学的新方法。它被首先应用到了剥夺理论中，来研究偷窃和其他财产犯罪的行为。该理论认为，和人类其他行为一样，人们通过进化发展了一系列保护其实质性和象征性资源的方法。剥夺只仅仅是获得资源的一种行为策略，许多动物包括人类都是这样。在某些环境中，这似乎是最高效的，并且和人类其他成员运用的策略形成一种特殊的相互关系。运用这一方法，有可能整合发源于许多犯罪学理论的概念。犯罪的常态、其高发于一些亚文化和无组织的社区中、差别交往、社会学习和控制过程、个体差异的维度，这些都可以融合于一个整合的理论框架中。需要注意的是，这个理论框架模型并不是对社会学中一系列归因于遗传驱动的行为模式的重新包装，以谋求复制的最大化的成功。Cohen 和 Machalek 明确地指出他们的理论绝不是这样的。

也许迄今为止最全面的模型是 Vila 提供的整合范例。它建立在 Cohen 和 Machalek（1988）模型的基础上并加以扩充使之能适合于更广泛的犯罪行为。Vila（1994）首次对犯罪进行了如下的四分法，并声称这是“可论证的最全面的分类法”（p. 315）。任何犯罪都可归于其中的一类：

• 剥夺（如偷窃、欺骗、侵占或挪用）：目的是在别人不知晓或未合作的情况下从他或她那里获得诸如财产等物质资源；

• 表达（如性侵害、违禁药品滥用）：目的是为了获得快乐资源以增加快感或减少不快的感觉；

- 经济（如贩毒、卖淫）：目的是通过有利可图的非法的协作行为获得货币资源；
- 政治（如恐怖主义、操控选举）：目的是通过使用各种策略获得政治资源。

和上述一些模型一样，Vila 也从生态学水平（人们与其所在物理环境的交互影响）、宏观水平（社会团体之间的交互影响）和微观水平（影响个体动机的因素）三个水平上对贡献因素的多重联系进行了分析。这三个水平使互动得到了增强，整个模型被赋予了动态的发展前景。

想要达到设计目标，这些整合理论需要具备一些特征。首先很明显地，它们需要能够解释大量的变量；它们也要能提出不同水平（如个体、家庭、社区和社会）的变量，并能阐述各水平之间的相互关系。它们必须是动态的，既能解释发展变化，也能解释环境变化。尽管达到了如此的复杂水平，正如第一章所指出的那样，这些模型的不确定性远远大于其确定性。它们的各个变量能被解释为具有因果关系，但这些变量之间的相互作用却是多重方向和相互依赖的，因此虽然模型作为整体可以被描述，但却不能针对任何个体输出确定的结果。两次引用 Vila（1994）的话说，他的这一整合结果是个“有力地非确定的范例”（p. 311）。

成功的整合理论的第二个重要特征是它们既能提出结构变量，又能提出过程变量。例如，关于跨社区犯罪流行趋势的变化的陈述，尽管有稳定的数据支持，但并不能使它们本身令人满意，除非它们能解释这种差异性的演变序列。一些整合理论注意到了这种要求和对这两类变量之间似是而非的相互联系的界定。然而，它们也仍然只能被视为一种重大的失败，因为它们没有一个注意到将法律本身的行为作为一个构成整体所必需的维度。当前对整合尝试的回顾本身就缺少对此的注意，当承认它作为一个包含一切的贯穿前后的因素时，我们转而以传统的立场关注到犯罪行为和犯罪人的某些方面本身就是一个正统的调查主题。

围绕这个批评，Vold 等人（1998）提出了一个统一标准的冲突理论以试图满足所有这些标准。他们的模型设计既提出了结构变量，也提出了过程变量，同时还解释了法律实施中的变化。还需要做大量的工作来精练和确认这种方法，但重要的是，这些作者已经在原则上证明了构建一个符合这些要求的理论的可能性。即使对整个计划充满信心，也很难在不久的将来达成关于统一犯罪学理论的一致意见。在任何情况下，Bernard 和 Snipes（1996）指出这种理论的普遍性也足以大到难以检验。

另外，迄今为止，在所讨论的各种变化模型中，个体水平的变量也很少受到重视。这一变量考虑了个体在从事每天的行为、与他人互动、解决问题和作出决定时的认知和思想。最近，从心理学的发现中部分地获悉，认知过程在犯罪行为的缘起中发挥了重要的作用，并越来越受到犯罪学的重视。这在 Foglia（2000）的论文中获得了例证，他检验了包括解决日常个人和社会问题的技巧的一些维度，说明了认知变量在社会学理论中通常被假定于暗示的水平。这是一种符合心理学家寻求对于犯罪行为的心理学和社会学模型和睦相处的观点的开端（例如，Andrews and Bonta，2003）。

在本书的框架中，以上观点关于在犯罪学中构建整合理论的设计，在提出发展的、家庭的、情境的、社团的、大规模结构的和政治的因素外，提出个体的、私人的和心理的因素被视为至关重要的。Farrington（2003）多年来发展了一个这样的整合模型以解释“工薪阶层男性的犯罪和反社会行为”（p. 165）。它整合了生物学、心理学、家庭、社团和社会的因素，认为在导致犯罪行为的“激发”过程和远离犯罪行为的“抑制”过程之间，在长期/发展的和短期情境的或者内部过程和外部事件之间存在差别。一些潜在的未被证明的假设嵌入了模型关于在不同社会阶层中对刺激的差别评估和相对于长期目标的短期目标的假定。这将成为直接影响和削弱社会经济状况和犯罪行为之间的联系（见 Gendreau et al.，1996，Wright et al.，1999，Dunawayk et al.，2000，Andrews and Bonta，2003）。不过，模型真正整合和吸收了前面介绍的理念框架中发现的全部五个水平上的变量。模型的主要组成部分之间的相互关系见图 2.1。

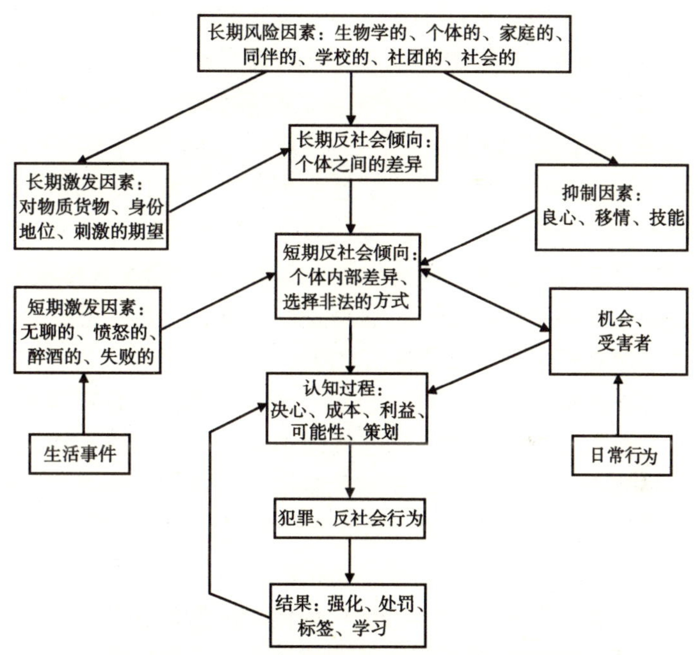

图 2.1 Farrington 整合理论（见 Farrington，2003）

Dodge 和 Pettit（2003）发展了一个与此不同的一般性模型，主要关注青春期行为问题。一些研究者认为，这可能是持续到成年期，严重、持久稳固的犯罪行为的先行事件。组成此模型的主要变量种类是生物学的素质、父母影响、同伴影响、心智过程和社会文化背景。

这一部分讨论的所有的理论融合的努力中都配置了一些

个体水平的变量。要做到这点并不必需重申个性和差异，因为它们已经包含在前面各类模型中。以这种途径确定下来的过程被普遍运用，不仅运用到了对犯罪人的研究中，也平等地运用到了对非犯罪人（无论如何定义）的研究中。当前，各理论统一的局限是没有求助于分类学或病理学的简化概念。

（认知）社会学习理论的起源

下一章我们将更详细地考察心理过程，它为真正的犯罪整合理论提供了一种最强的支持。这就必须介绍一下被称之为认知社会学习理论的理论框架。它起源于社会学习理论，“认知”这个词是最近额外加上去的，也可以不加，主要是为了强调其所指代的核心概念。这个理论可以填补前面所涉及的犯罪学整合模型的空白。换句话说，它详细阐述了发生于人们之间的各种事件，特别是将儿童期和青春期也考虑进去。至少对当前的研究者来说，这将是一种开创性的工作，说明了心理学如何为理解犯罪作出贡献。

历史性地看，这个理论仍然是个新的理论。它本身也是概念整合过程中的产物，那些概念本来是不相关的（因为持有这些概念的人仅仅关注了其他事情）或者被认为是不一致的（因为可以更深入讨论的哲学假设不同）。下面将通过勾勒产生这一理论模型的历史背景以结束此章。

社会学习理论在 20 世纪 70 年代，作为之前两项独立的研究和理论的集大成者首次被明确提出。这两项理论一项是行为主义，它植根于使心理学成为一门客观学科的理念，认为心理学只关注能直接观察、测量和记录的行为，带有明显的实证主义倾向。另一项是认知心理学，它最开始是作为研究某种（通常是“形式的”）精神过程诸如逻辑推理过程或者是抽象的问题解决过程的直接方法。大约 20 世纪 60 年代，它受到了人工智能和计算机科学发展的深刻影响。

在心理学作为一门独立的学科首次建立起来之后，心理学正如大家所期待的那样开创了当前思想的新纪元。在 19 世纪后期，当达尔文的进化论观点被引进心理学，其表现为假设大多数人类行为是由先天的生物学特征——本能——所驱动的结果。这一模式在涉及我们自然天赋的一部分，如饿、渴和性欲时看起来可能非常合理，但是攻击、竞争、积累财富、领导和艺术创造也被声称是起源于遗传和本能的原动力。

另外，在冯特（Wundt）和他的同事们极大的影响下，大量的努力集中于研究感觉经验和知觉经验之间的联系。他们用来收集数据的主要方法是系统的自我观察或内省。这要求参加实验的个体描述他们的思想和内心体验（这种数据收集方式现在称为"口头汇报"或"自我汇报"）。这些观点和实践在 1913 年受到了美国心理学家华生（John B. Waston，1878～1958）的质疑，他坚持认为如果心理学要效仿其他科学，就应该收集那些能直接观察的事件的信息。人类和其他动物能观察到的是他们的行为，任何内部语言、精神过程都是纯粹的、猜测性的和非科学的。华生将他这种激进的思想称之为行为主义，并争论说它将代替那一时期占统治地位的心灵主义。华生还声称，需要认识到大部分人类行为是学习获得的。为了说明心理学家应如何对此进行研究，他借鉴了著名的前苏联心理学家伊凡·巴甫洛夫（Ivan Pavlov）的成果。正如我们将在第三章所见的，巴甫洛夫报告了他所发现的可以在纯行为水平研究的一些基础的学习机制。

在继起的十年中，行为主义成为心理学思潮中主要的流派之一。根据学习机制可以在细心的实验控制下进行研究，并且为各物种共有的建议，许多早期行为主义的研究都是在实验室条件下以动物为对象进行的。这些研究工作被告知在沿着从简单到复杂逐步发展的中心原则进行，就像巴甫洛夫所强烈提倡的那样（见 Morison，1960）。因此，行为主义者在实验室中使用大小老鼠和鸽子为对象辛苦地进行（可怜的，有时会造成痛苦的）关于学习过程的研究。近乎到处都有的白鼠从 1901 年开始被用于心理学研究，引起了心理学内外的许多论争，但被辩护为发挥了和甜豌豆或果蝇（Drosophila）在基因学研究中类似的作用（见 Barker，1994）。

认知发展研究

然而，行为主义者的“革命”只是说说而已，他们并没有完全停止对思维和认知过程的直接研究。整个 20 世纪中期，心理学家一直在从事对记忆、感觉及相关领域的研究。可能最有影响力的是瑞士心理学家吉恩·皮亚杰（Jean Piaget 1896～1970），他从生命最早期开始研究儿童学习和解决问题的能力发展。皮亚杰研究的起点是认为头脑有感觉周围环境的与生俱来的能力，并且在身体成长的同时心智也进一步成熟。例如，只要有良好的环境，绝大多数儿童会学习走路，因此皮亚杰认为他们也学会了目标坚定、质量守恒和因果等观念。到 20 世纪 60 年代，许多研究发现已经积累了关于儿童思维发展，以及关于记忆、推理、思维中语言的作用和其他成人认知方面的成果。此后，在人工智能概念的催化下产生了实用性的计算机，进一步加速了认知心理学的发展。这提供了通过设计模仿人类认知过程的电子软件来研究人类认知过程的前景，进而导致信息处理观念作为理解人类心理的模型得到广泛运用。

整个 20 世纪 70 年代以来，自命为“行为主义者”的心理学家和自称的“认知心理学家”之间缺少有意义的接触。然而，行为主义研究的发现已经开始预示，假定为学习基本单位的条件作用机制并不能承担解释性的重任，直到它们被赋予这样的作用。

行为主义自身内在的至关重要的发展使其拓宽了视角，并接受一些不能直接观察到但可能间接推断或报告的事件也能成为解释学习或其他行为改变的重要因素。首先是 20 世纪 50 年代在精神病学家约瑟夫·渥尔普（Joseph Wolpe）和心理学家汉斯·艾森克（Hans Eysenck，他后来关于犯罪和人格的研究已在上文述及）的努力下产生的行为治疗。20世纪20年代，约翰·沃森指导的研究生罗莎莉·蕾娜例证了在条件学习过程中无害刺激物是怎样造成恐惧的。如果人类行为是学习得来的，那么也就可以解释各种问题包括害怕和恐惧症等的获得。渥尔普和艾森克扩展了这一原则并将其发展到一系列基于学习理论的心理治疗中。在治疗中能看到个体所能进行的学习，并且逐步地在摸索恐惧对象时以另外一种诸如放松的情绪替代了害怕。渥尔普发明并完成的系统脱敏技术被非常广泛地应用到对减少焦虑问题的行为治疗中。

另一个有影响的发展是在大量的研究中发现的关于运用语言对行为进行“自我调节”的过程。这种控制的获得最初起源于语音。在儿童早期，儿童的行为受到其父母或其他成人对他/她的语音指令的相当多的影响。当他/她掌握了语言，儿童开始对自己重复这些语音，最初是大声地，逐步转变为小声地或偷偷摸摸地，直到他们自己也意识不到在说。行为受到了自发的认知结果，而不是深思熟虑的想法和清醒的外显意识的管理。这些行为研究的发现与那些认知导向的发展心理学家的发现是一致的。其中心的观点可以用Farber（1963：196）总结的话来概括：“人们对自己的告诫决定了其行为的结果。”

心理学家艾伯特·班杜拉（见Albert Bandura，1977）在这些研究的基础上提出了社会学习理论。这一理论也是建立在班杜拉及其同事对于行为研究的一系列发现的基础上。拿动物学习来说，并不需要早期行为主义者主张的直接的奖惩经验，动物可以通过观察同类的行为结果进行间接学习。研究假设这种观察学习必须依赖于不能被直接条件单独解释的内部机制。班杜拉收集了在人的发展中关于“模仿性”学习的重要性的大量证据。社会学习理论将直接条件学习和模仿性的观察学习设置为发展的基本过程。班杜拉界定了对学习有重大影响的三种独立的模仿对象类型：家庭成员，尤其是父母或其他监护人；其他有直接联系的人，如同伴群体中的成员；从媒体中获得的象征性模仿对象。

这些发展是行为主义基本理念运用于学习和改变的重要开端。例如，在学习克服恐惧的过程中，个体能想象通常导致他们高度焦虑的逐步增加的危险情境，并运用脱敏的技术来降低他们的恐惧水平。治疗专家会注意并利用他们的自我观察及口头报告。在社会学习理论中，对模仿对象的观察与最终的学习依赖于内部陈述，认知过程也是学习产生所不可缺少的。换句话说，就这两方面而言，有赖于认识过程作为解释性工具对学习作出解释。基于这种假设，行为心理学与认知科学的观点在某种形式上产生了“合并”。

认知—社会学习理论的结合

在 20 世纪 70 年代中期的短暂几年内，许多书和文章被联合出版，虽然它们各有不同的重点，但是都在一个源于行为主义、社会学习和心理学的认知链条的广泛共识内（如 Mahoney, 1974, Meichenbaum, 1977）。这与最初运用于心理健康领域，被共同归入“认知—行为疗法”（cognitive - behavioural therapies）的家庭干涉模式的出现紧密相关。行为主义对此的影响表现为，按照将复杂行为拆分为简单的、更易于理解的单元，使可能的行为改变逐步发生，并清楚定义每一步骤的观点，强调环境对学习的作用。这也是对个体根据行为过程（包括持续不断的对行为改变的检验）完成后的结果对行为进行监控和评估的普遍重要性的认识。

认知研究成果的影响表现为互补的理论，包括承认自我报告的价值，关注语言和人们进行自我指令的“内部语言”在调节行为时发挥的作用，以及在产生、维持、减少身心失调和紧张、忧虑的过程中至关重要的作用。将以上观点聚集为一个统一的框架，就产生了一种有力的理解思维、情感、行为之间动力关系的新方法。

认知社会学习理论的概念框架不断发展，它在日益增多的领域内的运用与认知—行为干预紧密相关，并为其提供基础理论模型。Meichenbaum（1995）认为这些概念的发展经历了三个理论阶段，并将之描绘为相互继承的核心概念：条件作用（conditioning）、信息过程（information processing）、建设性叙述（constructive narrative）。当行为主义初次被阐述，所有的行为改变被概念化为神经系统学习机制的变更。甚至认知事件最初也被行为主义者视为隐秘的条件作用。然而，这也引发了有价值的发现，即行为主义的概念太武断而不能包含观察到的一系列个体差异和起作用的各因素的复杂性。当这些不足变得更加明显，认知事件被意识到是行为的至关重要的调节因素，“信息过程”的概念也成为理论结构的中心。认知—社会学习理论就是这个综合的产物。然而，它延续了行为主义者惯常将个体关于他们经验的报告分解为更小片段的习惯。最近，一项评估进一步阐述了人们如何产生更加复杂的认知模式，通过这些可以被宽泛地称之为“情节”（stories）的模式，人们理解、表达和创造他们自己的生活。在认知—行为方法发展的阶段，这样一个关于个体是他们自己存在的设计者的观点获得了优势地位并得到了积极研究，其中导向性的概念即“建设性叙述”。这是一种通过进入个体在他们生活中创造的意义设置，从而理解个体和了解在个体变化中从何处适当援助他们的观念。在重新整理这些叙述中，个体从实践者变成了合作者，从而使个体能够解决困难和创造他们新的形象（见 Maruna，2001）。

扩展阅读

有许多知名的犯罪学理论教科书，其中笔者经常翻阅借鉴的是 George B. Vold，Thomas J. Bernard 及 Jeffrey B. Snipes（1998）的《理论犯罪学》（4th，New York：Oxford Univeristy

Press)；J. Robert Lilly，Francis T. Cullen 及 Richard A. Ball（2002）的《犯罪学理论：前因与结果》（3rd edn，Thousand Oaks，CA：Sage Publications）。还有一些有价值的重要论文集，从理论综合的角度来说，最重要的是 Gregg Barak（ed.，1998）的《综合犯罪学》（Aldershot：Ashgate）。其他有用的读物来自 Peter Cordella 及 Larry siegel（eds.，1996）的《当代犯罪理论读物》（Boston，MA：Northeastern University Press）；Stuart Henry 及 Werner Einstadter（eds.，1998）的《犯罪理论读物》（New York：New York University Press）。

心理学基础理论在 Donald A. Andrews 及 James Bonta（2003）的《犯罪行为心理学》（3rd，Cincinnati，OH：Anderson）和 Ronald Blackburn（1993）的《犯罪行为心理学》（Chichester：Wiley）中有深入的介绍。这些书也提到了心理分析和其他本书中未曾提及的理论观点。还可看看 Cliver R. Hollin（1992）的《犯罪行为》（London：falmer Press）。

第三章

犯罪中的心理过程

基本过程

- 基本原理
- 思维、情绪和行为之间的相互关系
- 信息加工
- 互动论

"普通"行为

- 日常习惯
- 自我调节功能与自我调节功能失调
- 愤怒的例子

心理过程和个体差异

扩展阅读

本章和后面两章的总体目标，是对心理学在理解犯罪行为和模式中所起的作用做更为细致的考察。从第二章简短的评论中我们得知，传统的以人格为基础的犯罪研究方法将"人格特质"这一维度结构作为中心，但其研究结论却未能有力地支持这种观点。在一定程度上，这愈加败坏了"个体差异"这一理论构架的名声。鉴于这种研究方法与以实证主义、决定论和生物主义为导向的"龙勃罗梭式研究"之间的传统联系，很多犯罪学家仍旧对其持怀疑的态度。

然而，断言犯罪行为完全是社会环境或政治力量的产物，这种观点同样是缺乏远见的。希望找出个体外部所有的犯罪原因，这不过是另一种同样毫无作用的粗陋的决定论形式。这种观点否认任何内部能量和个性能在人类行为中发挥作用，违背了人们通过自身生活或观察周围其他人而获取的直接经验，而且显然不符合已有的研究结论。因此，从单一角度理解犯罪的观点，可能是一种过于激进的主张。

鉴于大多数犯罪行为都是由个体实施的，因此，就算是最教条的环境决定论者也肯定承认，在犯罪中一定有某些行为人的内部心理过程在起作用。当然，这种内部心理过程在每个案件中都不一样：人类不是，至少现在还没有成为相互之间的复制品。这些关键问题构成了本章和后面两章的实质内容。在本章中，我们将关注那些可能与犯罪发生（对某些个体来说是犯罪行为持续）有关的各种心理活动和过程。实际上，这些心理过程就是我们用来解释所有人类行为的——此时，不存在所谓“正常”行为与“反常”行为之分。在第四章中，我们将选择一些犯罪类型，运用这种方法进行解释，以证明能够应用于具体犯罪行为类型的一般模型。考虑到在两类不同的人群中，这些心理过程的作用方向可能类似，但绝不会完全相同，因此第五章将考察那些源自个体差异的因素，在影响犯罪卷入水平时会起到什么样的作用。

基本过程

现在提到的这种理论模型，其核心假设是，心理学因素在帮助我们理解犯罪原因时能够发挥重要作用。具体来说，研究这些心理因素如何运作的理论称作认知社会学习理论，该理论的起源我们曾在第二章中简要提到过。这种理论不仅能使我们理解那些通常被贴上“犯罪”标签的各类行为，而且有助于我们理解其他一系列的行为类型，其解释范围从自始至终普通、平凡的日常行为，到那些极度反常的行为。有鉴于此，本章相当一部分内容看起来并非只与犯罪行为有关，因为我们考察的是一种广泛应用于人类行为的一般心理学理论。

这种研究方法提出了一种以心理学为基础的观点，而不是倾向于用“病理化”来解释犯罪。此外，这一理论的价值还体现在，为一系列干预措施提供了理论基础，这些干预措施在尝试降低再犯罪率方面已经取得了积极效果，关于这个问题我们将在第六章进一步展开。为使读者了解该理论，笔者首先阐述一些关键概念，然后对基本原理进行更为详细的论述。我们将概述该理论的三个核心要素，按倒过来的顺序分别是——学习、社会、认知，这既反映出有关心理过程的复杂水平，也符合其发展的规律。

学习。如同第二章讨论过的那些理论一样，认知社会学习理论的出发点是，人类实施的大多数行为是广泛学习的结果，诸如滑冰、驾驶重型卡车、在联合国提供同声翻译等例子中，这是非常明显的，然而，像坐直、散步或控便等明显简单的行为，似乎与学习没什么联系，但是，即便这些行为也是习得的。所有这些行为都以人的生理构造为基础，并受其影响和控制。作为生物体，人类与其他物种具有某些相同的基本行为特征，最明显的就是生存和繁殖有关的过程。除此之外，人类其他的发展模式，则大多是进化与学习过程相结合的产物。例如，无论如何，不需要他人的提醒，婴儿就能迈出第一步开始学习走路。生理发育会引起行为变化，随着一次次的尝试和失败、实践和反馈，儿童的技能会不断得到提高。在一定程度上，可以从生物层面理解学习，因为我们神经系统的进化使学习成为可能。这种学习理论的研究方法能够使我们认识到，人类作为进化的产物，其生物遗传与进化过程之间存在着联系。

社会。然而，人类的发展和学习具有一个非常重要的特征，即在社会背景中进行。相对其他生物而言，人类在控制环境上之所以能达到如此高的水平，主要是因为我们具有相互合作的能力。从一出生，婴儿的社会化就开始了，由父母或其他照顾者为前面提到的学习过程设置相应的方向和渠道。人类偏好的群居生活、交流的需要以及由此获得的运用复杂语言的能力，都深刻地影响到大脑的发展，使人类大脑的发展水平远高于其他生物。反过来，这又使人类能够发展我们称之为“文化”的复杂群体现象。

认知。人类与其他生物的突出区别表现在我们拥有的硕大而复杂的大脑。在动物界中，人类大脑在体重中所占的比例最高。尤其重要的是，被称为大脑皮层的器官为储存和处理庞大的内外部环境信息量提供了空间。人类大脑由称作神经元的特殊细胞构成极为复杂的网络，平均每个大脑包括1000亿个（100,000,000,000，or 1011）这样的细胞，每个细胞都与多达上千个同类细胞相连（见 Kandel et al.，2000）。我们的意识和其他内在体验都存在于大脑中，大脑是“理性的引擎，灵魂的中心”（见 Churchland，1995）（或许这是一种不确切的说法，但确实找不到合适的其他身体器官能够代替大脑）。现在，与注意、知觉、记忆、理解、推理、规划、解决问题、想象、做梦有关的许多心理过程，都可以统摄在“认知”这一基本概念之下。

基本原理

学习理论源自行为心理学，事实上，有时候学习理论就被当做行为心理学的同义词。行为主义者认为，负责学习的那些心理过程，是神经系统内部基本活动的反应。专门的神经网络系统帮助人们处理生存中的各种环境信息，并且具有将各种变化转化为内在心理结构的能力。

行为主义学习理论的前身，是20世纪初由俄国生理学家伊万·巴甫洛夫进行的一系列著名实验，这些实验是他对狗的消化系统研究的一部分，他借此于1906年获得了诺贝尔奖。作为该项目的一部分，巴甫洛夫针对反射行为进行了一系列研究。反射是基于刺激（一块美味食物、一声巨响、敲击膝部下方、温度迅速升高、摄入酵母）而产生的规律性反应类型（如唾液分泌、惊跳、膝反射、出汗、起鸡皮疙瘩、呕吐），是神经系统自身的机能。

巴甫洛夫的主要发现是，反射可以被经验所修正。当给狗食物时，它们分泌唾液——一种无条件或自然的反射。经过一系列在给狗食物的同时敲响铃铛的试验后，狗在铃声响起时就会分泌唾液。巴甫洛夫将这一过程称之为条件反射。这非常复杂，我们无须纠缠于此，但这一研究的本质是，通过改变环境可以导致神经系统反应方式的转变。这一研究结论有时被称作经典性条件反射或巴甫洛夫式条件反射。它的机制需要从分子水平开始理解，又涉及一系列过程，包括神经科学家所谓的“长期强化”（见 Kandel et al.，2000）。

在反应受到其自身结果影响时，会产生条件作用的另一种形式。这种条件作用形式适用于自发行为（与应答性反应相反），被称作工具性条件作用。在多数情况下，它特指操作性条件反射这种特殊的反应形式，此种反应形式能够适应或“操作”环境。操作性条件反射关注的是行为反应和所得到的结果（如奖励或惩罚）之间关系的强度。伯勒斯 . F. 斯金纳（1904 ~ 1990）对此进行了广泛研究，他研究了各种行为方式与强化联结（积极结果或消极结果出现的顺序和频率）之间的关系，这种强化联结影响不同行为发生的概率。

认知社会学习理论（见 Bandura，1977，2001）就建立在从条件作用研究中得出的对行为的理解上。不过，在认知社会学习理论中，增加了一个重要而崭新的研究视角，即将重点放在发生于刺激和反应之间的持续介入过程上。当然，这种介入过程是无法直接观察到的，因此在方法论上更为纯粹的行为主义者那里，是将其排除在外的。但是，无论是经典性条件学习理论还是操作性条件学习理论，其面临的共同难点在于，刺激、反应和结果之间的预期联系并不总是能够只通过条件作用的规律预测出来。在早期的学习理论中，忽视了一些重要的因素：生物体本身及其内部过程。像注意、知觉、记忆等内部心理过程，它们在不同个体中的运作是有区别的，其赋予行为的意义也不相同，据此，不同生物体或不同个体在同样的刺激下，表现出的反应就有所不同。从本质上看，这些内部心理过程的运作取决于个体自己的能力。

有时能用符号来表示心理学理论，认识社会学习模式就可以表示为S－O－R－C，其中S代表刺激，即施加于人的外部行为或条件；O代表生物体，即个体的内部状态，包括对外部世界的现时表征以及内部表征的形成过程；R代表反应，即行为或运动的反应；C代表结果，即反应后的强化或惩罚形式。

这种符号表示过于抽象，以至于阐释其各组成部分也没有什么真正的价值。不过，从本质上讲，这只是一个帮助记忆的符号，以提醒我们需要综合考虑这四个变量。

思维、情绪和行为之间的相互关系

在许多认知社会学习理论的应用中，习惯于认为个体的活动包括三个方面：行为、情绪和认知。这三者在它们自有的结构中蕴涵了某种人为的分割经验的元素，从而保证了这三个概念能够发挥明显的作用，并且能在系统观察和经验报告中得到具体化。

在这一系列概念中，“行为”是外部的可观察到的活动，也就是人们实施的看得见、听得着的外显行为。因此，它经常被用来指称运动或肌肉系统的活动，包括“言语行为”。“情绪”一词更难定义，因为它形容的是情感的生理或躯体反应（如在清醒状态下，当感觉紧张时，我们的心率会加快、血压会升高）。不过，情绪也指对身体状况的认知情况。所谓认知，是指我们每个人都直接体验过却无法通过他人进行直接观察的精神活动。尽管如此，我们可以通过与内在的自我观察进行类比和推理（见 Searle，1995），据此来推定其他人也有这样的体验。无论这几个术语的精确含义应当如何界定，关键是在现实中行为的这三个方面是不可分割的，在考察人类行为的运作时，忽略其中的任何一个方面都是荒谬的。行为、情绪和认知不仅相互联系，而且三个方面存在连锁反应。因此，图 3.1 中的三角形，将有助于我们用一个比喻的方式，来理解这三类因素之间密不可分的关系。

认知、情绪和行为有时是指三个“系统”，有时则是指作三个“范畴”。

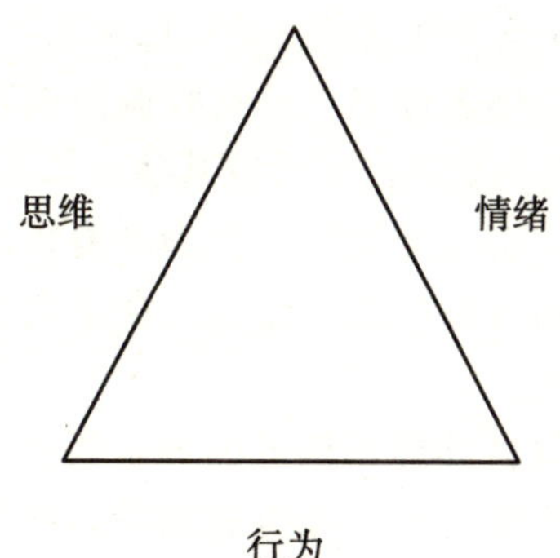

图 3.1　思维、情绪和行为相互依赖

信息加工

在探讨思维、情绪和行为的关系时，不能忽视的事实是，这些活动大部分都是由人类大脑作出的，明确这一点非常重要。通过运用以信息加工概念为基础的大脑功能模型，认知心理学在过去几十年间取得了重大进展。心理学家认为，大脑是一个专门的器官，用于收集、整合和分析有关内外部环境的信息。在大脑的这种功能中最有意义的发现，是在自动信息加工和受控信息加工及各自的加工序列之间，存在关键性的区分，这已经得到大量实验证据的支持。

我们每天所做的大部分事情，都依赖自动信息加工。洗漱、穿衣、吃饭，以及其他很多类似的行为，都是一种非常“程式化”的活动。除了第一次学习之外，实施这些行为都无须太多的目的性思考。我们学习这种程式化行为的能力实在让人惊叹。在任何时候，很多这类活动都可以同时进行。

与此不同，受控信息加工必须按顺序进行，通常能够被我们意识到，并且需要注意和努力。当我们面对新情况，努力思考、作出决定进而解决问题时，需要的就是这种认知能力类型。受控信息加工还能协调我们的自动信息加工，如果行为的某种程式化的“自动”顺序被打断，或者变得无效，那么受控信息加工会替换这种自动信息加工。

受控信息加工还表现出一种自我调节的功能。在儿童时期，我们的许多行为都是由父母或其他人从外部进行调节的。学习和社会化不仅会改变我们的行为本身，而且能够帮助我们掌握自我观察和自我控制的能力。在很大程度上，这是以语言为媒介实现的。

尽管大脑存储自动程序信息的容量很大，但是，运用受控程序处理信息的能力却是相当有限的。在某种程度上，语言起到帮助作用。最初语言的作用是明显的，发育中的儿童在语言的协助下学习自我调节，他们大声地朗读，仿佛是在重复执行指令；之后，语言和行为之间产生了自动联系，而我们意识不到这种联系，此时语言的作用就不明显了。接下来，这种自我调节表现为一种有关行为既定顺序的内化指令方式，这是认知过程在情感和行为的自我控制中发挥重要作用的基础。当我们尝试学习一种新的技能时，如驾驶汽车或演奏乐器，在这一过程的后期类似的过程会再现。我们运用自我指导来指引和激励自己去实施行为，有时甚至是把它们大声喊出来。通过不断重复、实践和反馈，这就发展为一种自动调节的潜意识的常规化活动。一旦建立起这种模式，个体在行为的方向上就变得不再过多依赖环境或外部刺激。随着时间的推移，个体就能够意识到他们影响行为结果的能力，这是一个对目标不断观察和评价的过程。这种关于个体效能的期待称为自我效能（见 Bandura，1997）。

你可能已经注意到，笔者刚刚使用了“潜意识”这个词。多年以来，很多心理学家都把这个词排除在自己的研究范围之外。不过，在社会学习理论中并不忌讳这个词，尽管我们所指的并非是在精神分析中探讨的虚拟实体。根据认知社会学习理论，认知活动发生在四种情况下（见 Meichenbaum and Gilmore，1984）：

- 当我们有意识地学习某些事情时，大脑中会出现相应的思维顺序，但是，经过不断实践，加之从社会化中获取的一些信息，这种思维顺序就变得日趋程式化，并且我们也意识不到它的存在。
- 我们有思想和情感，但只在必要时（如为了作出某种选择或决定）才会有意识地阐释清楚。这可能涉及一个内在的搜索和反映过程。
- “排除故障”或解决问题：当计划中断或行为过程出错时，我们会对所发生的事情进行心理评价。
- 回忆过去活动或场景的信息：尽管我们意识不到，但大量信息都储存在我们的大脑中，其中可能包括以前实施行为时情绪体验的记忆。
- “以上提到的每一种认知情况，都可以成为自觉审查和报告的对象，也就是说，在相关条件下认知是潜在的和不可观察的。”（见 Meichenbaum and Gilmore，1984：275）

对我们来说，有时候做事情的原因在行为当时并不明显。当试图理解行为的原因时，可能是因为我们希望下次的行为有所不同，这有助于我们探讨最初处于意识之外的认知活动。此类过程构成了某些“认知——行为干预”措施的一部分，对此将在第六章进行讨论。

互动论

社会学习理论假设，只有将行为人个体信息与其实施行为的环境信息结合起来，我们才能理解有关的人类行为。更严格地说，这意味着个人变量和情境变量（以及其他环境变量）是非常重要的。所谓情境变量，可以是在时间或空间上相对接近的变量，也可以是深远或长期的影响。这种假设的核心观点是，有关人类行为的最佳解释还是要来自对这两类变量互动关系的分析。尽管直接的情境因素经常起着最大的作用，但是结合所有相关变量的多种影响也许会缓和这一影响。

根据孤立的个人因素或环境因素是无法准确地预测行为的，应当将二者结合起来，这种观点一再得到心理学研究的支持。这在 Bowers（1973）有关准确预测行为的研究中有明确的论述，他进行预测的基础是对比人格特质信息和情境信息。在任何个案研究中，与孤立地考虑“独立变量”相比，将两种因素结合起来考察其互动作用，会更有利于预测行为结果的变化。

这一立场称为互动论，其与交互决定论具有密切联系。人类行为是个体因素与情境因素之间一个复杂、动态的相互作用的产物。不过，不同于传统人格理论从纯粹“特质”的角度界定个体，在认知社会学习理论的框架中，是从认知、情感和行为关系的角度研究行为个体（见 Mischel，1999，2004）。当然，即便是根据后者界定个体，由于其中某些模式可能会随着时间推移而保持相对的稳定，因此仍然可以被当做人格维度。这些人格维度模可以认为是由“加工动力”研究中的相对连续性构成的，也可能是以个体观察或回应情境的方式存在的复现模式。这是认知社会学习理论所理解的人格本质（见 Cervone and Shoda，1999）。在与周围环境的互动中，人格既体现稳定性又表现出变动性（见 Mischel and Shoda，1998）。从理论的角度来看，这听起来似乎是“鱼和熊掌兼得”。让我们再详细地考察一下其具体含义。

环境变量包括一系列大量的事实，从一道造成你眼睛瞳孔缩小的刺眼闪电，到经济上处于被剥夺地位的弱势家庭中与儿童社会化有关的各种复杂的经历序列，都包括在内。在不同的环境中，个体因素和情境因素的相对重要性会有所不同。这一点在图 3.2 中用示意图表示出来了。

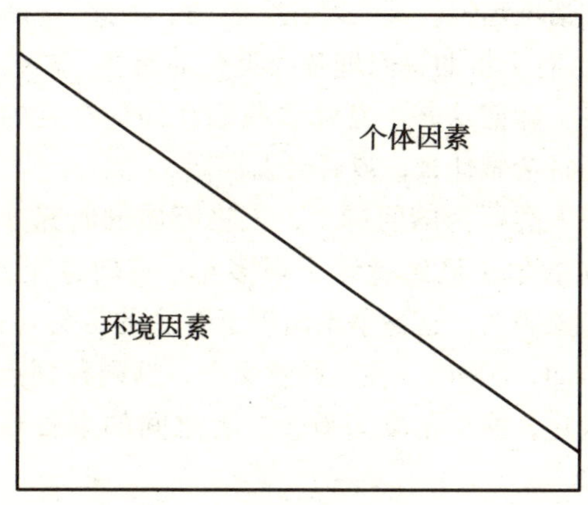

图 3.2　个体—情境互动论和交互决定论

这乍看起来似乎是一个意料之外而且违反常识的结论。经验告诉我们，我们自身具有持续而稳定的同一性。即使我们的感觉会随着时间而缓慢变化，我们仍然认为自己是在各种不同环境中做着同样事情的同一个人。当我们环顾他人，这种看法同样适用，在环境变换和时间推移中我们观察到的个体模式都是相对可靠和一致的。如果转变太过突然或者太快，人们之间的关系就很难建立（当然，小部分人正是由于这个原因才建立起联系的）。这里的核心问题是“人格悖论”（见 Bem and Allen，1974）：我们认为人格是稳定的，但研究证明，在不同情境间人格的恒常性处于相对较低的水平（见 Mischel，1968）。

互动论的研究方法就是破解这一悖论的一种选择。在互动论中，我们认为，对于理解人将如何行为来说，个体因素和情境因素都是必要的。但是，正如在图 3.2 中所表明的那样，个体因素和情境因素互动的方式会随背景不同而有所变化。Epstein 和 O'Brien（1985）认为，期望在每一个具体情境中都通过人格特质之类的个人因素来预测人们如何行为，对我们来说是一种奢求，或许是不可能实现的。但是，经过一系列不同的情境后，将会产生某些稳定的行为模式，而且我们经历的情境越多，其稳定性会越高。因此，Epstein 和 O'Brien 认为，对于帮助我们理解人类行为而言，总体上人格变量非常重要，即使这并不意味着我们在任何特定的环境中都能确定人们将会做什么，或者会怎样做。

在理解人类行为的问题上，人格特质的研究方法和环境决定论之间的争论已经持续了很多年，有时甚至比较尖锐。但是，有迹象表明，这种争论出现了解决的苗头（见 Funder，2001；Mischel，2004）。在某种意义上，这两种观点都出现了急剧的两极化，换个角度来看，二者之间的主要差异在于侧重点不同。

Shoda 等人（1994）、Mischel（1999）和 McAdams（2001）的著作，为解决“人格悖论”作出了重要贡献。通过对夏令营中一大群具有问题行为的 10 岁儿童的行为进行集中观察，他们将人格—环境互动研究重新定义为探讨一系列条件（如果……那么……）式的表述。在这个研究中，每个儿童的具体反应都被置于五种具体的环境，如被同辈亲近或戏弄、被成年人表扬或警告中进行研究。每个儿童都在特定环境中表现出统一的反应类型，在其他环境中则实施不同的行为，据此这些儿童建立了一种独特的“个人标签”。换句话说，这就是变异性中存在一致性的例证。例如，有些儿童可能在某种环境中重复进行言语攻击，而在其他环境中则很少实施。这说明，作为个体他们并非总是充满敌意，所以通过人格问卷评估某些假定的敌对性人格特质，并不能使我们准确地了解这些儿童。可是，他们在一些环境中会以何种方式作出反应又具有很高的可预测性。也许就变异性而言，某些儿童的总体水平高于其他儿童，是不可避免的事实。即便如此，这项研究（以及其他研究）还是体现出人格—环境互动的发生及自身有序变动的方式。与单纯考虑任何一方面的因素相比，这些模式能够使我们更充分地理解个体反应。

在犯罪学中，从略微不同的角度，即所谓的“相互依赖性”来研究这种互动关系，这可以用“达尼丁多学科健康与发展研究”的数据进行说明。这是一个追踪新西兰同一代儿童成长过程（从他们 1972 ~ 1973 年出生直到年满 21 岁）的纵向研究。Wright 等人（2001）针对 956 名研究样本自述和官方记录的犯罪率，报告了个体因素和社会—环境因素之间的内在关系。Wright 等人调查了该组被试样本的学业成绩、就业方式、家庭关系、违法伙伴的数量，以及 21 岁前 12 个月内的犯罪率。通过从被试本人、父母、教师、同辈群体和经过训练的观察者那里获取的信息，研究人员还评估了被试样本在儿童和青少年时期的自我控制水平，其中包括诸如“冲动性、多动性、不注意、面对冲突的生理反应和冒险性”等因素（见 Wright et al.，2001：329）。当根据自我控制水平（低对高）将被试者分为几组时，习惯上具有较低自我控制水平的小组犯罪率较高。不过，这种现象受到其他几种变量的中和影响，图 3.3 显示了几种已经发现的关键的交互作用效果。对于自我控制水平较低的人来说，学业成绩水平是影响犯罪参与程度的一个重要因素。如果学业成绩水平也较低（相对被试的整体而言），那么其自述的犯罪率就较高。对于自我控制水平较高的小组来说，这些差异则并不明显。

此外，对于自我控制水平较低的小组来说，违法伙伴的数量是影响其自述犯罪率的关键因素：有很多这样伙伴的人报告了相当高的犯罪率。相反，对于自我控制水平较高的小组，这种趋势则相对弱得多。简言之，被试者的自述犯罪率是这样一种个人因素（如自我控制水平）和社会环境因素（如违法伙伴的数量）相互依赖性的产物。

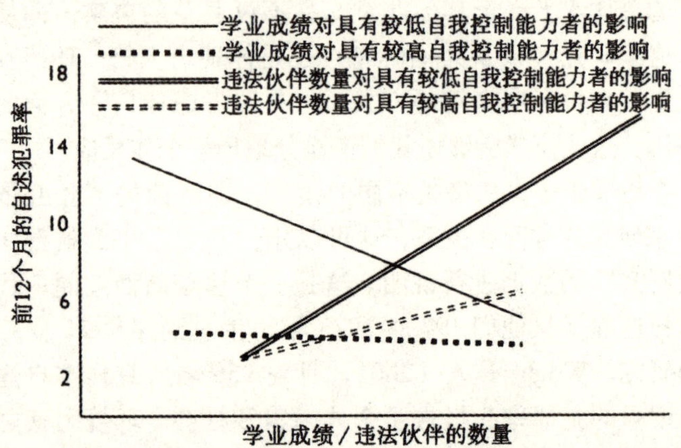

图 3.3 交互作用：各种自我控制水平之间的相互关系、学业成绩与违法伙伴数量在自述犯罪率中的作用（根据 2001 年 Wright 等人的著作制作）

“普通”行为

综上所述，我们提到的模型提供了一个对人类行为的一般性的解释。这种模型适用于我们实施的所有行为：从表面上健康的自我调节能力很强的个体实施的普通日常行为，到诸如极端的攻击、反复的自我伤害，以及乍看起来可能无法理解的妄想行为。虽然在这一系列行为中，相反两端所观察到的现象和所报告的体验之间差异非常大，但是同样的解释原则对二者来说都具有意义。换句话说，在所谓“正常”和“异常”之间没有明确的分界线，这两个词只能从统计频率的意义上进行解释。但是，现在更常见的是在价值判断的意义上或承载着文化与道德期许的情况下来使用这些词。

日常习惯

通常情况下，大多数人每天的生活都是相当有规律的。

我们中大部分人都会在早上同一时间睡醒，在大多数日子里，我们参加有组织的工作、料理家务或休闲的时间几乎都是相同的。这种模式可能会不时改变，如果不改变我们也许会觉得厌烦。但总体上，我们可以将很多行为界定为下述习惯。这种习惯按照多少有些固定的顺序发生，并且遵循特定的规律——有时候，意外的背离习惯会使人感到相当的压力（尽管他们仍旧很自由）。

行为主义为理解这些习惯的确立和连续发生提供了一种理论视角。从行为学习的基本原则开始，生理环境和社会环境则提供强化模式，个体对复杂的习得反应形成条件反射。很多行为模式在下列条件下可以被观察到：行为出现、持续，之后因外部情况而停顿下来，这种外部情况与我们的行为甚至是复杂反应具有直接的关系。

从另一种意义上说，一些具体的行为链可以看作是“自动的”。当我们开始实施如弄杯热饮、洗个淋浴等日常活动时，这些行为的顺序一旦经过学习，就会或多或少固定下来。我们这样做几乎没有任何的意识要求或思想控制，这就是为什么有时我们意识不到正在实施某种行为的一个原因。如果你经常开车驶过一个熟悉的路段，你不可能意识到换挡或看后视镜这些行为。你可能将注意力集中到其他事情上，如听新闻或音乐，和乘客聊天，考虑下个周末的安排。只有在实施这些行为的过程被打断或受到干扰时，我们才会意识到正在做的细节活动。

大多数情况下，很多行为都遵循这种模式类型。“通过反复实施直到意识不到这些行为，人们形成习惯性的思考和行动。要达到这种程序化状态，需要经历几个不同的过程，都是关于从控制到无意识习惯系统的转换……结果，人们经常以无须思考的固定方式和习惯作出反应”（见 Bandura，1997：341）。

这些日常的习惯性重复、相当程式化的行为模式被认为表现出“自动性”的特征。但不止于此，在我们所说的习惯之外，自动性特征也可以用来描述其他几种行为类型。事实上，这些行为类型在我们实施的行为中占据令人吃惊的高比例。“人们日常生活的大部分行为并非取决于自觉的意图和有意的选择，而是由环境因素，以及在自觉意识与指导之外运作的因素引发的心理过程决定的，这种观点对人们来说是很难接受的”（见 Bargh and Chartrand，1999：462）。然而，社会认知领域的大量证据表明，这才是对所发生行为的真实刻画。

大多数人可能容易认为，一些明显无意识的、内在的，甚至是相当复杂的高速心理过程都具有自动性特征。例如，运用不同知觉因素形成目标的心理聚合（心理学家称之为图形合成），储存、组织和检索信息，以及像技巧展示等程序性记忆的执行。在我们看来是自觉决定、目标导向或“有意识”的几种动作序列，也会被外部情况直接激活，并在根本意识不到的情况下得到执行，这对我们来说可能不易看透或者很难接受。我们面对各种情境的反应，对他人形成印象的方式，对他们的反应，甚至追求目标以及其他被我们称作“有目的”的行为，其发生或实施的方式，都与我们通常认为缺乏意识思想的行为没有太大差异。看起来有意识的、目标导向的行为，也能在行为人缺乏有意识决策的情况下发生（见 Aarts and Dijksterhuis，2000）。我们的意图受到过去行为的直接影响，并且能够通过以前的行为模式进行预测（见 Ouellette and Wood，1998）。

通过运用包括“启动”在内的几种不同的实验条件，在社会认知领域的研究中获得了这样的发现。首先要求被试者执行一项任务，如巧妙地表达特殊的想法。比如说，要求他们用包含特定形容词（粗鲁的或礼貌的，友好的或敌对的）的打乱顺序的词组造句。假设预设的词组会激发某种无意识加工的内在序列，并将以某种方式影响个体的思想和行为。

然后，让被试者参加一项显然与此毫无关系的任务，要求其与他人合作并在事后形容他们的合作者。被试者随后的描述与之前为他们“提供”的形容词之间，反映出相当明显的一致性，并且看起来与研究的阶段没有联系（见 Bargh and Ferguson，2000）。一旦有观点出现在头脑中，之后即便你没有意识到，它也会指导你的行为，甚至表现得如所有的意图和目的那样，看起来就像是目标导向的努力。

与此相关而且可能有助于我们解释某些犯罪行为的一个方面，由“退缩”行为组成。当一个人能够在两种行为过程中进行选择时，这种行为（根据《牛津英语词典》多称为退缩，即从批判性角度定义为意志衰弱或缺乏自制力）就会发生。从某种层面上讲，二者都是可取的，但从更宏观的意义上看，其中一个大体上是合适的，并且能带来最好的整体结果。尽管如此，行为人选中的却经常是另外一个（见 Trasler，1993；Brezina，2002）。

一个常见的例子是，一个人已经在酒吧里喝了几杯酒，正在考虑是否再来一杯。他可能大体上已经决定不喝了——但还是喝了。像吃奶油蛋糕或巧克力或者吸烟，是立即完成某些困难任务还是拖到以后，在这些情况中同样明显的困境也会出现。你可以就此说出自己的坏习惯并检查一下是否如此。一种类似的模式可能在某些犯罪行为中出现。当然，我们可以将其视为意志力的失败，但从学习理论的角度来看，这是影响行为的近端强化物超过远端强化物的结果。

自我调节功能与自我调节功能失调

如果认真研究在行为生成和实施过程中发挥重要作用的认知过程，我们就能更容易地理解复杂的习得行为。一系列“自我指导”标准支持和控制我们的习惯行为。早上准备出去时我们查看钟表，并根据与事先安排的时间表相距远近来加快或放慢行为。如果认知告诉我们时间很紧可能会错过公共汽车，我们就会加快标准的习惯行为，跳过附属部分或取消整个序列。在大部分时间里，这种内在的自我调节过程对于我们达到事先设定的目标具有重要作用。

因此，对于理解目标导向的行为来说，自我调节是一个重要的概念。一些提前计划好的习惯行为序列能够自动运行，无须自我调节的介入。但是，关于习惯行为的实施，或者在受到干扰时如何进行，则很可能是通过自觉的意识和反思，在自我调节水平上作出这些决定。这使我们回想起前面提到的自动信息加工和受控信息加工之间的重要区别。自动信息加工包括很多无须自觉意识的“计划”，当涉及有关“计划”如何进行，或者在进展受阻时如何达到计划的目标时，受控信息加工就会介入以作出决定。

人们大多数日常习惯行为以及与之联系的内在过程，都受到所谓“目的”的驱动。我们可以将个体试图达到目标的行为界定为功能性的，不过，在某些环境中行为人可能会出现功能失调。这些用词很难清楚地定义，它们只能在所应用的背景基础上才能获得相应的意义。随着时间的推移，一些通常得到奖赏的行为成为有害的，但即便如此，这些行为已经发展出足够的力量以形成习惯，所以改变起来就非常困难。例如，一个人饮酒可能会逐渐达到明显威胁健康的水平，但却很难确定在哪个时间点开始成为麻烦的。对于个体来说，认知过程也能被界定为功能性认知和功能失调认知两类。在每个案例中都需要大量的信息，以便确定是否有特定的模式能够在相应的认知过程中发挥作用。

愤怒的例子

你可能会问，所有这些与犯罪有什么关系？前述讨论的问题似乎看起来与本书的主题相去甚远。不过，上述内容有助于考察建立在社会学习理论基础上的特定模型，说明一系列心理过程如何相互联系，以及这些过程在不同环境中是功能性的还是功能失调。

大多数关于攻击行为的讨论，都是从区分工具性攻击和表达性攻击开始的。在工具性攻击中，行为人的动机并非攻击行为本身而是其他目标或诱因。伤害被害者有利于实现非攻击性目标，如街头抢劫。尽管可能会造成严重危害，但人们仍然认为这种攻击行为类型是一种犯罪手段而不是主要动机，相对来说在研究上也不太重视。不过，安德森和布施曼（2002）区分了攻击行为的直接（最近）的目标与最后（最终）的目标，并且认为这种区分较之上述分类更为清晰。

在表达性或敌对性攻击行为中，“损害或伤害被害人可以降低行为人的不愉快情绪状态”（见 Blackburn，1993：211），这已经得到了广泛研究。为了制定一个有助于降低愤怒频率和强度的治疗计划，Novaco（1975）发展出一种愤怒模型。Novaco 解释说，愤怒是面对某些情况激发出的应对策略，是正常的适应反应。因此，在某些环境中愤怒可能具有功能性，有时候表现出愤怒恰恰是心理健康良好的标志。甚至有证据表明，一定比例的愤怒能够加强彼此间的亲密关系！此外，Kassinove 和 Tafrate（2002）研究认为，只有10%的愤怒情况会导致实际的攻击行为（上述几点说明，不能假设所有实施伤害行为的犯罪人都受愤怒的驱动，这是非常重要的）。

如图 3.4 所示，Novaco 的愤怒激起模型包括环境、认知、生理和行为（运动）四种因素。请注意，这些因素与前面提到的整个认知社会学习框架（S－O－R－C）中的因素是相同的。在这个模型中，认知评价过程至关重要。环境因素本身不会激起愤怒，只有当环境因素经过观察者的认知体验后，才能激起愤怒。之后，我们熟悉的认知、行为、情感三者组合，就以相互关联的方式发挥作用。

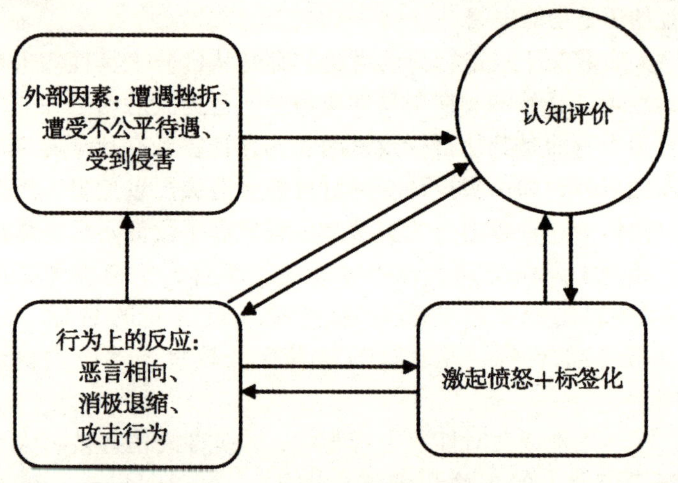

图 3.4　Novaco 的愤怒激起模型

如果不适应人际情境或主流的价值体系，愤怒也会变得功能失调。也就是说，当其失去控制时，会产生相对起因而言不成比例的反应，其中包括暴力犯罪等其他问题。

作为这一模式的扩展，Novaco 发展出一种称为愤怒控制训练的干预措施，能够使个体理解并学会控制他们的生理冲动及相关的愤怒行为。首先是向相关个体解释这种模式，使他们理解愤怒及其各种因素是如何互动的。干预措施综合了放松训练（以帮助缓解紧张）和认知自我指导（以抵抗促使愤怒加剧的想法）。

心理过程和个体差异

前面的讨论是从认知社会学习理论的概述开始的。通过这种讨论，笔者希望在社会学习模式与一系列为犯罪学理论整合而提出的方案之间，能够产生明确的联系，就像艾克斯等人（1979）、索恩伯里（1987，1996）、科恩和麦卡勒克（1988）以及维拉（1994）提出的理论那样。接下来，是对社会学习理论中的过程进行更为详尽的阐述。然后，假如所有生活方式都符合这种描述，我们要考察这些过程是如何以日常而普通的，适应良好而无害于功能性的方式运作的。

我们可以通过关注心理过程和个体差异这两个主要的方面来考察心理学在理解犯罪时的应用。

首先，有些内部心理因素涉及所有的犯罪——就像在其他形式的行为中那样。这是指与思想、情感、态度或人际交流等其他活动相联系的个体行为构成了犯罪，或者说，犯罪行为是这些活动的结果。我们可以将这些行为类型与其他人们实施的普通日常的行为同样看待。

其次，根据个体差异作用的范围，各种类型的犯罪行为能够作为一个统一体进行分类。在其中一端，有些犯罪种类被界定为“正常的”，它们是犯罪类型中最常见最普通的部分，主要是财产犯罪（如盗窃和刑事损害）。心理学有助于理解它们，但一定程度上主要是对行为和其中的心理过程提供一种大致的考察。在这类犯罪中，试图在犯罪人与非犯罪人之间寻找可靠的个体差异，基本上是不可能有收获的。但是，如果我们将视线从比较普通或不太严重的犯罪类型转移到比较严重或异常的犯罪——或者从孤立而偶然的违法转移到再犯性更强的犯罪，那么从总体上看，心理学中个体差异的维度在解释这些犯罪时会发挥更大的作用。如果犯罪变得更为异常，或者其形式显得更为特异，那么心理因素和个性将会起到关键的作用。这实质上是一个在很多人类行为领域中都能发现的动态互动过程（见 Mischel and Shoda，1998）。

在一定意义上，这是前面图 3.2 提到的个人—环境互动论模式的应用。最多发的犯罪类型受环境因素影响很强，个体因素可能对这些犯罪变动的影响非常小。对情境进行社会—心理分析，可以提供适用于这些犯罪行为的有用的概念解释和研究结果。犯罪表现出的社会规范偏离度越高，个人的心理因素在解释犯罪中发挥重要作用的可能性就越大。需要谨记，不存在这样的情况，即环境因素或个体因素能够单独解释所观察到的一切行为变化。

心理学的“心理过程”和“个体差异”两个维度，都有助于弥合环境或社会变量与犯罪行为之间的距离，社会经济地位与犯罪之间关系的研究可以说明这一点。在很多已经建立起来并证明是切实可行的社会学理论中，这种联系是理解犯罪模式变化的核心。不过，社会经济地位与犯罪之间存在联系的发现，可能更多地与刑事司法系统回应“官方”犯罪和已知犯罪人的活动有关，而不是建立在潜在行为模式的研究上。例如，这种联系可能反映了警察对某些社会群体的格外关注。因此，在很多最近的研究中，当社会经济地位和自述犯罪之间的假设关系得到细心检验时，会发现其相关度非常低（见 Dunawayk et al.，2000）。安德鲁斯和邦塔（2003）主持了迄今为止这一领域规模最大的综合性研究，针对社会出身阶层和自述犯罪之间的联系，共进行了 97 项研究。他们发现二者之间的平均相关非常低，因此提出了刻薄的结论：“主流犯罪社会学关于社会阶层的理论可能成为科学界的知识丑闻。”

不过从某种程度上说，在社会经济地位与犯罪之间可能存在某些潜在的联系，要了解它我们需要借助心理变量。Wright 等人（1999）运用本章前面提及的“达尼丁研究”中的数据，在著作中表明了这一结论。Wright 和他的同事使用 21 岁组被试者（样本数 =956）的自我报告数据，根据自我报告的 48 种犯罪类型，从犯罪多样性的角度，而不是用更为常见的犯罪频率来检验“犯罪”。社会经济地位与犯罪之间的整体相关度低于 0（ -0.02），不过这掩盖了一些重要的变量。相对而言，对于具有较低或较高社会经济地位的人来说，各自可能导致犯罪的因素多少会有所不同。在社会经济地位较低的阶层中，经济压力、家庭疏离和攻击性格与犯罪呈正相关，而教育和职业因素与犯罪呈负相关。在社会经济较高的阶层中，冒险倾向和个人权力欲与犯罪呈正相关，而背离传统价值观与犯罪呈负相关。图 3.5 在一定程度上说明了这些模式。应用不同的方法检测每一种变量，这种研究得以重复进行。即便在一些案例中这种相关度相对较低，但鉴于该研究的复杂性，其仍然具有统计学上的重要意义，总体上研究结果也相当有说服力。

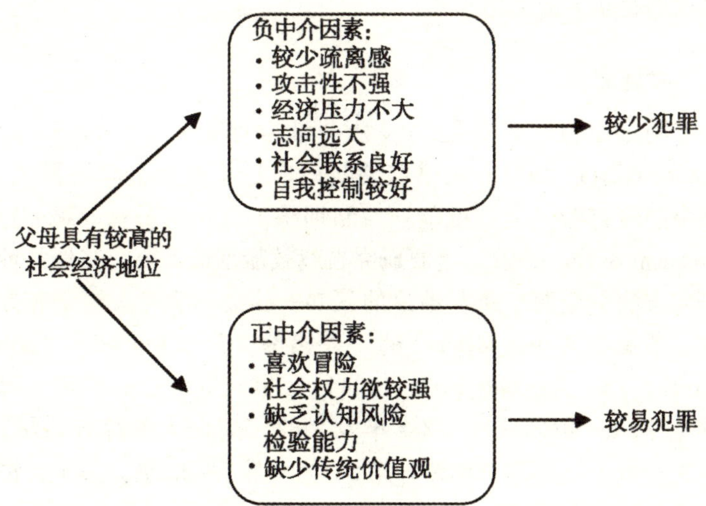

图 3.5 在社会经济地位与犯罪之间的关系中起中介作用的变量（根据 Wright 等人 1999 年的研究成果绘制）

这里强调的关键点是第二章给出的概念表中第五层次的心理学变量因素，它可以为理解社会经济地位与犯罪之间的关系起到中介作用。如果不包括这些因素，那么对二者关系的描述将是模糊的和不完整的。在接下来的章节中，我们还会提到这种中介过程的其他例子。

在第四章，我们将在财产犯罪、人际暴力、药物滥用和性侵害四种犯罪行为类型中，探讨社会学习的作用及这些过程中认知的运用。所以，应用上述提到的模式，可以帮助我们理解某些被称之为“犯罪”的行为是如何发生的。通过重点考察行为本身及其经历的过程，可以使我们简要了解一些犯罪行为及其发生的特定时点。不过，如果将这种行为置于一个长期的、发展的、"有生命期限"的背景中，我们就能更好地理解这些行为。行为一致在塑造人类发展中的作用非常大，而个体发展可能采取的路径或许是无限的。在第五章，我们将考察影响个体按照某些（而非其他）路径发展的因素，这些路径指向或远离犯罪。

扩展阅读

阿尔伯特·班杜拉的《社会学习理论》（New York: Prentice – Hall 1977）一书能使我们广泛了解社会学习模式，该书的修订版《自我效能：控制训练》（New York: W. H. Freeman & Co. 1997）主要研究自我效能理论。要在其他几种研究方法中全面了解互动论的认知—社会—学习人格研究方法，请参见 Walter Mischel 的《人格简介》（6th edn, Forth Worth, TX: Harcourt Brace 1999）一书。进一步的研究，可参见 Walter Mischel 于 2004 年发表的《迈向人的综合科学》一文，载于《心理学年评》第 55 卷，第 1 ~ 22 页。关于人格理论的一系列研究方法，另一本有价值的著作是 Daniel P. McAdams 的《人：人格心理学综合介绍》（3rd edn, Fort Worth, TX: Harcourt Brace 2001）。如果你想进一步了解认知心理学，有很多著作可供选择，不过最好阅读 Kathleen M. Galott 的《实验室内外的认知心理学》（Pacific Grove, CA: Brooks/Cole 1994）。

第四章

犯罪方式

一些犯罪学家不认为是犯罪人个体的某些特殊方面导致他们比其他人更有可能制造某些罪行。Goffredson 和 Hirschi（1999）指出，低自控是犯罪人基本的心理特征，并且是唯一可预测犯罪及相关行为的持久的个性特征（p. 111）。他们批评实证研究将犯罪与犯罪行为混为一谈，以及因为犯罪有类别之分而认为犯各种罪行的人也有明显差异。多数犯罪人掌握不止一种犯罪技能并犯下多种罪行的事实为他们的批评提供了例证。犯罪类型的变化仅仅被视为随机结构的函数。

然而，那是一个需要实验验证的问题。不同犯罪类型中是否包含了不同的特殊学习和动机过程，这还有待于进一步的研究。这一章，我们将运用第三章中提出的模型精选一些犯罪方式，并试图寻找一条特殊的途径，用心理学来解释影响这些犯罪方式的因素。

这将涉及四大类官方记录在案的犯罪，它们分别是财产犯罪、人身暴力犯罪、物质滥用和性侵犯。

财产犯罪

到目前为止，无论是在已记录在案的犯罪中，还是在未记录在案而经自述研究和对被害人的调查述及的犯罪事件中，财产犯罪都占了大多数。2000 年，在英格兰和威尔士大约 100 多种必须申报的犯罪中，小偷和入室盗窃占了 58%。如果加上诈骗和犯罪造成的财产损失，比例则提高到 83%（见 Maguire，2002）。小偷、入室盗窃和诈骗的动机被认为主要是侵财，许多证据，从对财物犯罪和经济指标之间关系的长期分析，以及与犯罪人的深度访谈，都指向这一点。提出以上动机的基本原理是不证自明的，进一步的解释被认为是多余的。

与其他任何领域相比，在这个领域里，心理学通常被认为是贡献极小的，而且实际上就心理学家来说，与对人的犯罪相比，也很少谈及此类犯罪。与对暴力犯罪和性侵犯的心理学研究相比，对财产犯罪的心理学研究的确较少。正像我们之前注意到的，有证据表明大多数人在他们生活的某个时刻犯下过罪行，而这最可能的就是财产犯罪。心理因素的作用在此类犯罪中比其他类型的犯罪更少。另外，如果“犯罪是一种常态”，那么研究一般“常态”的人的心理学中的大部分内容对于理解犯罪都有潜在的作用。

对于大量小偷和入室盗窃，某些犯罪学研究致力于将其作为宏观经济因素，如失业率和消费者一般支出水平的函数，以模拟其发展变化的趋势。Field（1990）分析其中关于英格兰与威尔士从 1945 年至 20 世纪 80 年代后期的模型。消费量的涨落从小偷和入室盗窃率的变化中反射出来。此类犯罪的增长与工商业不景气时期失业的增长和消费的减少有关。同样，在法国、美国和日本也发现了相似的模型。后来 Field（1999）开发了包括其他变量的更精确的模型，将财物犯罪的可发生机会（可偷盗品的数量）和 15 ~ 20 岁的年轻男性在人群中的比例也纳入了模型。值得注意的是，这个模型只关注了犯罪总数和第二章介绍的犯罪学理论描述水平 1 中的概念，并没有涉及环境、社会、家庭的影响和个人的作用。

然而，入店偷窃作为一种特殊类型的财产犯罪，心理学对其动机的研究毫无意外地揭示了其经济目的。这已从对被证实犯有入店偷窃行为者的代表性研究和以自陈量表开展的社会调查中通过聚类分析得以证实。然而这绝不是全部。有发现表明，还有完全不同的动机，似乎是一种包含其他因素如寻求刺激、互相影响以及低落的或不安的烦躁情绪等在内的混合物。而且这些因素之间的权重随着犯罪人年龄逐步由青春期向成年期和中年期的增长而有所变化（见 McGuire，1977a）。

Gottfredson 和 Hirschi（1990）曾认为，大体上“通常一般犯罪并不需要太多的努力、计划、准备和技能”（p. 17）。这大概很适用于财产犯罪。很多财产犯罪都是机会型的，犯罪对象总是一些容易获得甚至是犯罪人惦记着但还未得手的东西，而且不需要经过细心地谋划或任何较长距离地奔波，案件总是发生在犯罪人通常生活中容易到达的地理范围内。犯罪企图远多于成功实施的犯罪。多数财物犯罪的平均损失并不大，经常小到受害人并不报案的程度。总的来说，犯罪人所获较少，而且他们中绝大多数并不重复这一罪行。

财产犯罪过程中的一些方面可以用社会学习理论来解释，但是由于这些方面缺少可支撑的研究，所以只能用最一般的术语来描述。为了使这些理论概念有意义，需要结合第二章中介绍使用的更广泛框架中的其他水平上的解释。

大多数社会一般都存在获取财物的压力，这甚至也有进化的起源。这常常可从早先被检验过的 Cohen 和 Machalek（1988）及 Vila（1994）的理论中发现。与人类对财物显著的赋予外在规则不同，其他物种只不过重视所有权并相互争夺诸如食物、搭窝的材料和领土等最一般的生活资料。对有限资源的争夺被许多理论当做产生犯罪的基本条件的一般背景因素。

这种争夺压力在社会的某些地区和部门可能更敏锐地被感知到。最重要的影响因素是社会经济的不平等、居于劣势和被剥夺，而所导致的最主要的结果是这些地区的犯罪高发现象。Kolvin 等人（1988）在英国一项针对劣势群体的大规模调查《纽卡斯尔千户调查》中发现，儿童期的多重剥夺与其后的犯罪行为有着强相关。多重剥夺指一类因素，包括过度拥挤、救济依赖、婚姻不稳定和缺少父母照料。家庭的多重剥夺水平与年轻人特别是十多岁孩子的犯罪数量相关。

因此，社会环境和犯罪之间存在明显的相关，尽管它并不像我们通常设想的那样显著。尽管这样，但绝不是说所有在不利环境中成长起来的人后来都会触犯法律。例如，《纽卡斯尔千户调查》中多重剥夺环境下有不到 50% 的人并没有在后来的犯罪统计中留有记录。

为了解释这一现象，我们需要注意另一组因素，即第二章介绍的解释模型的第三水平。低收入及与此相关联的经济困难使所有这样的社会阶层和家庭生活窘迫，但是在孩子社会化过程中却存在不同的影响。以下因素可能是导致这种不同的原因，包括接触到的犯罪模式，家长教育水平，可获得的学习其他摆脱困境的方法的机会，对主流社会价值规范的习得，家庭中各种观念的影响。许多社会学关于犯罪的理论，如主要在第二章中提到的遏制理论（见 Reckless，1967）发展了类似的观点。它们将诸如遵守社会规范的能力和挫折忍受力看成是影响潜在不良行为发展的最重要的操作性指标。

社会化、态度养成、社会规范和守法行为的灌输是社会影响的全部形式。套用先前的术语，它们是较远的对人一生发展的长期格式化的影响。而犯罪发生的特殊情境可能是更近的影响因素。对此最广泛的研究是伙伴间的影响和群体压力，这种压力尤其会迫使西方社会十岁出头的孩子们尝试破坏纪律和其他显示其成长独立性的示威行动。

财产犯罪的人际环境

许多犯罪，尤其是年轻人犯罪中，罪行总是在群体背景下发生的。Baldwin 等人（1976）对社菲尔德市的犯罪研究中发现了其中明显的年龄趋势。在 10 ~ 14 岁的群体中，61. 5% 的男性和 67. 7% 的女性实施了两人或两人以上共同犯罪，17 ~ 20 岁的群体中相应数据为 18. 6% 和 48%，30 ~ 44 岁的群体中相应数据为 8. 8% 和 10%。在对同龄人之间相互影响的几种可能解释中，有些解释认为这与他们从属于及面临成人社会的拒绝有关。在加拿大一项针对 800 名年轻犯罪人的调查中，Brozonfield 和 Thompson（1991）发现，自述的罪行与有同伴卷入的不良行为之间有较强的相关。许多其他研究注意到对罪行的自述水平与所知的不良行为同伴或犯罪合伙人的人数有着紧密的关系（见 Matsued and Andorso，1998）。

另一种关于这个普遍发现的联系的似是而非的原因是这些群体内的社会互动模式。个体或者以一种弥散的方式相互施压，或者施压于那些看起来默从和易领导的特殊个体。另外，群体成员相互刺激和提升犯罪兴趣。Light 等人（1993）对布里斯托尔居住区的研究中访谈了具有偷车史的 14 ~ 35 岁的青年及成人。朋友间的相互影响被认为是单一的最频繁的卷入犯罪的动机。他们中大多数被更有经验的年长犯罪者教以最基本的驾驶技术，有些人自认为驾驶技术优于警察。群体间的相互影响几乎毫无疑问地加强了他们的犯罪意识。

根据社会学习和差别交往理论，这些群体内以及更大的社会网络中的交互序列起到引导个体朝向或远离犯罪行为的重要作用。模仿和观察学习成为建立不良行为模式的直接组成部分，周围充斥的语境和价值取向更吸引了个体认同和投入犯罪。从那些不愿被拉入犯罪的年轻人身上更可证实群体压力的无可抵抗的力量。这些年轻人可能缺少反抗群体规范和反抗群体统治者的观点甚至威胁的私人资源。有证据表明，群体相互影响中，通过模仿进行的直接的行为学习（正如社会学习理论所述）是比暴露在支持犯罪的态度中而被同化（正如差别交往理论所述）更有效的因素。Warr 和 Stafford（1991）对《美国国家青少年调查》中 1726 个回答者组成的样本进行数据分析，涉及青少年参与的三种违法行为是偷窃、考试作弊和吸食大麻。其中，朋友的行为比朋友甚至个体自己表述的态度对个体的同类行为更有预测力。

研究发现支持了社会影响模式是引发不良行为的重要因素这一观点。对公共机构中年轻犯罪人群体的观察研究发现，群体对于破坏规则、批判成人和成人统治以及侵犯行为有高度的强化作用，并且许多都不只是口头的（见 Buchler et al.，1966）。而当有个体欲与“不良行为规范”绝交时，群体会表现出不赞成。令人焦虑的是，群体成员的反应毫无系统而且不分青红皂白，对瓦解所谓的同道义气毫无作用。

然而，另一个重要观点是，群体内的相互影响过程与表现在个体水平的预先存在的倾向有互惠的关系。Matsueda 和 Anderson（1998）对来自《美国国家青少年调查》中一个有代表性的年轻人大样本（n = 1494）进行了三个时间点的跟踪调查，每个时间点间隔两年，研究了不同水平的财产犯罪（较小的偷窃、比较严重的偷窃、入室及从交通工具中盗窃）。这个研究被设计来检验关于犯罪卷入模式和不良行为群体人数二者关系的两个不同观点。一种观点认为倾向于犯罪的个体会选择性地联合同伙（如飞鸟合群）；另一种观点认为犯罪主要是小群体内社会互动的产物。运用非常详细的数据分析并排除了方法上的人为因素和其他误差因素，Matsueda 和 Anderson 发现不良行为群体的人数和个体的易被感染性都对观察到的犯罪率有影响，而且二者之间后者具有更大的影响。“不良行为伙伴与不良行为在一个动态过程中相互关联”（见 Matsueda and Anderson，1998：301）。这一观点与第三章提及的另一发现是一致的，考虑到同伙影响和个体的犯罪倾向之间的相互依赖，个体自述犯罪的水平和官方定罪的水平可以被很好地预知（见 Wright et al.，2001）。

当犯罪群体逐步形成团伙的时候，相似的过程会显示出作用。但是，相互的影响和人际间的相互学习也许更重要一些。Esbensen 等人（2001）调查了美国 11 个城市 42 所中学，获得了年龄从 13～15 岁的青少年的大样本（n =5935）。在这个模本中，使用一个宽泛的团伙成员资格定义，即无论其是否加入过团伙，允许被调查按自己的意愿回答，则 16.8% 的青少年认为他们加入了团伙。使用严格的定义，即必须是当下一个不良行为团伙的核心成员，则只有 2.3% 的青少年属于团伙成员。从样本中收集了广泛的数据，Esbensen 和他的同事们推断，将人口统计学变量和社会影响两个变量结合起来，即可很好预测团伙成员（资格）。而社会学理论中的理论指标，特别是与不良行为同伙的结交，对罪行的内疚感和对打架的中立化态度，比人口统计变量更重要（见 Esbensen et al.，2001：124）。有趣的是，在第 6 个因子上，团伙成员施行财物犯罪的可能性要高于非团伙成员，这个比例与在暴力犯罪中的情况相似，在第 22 个因子上就出售毒品而言，团伙成员的可能性更高。

尽管正如我们前面发现的，大部分年轻人犯的罪都是在群体背景下实施的，但同伙的影响并非唯一的因素。在对美国科罗拉多州丹佛市的一项纵向研究中，Huizinga 等人（2003）发现，青少年报告的卷入不良行为团伙的程度越高，他们就越有可能单独作过案，尤其是攻击性犯罪。这也许是社会学习或差异联合过程的结果，但也可能是上述研究中注意到的个体和环境因素的联合结果。

情绪、认知与犯罪

最后，瞬间的情绪变化和对自身权益的关注也对行为及打破原来遵守的行为规范的可能性产生影响。人们的自我评价，即自尊的短期内的变化，可能对他们是否坚守社会规范有预先的决定力，这已被“打击自尊心实验”证明。在实验中，促使被试者短期自尊心的下降，如对被试者在测验中的表现给出（错误）否定的回馈。结果发现，再次实验时，成年人更可能在纸牌游戏中作弊，而儿童更可能去玩别人的玩具（见 Aronson and Mettee，1968；Graf，1971；Fry，1975）。不可否认的是，作为实验室证明，这可能缺少社会生态学的效力，也可能并不符合真实生活背景下的情况。但是，我们在后面章节中将更充分检验的其他证据认为，在重复犯罪者中，新的罪行经常发生在他们经历对自身和生活的强烈的消极情绪时期。

在有机会实施犯罪的场合，人的思维方式对其后来的行动有至关重要的影响。Carrall 和 Weaver（1986）在芝加哥报上刊登广告邀请经常入店偷窃者参加他们的研究。参与者承认之前曾犯下平均 100 起的入店偷窃案。每个志愿者被配发了一个磁带录音机和一个领口麦克风，并被要求在一小时内，在研究人员的陪伴下，穿行于一家百货公司时大声说出他或她的想法。与这些“专家”相比，对照组是一群自供有强烈欲望但从未冲破法律屏障偷过任何东西的“新手”。这两组人冗长的语言播报在内容上显著不同，当经验丰富的商店扒手在分析环境以寻找偷窃和悄然逃逸的机会时，“新手”们正陷入害怕被发现、抓捕和惩罚的不安中，而正是这些有效地阻止了他们的偷窃行为。

早先的犯罪学研究曾举例说明犯罪人自我告知的话语对

他们应对曾犯下的罪行的能力有重要影响。这是我们曾在第二章中粗略叙述过的中立化理论（见 Sykes and Matza，1957）的精髓。中立化技术是人们驱除因做了与自己价值体系背道而驰的行为而不断升腾的消极情绪的策略。运用内部陈述减少责任、转置责难和忽略受害人，使他们得以安心并维持另一个脆弱自我，或仅仅为他们声称的基本信仰提供辩解（见 Agnew，1994）。

另一种财产犯罪甚至比小偷小摸更少受到注意。对于犯罪致损或恶意破坏行为的心理分析首先关注于区分其不同的动机，并试图加以分类。一部分动机明白地指向获利，为了获得某些目的而不得不破坏一些东西。另一些动机只是纯粹为了取乐或甚至是审美的需要，回应挑战或显示技巧，比如在往返列车中胡涂乱画或乱贴标签。有时只是为了破坏本身，即为破坏而破坏。其中一些被划分为好斗的或被愤怒感激发的，另一部分可能是因为感知到了某些不公正，将破坏物体当做维持控制的形式。这些都是潜在的有益的思考，但为了使问题更明朗，还需要更多的研究。

人身暴力犯罪

在“财产犯罪”的标题下搜集了众多犯罪类型之后，接下来发案频率最高的犯罪类型是人身暴力犯罪。在大多数国家，人身暴力犯罪在全部犯罪中所占的比例都远小于财物犯罪。尽管在各国其犯罪率的变化较大，但以英格兰和威尔士为例，2001 年人身暴力犯罪只占记录在案的总犯罪数的 15%（见 Newman et al.，2001）。尽管占总数比例较低，其对受害人人身和情感的伤害是巨大的，且与财物犯罪相比，其伤害性要深远广泛得多。尽管英格兰与威尔士暴力犯罪的数量自 1997 年后一直在下降，根据《英国犯罪调查》估计，在 2001 ~ 2002 年间，仍有将近 290 万起暴力案件（见 Simmons et al.，2002）。

就世界范围内的调查数据而言，世界卫生组织估计2000年就大约166万人死于暴力（见Krug et al.，2002）。其中仅不到一半的人（81.5万）死于自杀，大约1/3（51万）属于被杀，还有约1/5（31万）的死亡与战争有关。90%多的暴力导致的死亡发生在低收入和中等收入水平的国家。在全部被杀者中男性占77%。

对攻击和暴力的心理学背景的研究也许比对任何其他反社会行为的心理学研究都多。而尽管许多人在进行偷窃，但他们可能造成的人身伤害数量却相当少。在试图对攻击发生模式的研究进展作出解释的过程中，一些关键的环境和社会因素发挥了主要作用。攻击性被作为一种在各种不同环境下相对稳定的准备施行攻击行为的概念使用（见Berkowitz，1993：21）。当个体身上出现诉诸暴力的习惯模式时，通常在此之前有一个相当长的伴随许多非常复杂的相互影响过程的发展和适应时期。

有证据表明，个体的攻击模式在幼年期、童年期、青春期和成人期的发展过程中有相对的稳定性或连贯性。Olweus（1979，1988）回顾了16项纵向研究，检验了从1年到21年不等的时间段里个体在攻击行为方面的一致性水平。每项研究的平均样本量为111人。因变量亦非研究者自定的，而是从同事、师长和其他观察者对攻击性的提名或评估得来的。从这些研究中，Olweus提取了总共24个相关系数，并将他们的相互关系以回归线描绘出来。结果显示了攻击行为在时间上的显著一致性，尽管随着时间间隔的增加，相关性不可避免的降低。例如，平均相关系数在一年中为0.76，在两年中为0.69，但在对一项连续21年的跟踪调查中为0.36。Zumkley（1994）后来在此基础上增加了对10项研究的回顾，平均样本量达159，提取的稳定性系数也增加了34个，并验证了Olweus发现的模型。他们的发现可见图4.1。

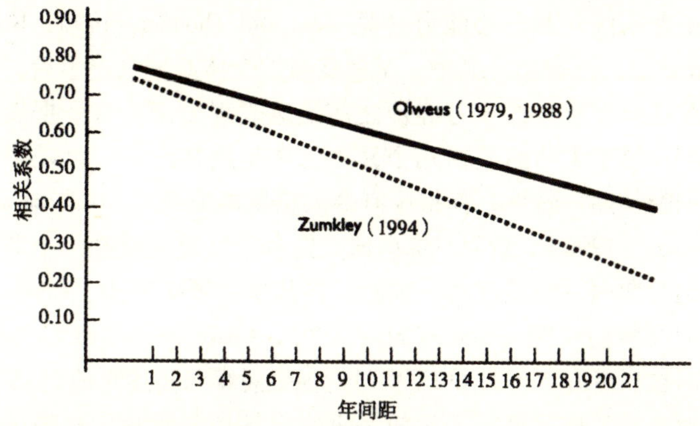

图4.1 攻击的稳定性：综合26项研究结果所得的回归线（见 Olweus，1979，1988；Zumkley，1994）

在中间的大约10年左右时期里，儿童的攻击性很可能预示了将来的问题。例如，早年的学校攻击行为显示出了对十几岁时的不良行为的很好预测（见 Spivack and Ciamei，1987）。在5～6年有限的时间跨度内，研究显示儿童中期的攻击行为能较强地预测青春期的行为问题（见 Locber and Stouthamer－Locber，1987；Farrington and West，1993）。如果儿童期的攻击性导致同伴的排斥而形成社会孤立的话，这些问题将进一步恶化（见 Coie et al.，1992）。

考虑到攻击性的相当稳定的水平，攻击模式是否为遗传所致这个问题经常被提出来。正如我们在第一章中所述，大多数犯罪学家并不信服过于强调遗传因素和过多着眼环境影响因素的解释。诸如，Olweus 等人的发现或许可以用下文关于遗传作用与环境因素之间复杂的相互影响来作最佳的解释。

没有证据表明基因对犯罪的发展起直接的因果作用（见 Joseph，2003），但是遗传因素可能通过一组被通称为气质的个性特征起间接作用。这里的气质是指关于青少年的典型行为和情绪反应的许多相当综合的特征，包括一般行为水平、注意力、对新环境的适应能力、情绪表现的品质和强度、相对的悲伤倾向和分心能力（见 Hess and Thomas，1990；Rothbart et al.，1994）。其中，某些变量的个体差异在出生后，并且在任何有意义的学习经历之前迅速表现出来。有证据表明它们持续于生命的最初几个月，也许是最初几年，可是关于它们的长期一致性，都很少有令人信服的发现（见 Chess and Thomas，1990）。然而，纵向研究揭示了气质变量在一个非常长的时期内一些显著的一致性。在其中一项研究中，Caspi 和他的同事们（见 Caspi et al.，1995，Caspi and Silva，1995）把对被试者在 3 岁时和 15 岁时的独立观察与描述同他们 18 岁时对自身的描述进行了比较。无论男孩还是女孩，被描述为“低控制”和表现出易怒和冲动的 3 岁被试者很有可能在 15 岁时被观察者描绘为存在外显的问题。而当他们 18 岁时，他们比其他人更有可能把自己描述为不计后果、粗心和反叛，并准备对别人造成不适与伤害。在一项被试年龄在 20～30 岁范围的独立研究中，获得了相似的发现，在被称为消极情绪和紧张感的特征上，成人期的这两个跨度 10 年的时间点上出现了显著的联系（见 Mc Gue et al.，1993）。

这些差异之所以能在其后的发展时期中保持连贯性，环境因素绝对起了决定性作用。例如，难以相处的性情特征群与某种抚养方式、较差的学习成绩和出现在儿童晚期、青春期早期的麻烦行为有关。因此，如果一个身体活跃、情感淡漠易感悲伤的孩子出生在一个疏忽、焦虑和易怒的家庭里，父母的社会化风格会使孩子更加并长期难以与人相处。在一个长期的研究中发现，儿童早期的性情表现与 40 年后雇佣环境下的性情表现是有联系的（见 Caspi et al.，1990）。

家庭成员的相互影响

近来大量研究将已观察到的攻击的连续性模式与家庭内的社会化联系到了一起（见 Rutter et al.，1998）。在对儿童的培养和父母抚育的过程中发现了在其中起支配作用的因素，此因素促进了长期的攻击性与暴力倾向的发展（见 Snyder and Patterson，1987；Farrigton，1995，1996；Gulben Kian Fourdation，1995）。一般来讲，个体早年经历中出现这类因素的数量越多，其后来经历中产生暴力侵犯的可能性也越大（注：然而这些影响的结合方式并不是一成不变的，更通常的情况是他们可能以一种复杂的方式相互作用，而我们至今仍知之甚少）。

这类问题更可能在承受社会剥夺的不利环境中堆积，低收入和拥挤的住宅给家庭带来沉重的压力。这又依次影响到家长或监护人长期的心情与行为举止、二者的相互作用及对儿童作出反应的方式。一些研究阐述了这一过程的中间环节，通过这个环节，经济困难可能与问题行为并在适当时候与“官方”认定的行为不良产生联系。

Dodge 等人（1994）研究了一组年龄从 4 岁到 7 岁共 585 名儿童组成的样本。从他们的父母那儿获得了关于经济状况、社会化练习和其他家庭条件的信息，从他们的教师和同学那儿获得了关于他们校园行为的信息。后者主要根据儿童是否存在外显问题，包括卷入打架或威胁其他人的程度来描述。对儿童外显问题或攻击性问题的最好预言并不得自于直接的社会经济指标，而是得自一组包含中介因素，即家庭内部相互影响模式的路径。这组中介因素包括严厉的纪律与惩罚，暴力的影响，母性的支持、温暖和对攻击价值的认可，与家庭之外仅有短暂的人际接触及认知激励水平。因此，家庭的困难与儿童行为之间的联系可以用一个包含一组家庭中相互影响过程作为中介变量的模型加以解释。

以一群稍大的、青春期早期年龄组的被试者为研究对象，Coger 等人（1994）检验了一个相似的模型，即经济剥夺与青少年反社会行为之间存在中间过程。这一中间过程可见图 4.2，并且一项针对 378 个处于各种不利经济条件下的家庭的研究对此作了检验。此项研究尤其关注了经济支出本身导致的家庭中父母间及父母与孩子间的冲突水平。Coger 和他的同事们收集的数据为他们的模型提供了很好的支持，在模型中，当家庭处于经济压力之下时，这种家庭成员互相影响的性质通常会恶化。

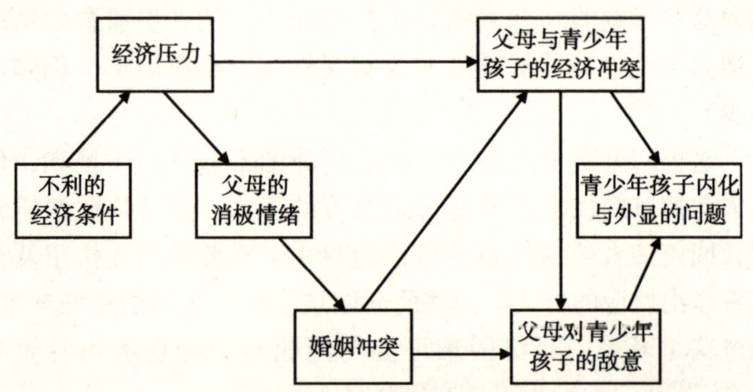

图 4.2　家庭经济压力、冲突和青少年问题关系的理论模型

无论就个体的自然发展过程还是按时间比例来看，家庭成员间相互影响过程所积累的影响都不可能变得很明白，直到一些年后当孩子们进入青春期或成年早期。James（1995）演进了一个复杂的模型，将英国政府在那一时期的政策导致的 20 世纪 80 年代早期的经济困难与十年后即 20 世纪 90 年代早期青少年暴力犯罪的上升联系起来。

然而，与我们之前所看到的与财产犯罪的关系一样，不利环境本身并不足以解释财产犯罪的发生。这一情形同样适用于暴力犯罪。上文提到过的《纽卡斯尔市千户调查》（见 Kolvin et al.，1988）数据显示，即使是在最贫穷的群体（具有大量的社会剥夺指标）中，暴力犯罪率也仅占 3%。

一些特殊的人际及社会化过程维度被与暴力倾向的发展联系在一起进行研究（见 Anderso and Bushman，2002）。一是父母是否有过犯罪行为及兄弟姐妹中是否出现过行为问题。这些特征本身就与暴力倾向具有因果联系。二是与父母或监护人的日常行为有关。父母间的冲突，缺少或者是矛盾的前后不一致的监护管理，对身体问题与心理问题的忽视都与其后全部不良行为的发生有着笼统的联系。有证据表明，这些因素与因父母离异而子女缺乏照顾的破裂家庭有同样的意义（见 Juby and Farrington，2001）。提及更多特定的攻击，有证据表明在完整的家庭中，一些父母对儿童的前社会行为未加强化，反而同时直接强化了他们的强迫性行为。在“俄勒冈社会学习中心”（OSLC）40 年来的大量研究中都可以看到这一点。Patterson（1982）曾回顾了早期研究，显示了父母不经意地激励儿童令人不愉快行为的不同程度。他将之称为“强化陷阱”，意味着父母不当的反应虽然短期内减少了儿童发生令人厌恶行为（如攻击）的可能性，但却增加了此类行为长期延续的可能性。Reid 等人（2002）提供了对 OSLC 大量此类研究成果的详细解释。

儿童们逐渐了解到他们自己的战斗游戏要么被置于父母的安全监督之下，要么被父母多余的闯入而终止（见 Patterson and Yoerger，1993）。这也有助于解释为什么与同龄人相比，规律性地攻击他人的青少年被发现与家庭成员间极少正面的沟通（见 Blask et al.，1989）。

这种社会化及亲子间相互影响的模式与作为处理人际关系的习惯方式的攻击的逐渐发展相联系。其他抚养特征与更明确的攻击具有特定的联系。这些抚养特征包括残酷而专制的训练、人身控制、使儿童缺少羞耻之心。Gulbenkian 基金会（1995）对各种研究的比较发现，严厉的和羞辱性的训练无一例外的导致反社会和暴力行为的发展（P. 134）。这些研究与那些关于儿童期所受虐待对青少年的长期影响和人身及性虐待模式的代际遗传程度的研究所得结论一致。当一些研究对这些关系给出模棱两可的结果时，另外的研究发现认为“儿童期受严酷虐待和目睹家庭暴力的经历对成人期正在施行的暴力行为存在有意义的联系”（见 Widom，1989：710；Widom and Maxfield，2001）。

Farrigton（2002）对许多长期研究，包括《剑桥—萨摩威尔青年研究》(萨摩威尔为美国马萨诸塞州东部的一个城市，译者注)、《罗彻斯特青年发展研究》（罗彻斯特为英国东南部的一个自治城市，译者注)，以及 Widom 在印第安纳波利斯的研究，作了长达30年的追踪回顾。表明儿童期的虐待、忽视和稍后出现的一般的不良行为及特殊的暴力犯罪之间有着明确的联系，即使控制了性别、种族、社会经济状况等因素也是一样。

以上全部发现与一个社会学习模型的解释一致。这个模型将直接经验和观察学习过程联合起来作为反社会倾向（特别是侵害）的态度和行为发展的基础。家庭是个体社会化唯一最有影响力的中介。正如 Loeber（1990：17）所述：“家庭因素是子女后期不良行为的最好的预测指标。”其他重要影响来自青春期的同伴们和媒体，但他们的影响作用远不及家庭环境的影响大。

媒体对暴力的影响是多年来一直热烈争论的话题。根据班杜拉早期对模仿的研究，社会学习理论颇具影响地将媒体对暴力的影响摆上了议程作为研究对象。然而，一直也有不同意见，如究竟是因为观看电视中的暴力情节唤醒了侵犯情绪而催生了暴力行为，还是观看电视中的暴力情节是可能具有暴力倾向者的选择结果？近来 Huesmann 等人（2003）的研究兴趣在于检验媒体对暴力的影响力。他和他的同事们重访了他们 1977 年最初开始的一项关于观看电视的研究中的 557 个参与者。当初的研究样本中被试者的年龄都在 6 ~ 7 岁和 8 ~ 9岁，跟踪重访时，他们已经是 21 ~ 23 岁的成年人了。重访收集了关于背景特征、教育水平、儿童期的侵犯迹象、对电视节目中暴力情节的现实性的感知及对暴力节目中人物的认同程度。

结果有力地表明电视是成长中儿童社会化的中介，并影响到他们成年后产生暴力的可能性。“无论男性参与者还是女性参与者，童年期更多接触电视暴力、更多认同同性别的电视暴力人物、更相信暴力节目描述了真实生活者，都可预测到更多的成年期暴力，而不论他们儿童期参与攻击的程度。”（见 Huesmann et al.，2003：216）Huesmann 和他的同事也引用了来自电视行销产业关于“黄金时段”暴力节目的平均制作成本低于非暴力节目的证据。电视剧中每一个暴力动作减少 1500 美元制作成本，并且带有暴力内容的节目的出口率增加 16%。

情境因素和社会信号

许多研究证明了同青年人的暴力与攻击有关的社会化过程的连续性。为了获得更全面的理解，需要补充关于攻击的直接先兆的背景信息。来自于社会心理学的实验室研究和现场研究（见 Berkowitz，1993）表明，对攻击的情境影响因素范围极广，包括基本的刺激情境（如热和噪音水平）、广泛的个体挫折和压力序列及挑衅事件（如激怒和威胁）。

其他相关因素有观众或自我想象增加的影响，有关侵犯的群体榜样及广泛的文化价值对暴力的促进，如通过对“男子气”的想象美化了暴力。如前所述，许多犯罪学家对通常实验室控制条件下的实验所获得的研究成果持怀疑态度。他们争辩说那无助于区分侵害倾向和其他犯罪行为（见 Gottfredson and Hirschi，1993）。

但某些事件明显是侵害行为的潜在先兆。它们也许是目光的微小变化，一瞥，面部表情或其他无声信号传达的敌意，或者仅是觉察者感到的敌意。侵犯信号通常会使对方慢慢产生恐惧和逃跑反应。这从 ELLsworth 等人（1972）在带有一些风险的现场研究中可以看出来。研究者等在交通信号灯旁，或坐在单脚滑行器上或站在街角，当驾车者或行人在红灯前停下，实验者或直直盯着他们或只是看着他们而不盯视，然后计算他们在绿灯亮后穿过十字路口的时间。那些被盯视的人相当快地离开了，盯视构成了惊走他们的刺激。也许实验设计者们不知道有些人对于被盯视有不同的解释，在他们那威胁被体验为挑战，于是导致了侵犯增加。研究论文没有报告这种侵害是否发生，研究者（恰好我们知道他们的名字）明显幸存于论文发表期间。

认知与暴力

对前一部分论及的内容，一些其他研究者将注意力投向了社会信息过程对侵害可能性的重要作用上。根据这一提议，侵害行为的出现和维持有赖于认知评估和其他内部过程（见 Dodge and Schwartz，1997）。

少数外部事件导致了一致的侵害。意思是个体对事件的归因是主要决定他或她随后行为反应的因素。这一过程的构成在 Grick 和 Dodge（1994）关于社会失调和侵害倾向的“信息—过程模型”中有详细阐述。模型认为，对外部事件的反应是根据认知活动的序列分析而来的，包括六个过程：编码、表达、目标澄清、构建反应、下定决心和设定反应。Akhtar 和 Bradly（1991）以及 Kendall（1993）曾回顾了对频繁攻击儿童组和无攻击的控制组的比较研究，发现以下不同。频繁攻击的儿童组：

- 对小范围的环境暗示和信息来源进行编码；
- 选择性地注意攻击暗示；
- 将敌对意图归于别人，特别是在不明确的情境中；
- 更易于将内部觉醒状态贴上愤怒的标签；
- 选择行为导向的方式而不是思考解决之道；
- 拥有更有限的互动技巧；
- 在社会问题解决中出现利己主义观点。

这些差异在个体间还有变化。以上这些倾向几乎不可能全部出现在任何个体上。无论何种环境或刺激条件，如我们前面提及的愤怒，真正重要的是个体大脑对此的理解，即它告诉自己的解释。这也包括对侵犯结果的预期。青少年在十岁出头的年龄表示如果他们认为侵犯行为在同伴眼中得到肯定，他们就更有可能去实施。如果他们没有考虑侵犯行为可能使他们感觉不好，并且他们也没注意到侵犯行为会使受害者感到不好，侵犯行为也更可能发生（见 Hall et al.，1998）。

关于认知在侵犯行为中的作用的更多证据来自针对 41 项关于侵犯和敌意归因之间关系研究（总样本量为 6017 人）的回顾。对别人意图的敌对归因是指推断别人对你的敌对态度或推断别人将对你实施恶毒行为的倾向（见 Orobrio de Castro et al.，2002）。与其平行的对 7 项研究的回顾发现，暴力犯罪与低认知移情显著相关（见 Jolliffe and Farrington，2003）；尽管智力因素和社会经济地位（SES）因素起作用的可能性并不能排除。

与此相关，有证据表明中立化过程对于允许个体参与暴力行为及使其在之后原谅这一行为有重要作用。Agnew（1994）分析了《美国国家青少年调查》中与此有关的数据，针对年龄从 11 ~ 17 岁的青少年中一个有代表性的大样本（1600 +）得出了 20 世纪 70 年代后期的年度曲线。Agnew 首先发现绝大多数（93%）回答者认为打人是错的，只有 0.5% 的回答者认为打人完全没错。即使是前些年认可暴力行为的回答者也表示不赞成打人。然而超过一半（54%）的回答者认可一到几份证明暴力有用的陈述。对这些陈述的认可可以显著预测回答者对暴力的卷入，既可横向预测（在某个特定时刻），也可纵向预测（一年之后）。中立化起的作用与不良行为同伴的影响相当，并明显多于一般支持暴力的态度的影响。

这些认知过程中的一些也具有我们在第三章述及的信息自动加工的特征。有些通道使得个体的无意识精神活动被允许参与到与攻击相联系的心理结构中。Todorov 和 Bargh

（2002）曾回顾了相关证明。例如，如果个体被出示有关攻击性的词语，但这些词语在屏幕上停留的时间非常短暂，使个体不能对其进行有意识的加工，他们其后对要求评价的人物的描述比那些被出示中性词语的被试者更富有攻击性。在其他研究中，无意识的参与使个体在人际互动中自动表现出更多敌意，即使没有导致紧张的直接环境来源，经过反复作用，与攻击相关的心理结构变得习惯易得，可能会使个体在没有任何挑衅和煽动的情况下抢先发难。如果个体一直沉浸在这种精神状态中，攻击的可能性会越来越提高，可能在他身上集中成愤恨或复仇之火，甚至可能在他心中预演复仇的场景（见 Caprora，1986：Collins and Bell，1997）。

综上，我们形成一个观点，即暴力犯罪的构成因素包含一个广泛的范围。有对攻击的遗传性敏感特征，在一些人际交往环境中会逐步演化为攻击，我们都有这种潜在的特征。也有作为遗传结果在出生之际即表现出来的个体气质上的差异。还有社会化的影响、家庭教育技巧与模式以及这些因素的交互作用对个体早年发展过程的影响。父母或监护人受到的经济压力和遇到不幸逆境的程度会显著制约他们为孩子们提供的成长环境。基础教育包含观念的传播和对成长中的孩子们的期望，这些反过来又使他们在理解别人行为的同时，形成对他们自己生活环境、模式和习惯的理解。所有这些因素都将影响到个人处理人际冲突的方式。在冲突情境下各类型的事件中，或许可以确定一种与攻击倾向乃至最后的人身暴力联系在一起的特殊模型。Andarson 和 Bushman（2002）发展了一个综合的一般攻击模型来解释前述各因素的相互作用。

人与人之间的攻击行为有许多形式，其中一些引起了相当深入的研究。在一些特殊的暴力形式，诸如男性对女性的无性因素的暴力中，某些其他因素也发挥了作用，包括文化传承中男性对女性的地位和角色的偏见，及将对女性施以身体强迫视为一种权力形式（见 Russell，1995，2002；Harway and O’Neil，1999）。O’Neil 和 Harway（1999）发展了一个包含对男性殴打女性起影响作用的广泛因素的复杂多变量模型，共有六个维度：

- 社会大背景：例如，支持男性暴力的历史传统，家长统治，男性主义至上和其他一些根深蒂固的观念。
- 生物学维度：例如，荷尔蒙或神经解剖学水平上的进化过程及结果。
- 社会/性别维度：男女性别角色发展的传统社会影响及不同性别的游戏、社会互动和信仰模式的压力。
- 心理维度：经历的差异（如有机会观察暴力）和个体的差异，如在表达方式、自尊、移情能力或处理问题能力方面的差异。
- 社会心理维度：例如，年龄、就业及收入、贫困、社会地位、酒精和药物作用。
- 相关因素：例如，互动模式、权力的使用、沟通困难、关系的稳定性、家庭动态。

以上即为导致无明显性意味的家庭暴力发生的广泛因素。至于性侵害，我们将在本章稍后看到，其包含了其他的影响因素。

物质滥用与社会性学习

涉毒的犯罪类型很多，包括那些本质上以经济利益为动机的犯罪。但与其他侵财犯罪人直接的侵财面目相比，他们更像是生产商、国际贸易商和走私者以及地方经销商。这一犯罪行当给世界贸易带来了很多的冲击。

然而，这里关注的焦点是对违法及违禁药物的直接消费。据 2001 ~ 2002 年《英国犯罪调查》显示，Aust 等人（2002）认为在英格兰与威尔士大约有 400 万年龄在 16 ~ 59 岁的人使用过违法药物，还有大约 100 万人曾使用了一级违禁药物。在这些 16 ~ 59 岁的人中大约有 34% 的人在他们生活的某段时间服用了非法药物，特别是年轻人相当容易接近这些药品。对16 ~ 24岁的人群来说，毒品获得的难易程度，从易到难的比例依次是：大麻 68%，安非他明 45%，可卡因 33%，海洛因 20%。

在世界范围内，服用违法药物的比例都呈现一个逐步上升的趋势。据联邦药品与犯罪署（UNODC 2003）一项涉及 92 个国家的调查显示，尽管一些国家报道吸毒人数呈下降水平，但大多数国家 2001 年的吸毒人数较之以前都有增加。调查推断全球吸食各种不同毒品的人数分别为：吸食大麻的为 16280 万人，吸食安非他明的为 3430 万人，吸食鸦片的为 1490 万人（其中 950 万人吸食更高纯度的提取物海洛因），吸食可卡因的为 1410 万人，吸食致幻剂的为 770 万人。

在多数西方社会里，对药品的许可度存在较大的矛盾。两种强有力的药品，酒和烟草虽然在不同的国家立法规定了不同的销售范围，但仍是广泛可得的合法消费品。它们或以直接的销售语言或以更加狡猾渗透的方式通过各种媒体大量做着广告。二者都具有人体健康隐患并导致大量死亡。对其他医用目的但可导致精神迷幻的药品控制得更加严格，但也存在广泛的滥用。还有的药品是绝对违法的，出售或服用都会被捕入狱。

最初为了欢愉的目的而服用的化学药品，如酒精，在一定时期规律性的服用后会导致身体反应而成瘾，这已得到了广泛认可。在这一“医学模式”中，上瘾被视为是一种生理反应，这意味着某物质与身体其他化学活动之间有一种交互作用，服用者一旦停用或者血液中该物质的浓度低于某个特定的水平，就会难以忍受。这一理论的一个更激进的观点是关于酒精中毒的病理学说。这一学说认为人群中有一种人存在酒精敏感，他们体内的某些化学成分导致他们更易对酒精上瘾。曾经有争论认为这是由基因控制的，似乎有一种酒精中毒基因。

要检验这类理论是困难的，也是没有必要的。虽然可能某种基因影响个体对酒精的反应（见 Cook and Gurling，2001），但是并没有符合这种病理学理论或基因理论要求的物质被分离出来。显然，许多物质摄入后会导致显著的躯体变化，有时甚至会令长期摄入者的重要器官受到严重损伤。另一种对成瘾行为的解释是习惯性服用导致的心理依赖（见 Davies，1992）。

和其他习得性行为一样，传统行为模式理论将成瘾描述为一种条件作用下的习得性行为。最近，更多精细模型被整合，确定了物质在情绪唤醒方面的调节作用是形成物质依赖的首要原因。上瘾者对物质的依赖不是因为物质必然带来的生理反应，而是因为重新体验伴随这种反应的情绪唤醒的需要（见 Brown，1997；McMurran，2002）。这个概念与理解自残行为的社会学习理论是一致的。同样，发现表明依赖症状所导致的相关行为不仅仅是物质的滥用，还包括冒险（见 Peck，1986）、体育运动（见 De Coverley Veale，1987）甚至是购物（见 Glatt and Cook，1987）。Glatt 和 Cook 描述了一个有着 6 年“病理性消费”史的 24 岁的女性。在这 6 年中，她积聚了零售商和信用卡公司总共 55000 英镑的债务。她强迫性购买了大量她已经拥有或并不需要的东西。她花费了越来越多的金钱，并且在面临犯罪行为和严重个人危难的威胁下仍难以自制。这种强迫性的因素与一些性犯罪中的成瘾因素以及比例较少的财产犯罪如偷驾和入店偷窃的致瘾因素并无不同，尽管这些行为模式相当罕见。

很多潜在的“成瘾”物质能适度使用而不会带来行为改变或物质依赖。较普遍的观点认为，判断是否是物质滥用或成瘾行为以及导致依赖后果，要看是否出现以下特征：

- 显著性：问题出现的频率以及对生活中的其他方面如

思想、情感和行为的支配；

- 冲突性：对消极后果日渐清醒地认识到而又难以罢休；
- 耐受性：为了达到相同的效果需要增加物质或行为；
- 戒瘾难：戒断期间显著的不适、巨大的痛苦或其他负性情绪；
- 渴求与缓解：在戒断期间极度渴望恢复，并且一经恢复，负性情绪急剧减轻；
- 反复性：在戒断一段时间甚至是相当长一段时间后，仍有可能故态萌发。

当一个人开始吸毒后，他的生活就受到了显著的影响，经常发现瘾君子通过其他犯罪行为聚敛购毒费用。Jarvis 和 Parker（1989）对大量海洛因吸食者的研究表明，侵财犯罪是他们获取购毒资金的最主要的方式。对 61 个瘾君子的访谈中，87%的人承认他们的侵财犯罪行为是为了获取吸毒资金，他们通常采用入店偷窃的方式，而其他研究中入室盗窃所占的比例更高。

为了理解个体吸食违法药物的方式变化，我们需要对各个相关因素进行考虑。以嗜酒为例，嗜酒包括饮酒时的社会情境、嗜酒者的个人经历以及影响二者相互作用的心理过程（见 Colling and Bradizza，2001）。无论对合法物质酒精的依赖还是对控制药品海洛因的依赖，其社会认知过程本质上是一致的，任何一种关于瘾君子通过犯罪手段或其他行为获得禁用药品以及拥有禁用药品本身令人满意的解释模型中，心理因素都是必不可少的。

以上解释了只要使用该类物品（如控制药品），或使用了某类物质的背景下的行为本身（如酒后开车），就构成犯罪的犯罪类型。当然，还有很多与物质滥用相关的其他犯罪，多数与酒精有关。例如，大量记录在案的人身暴力发生在酒后。酒与犯罪之间的关联相当复杂。Graham 和 West（2001）在观察了大量此类证据后提出了文化背景、情境因素、个性特征与酒精作用四因素交相作用的模型。Watters（1998）描述了在人与环境交互作用的背景下，结合其他行为、认知和态度参数的共同作用，频繁的物质滥用和犯罪如何成为人们确立不变的生活方式的核心。

与第二章中所列模式不同，Graham 和 West（2001）提出的模型描述了一组关于社会背景、情景和个体进程间的相互联系，以助于解释酒精与犯罪之间的关联。“有多少人在饮酒，他们饮酒时有哪些行为，犯罪的频率以及对饮酒及犯罪的社会控制形式，都受到文化因素的影响。”（见 Graham and West，2001：446）因此，个体学会饮酒并遵循其所属群体内流行的饮酒方式。当然，个体态度和某些个性特征也会直接影响到酒与犯罪的关系。物质本身只是一种影响因素，即使喝了酒，也不能仅仅以此认定犯罪，除非法律明文规定在公共场合饮酒是违法的。

就涉及酒精与暴力犯罪的细节，McMurran（2002）综合了各项研究，得出了对建立“侵犯—饮酒—醉酒后暴力模式”最有贡献的各种可能因素，包括儿童期与人难以相处的性情、冲动与不安，对不良儿童行为缺少管教和认可酗酒行为的抚养模式，较少的学校教育和较低的文化水平，浪迹于不良人群之间，以及充满敌意的归因偏见。特别是在酗酒的社会背景下，这些因素还与酒精作用（有几种关于酒精和其他药品增加侵犯可能性的不同机制）以及对酒精作用的期待相互影响。McMurran 展示了这些因素相互影响的综合路径模型，并解释了这一模型的发展过程。

性犯罪

尽管持续占据着媒体注意的焦点，性犯罪只占各种犯罪的较小比例。据英格兰和威尔士警方的记录，2001 年性犯罪的数量仅占暴力犯罪的 5%，占全部犯罪数量的 0.7%（见 Simmons et al.，2002）。此类犯罪引起关注的原因可能是因为案件造成的生理和情感的巨大伤害，也可能因为社会一般难以讨论与性有关的全部话题，从少女怀孕和节育到成年人各种各样的性行为。例如，总有对那些被称为“恋童癖者”所造成的危害的周期性报道。2001 年，英国一家报纸因为刊登了一组被宣判犯有严重性犯罪行为的男性照片而引起社会极大关注和争议。涉及此类公开报道的法律、伦理与社会警示等问题本身都非常复杂。但不成比例的关注此类特殊问题也可能引起较高的误解。

首先，针对儿童进行性犯罪，甚至包括发生猥亵行为的大多数人都不能就此认定为恋童癖者。恋童癖是精神病临床诊断中的一个范畴，大约只有 25% ~40% 的针对儿童的犯罪人身上才能发现认定恋童癖的特征（见 Grubin，1998）。其次，大多数性攻击和性谋杀都是熟人作案。而性谋杀有时是儿童的家庭成员甚至是家长所为。简言之，儿童在家中受到性侵犯的可能性比在大街上受到的随机发生的性骚扰的可能性要大得多。大约 80% 的性攻击都发生在儿童受害人家中或者犯罪人家中（见 Grubin，1998）。对儿童受到的性虐待很难进行准确的描绘，不同信息源导致了各种评估之间相当大的差异。Grubin（1998）利用不同的数据集计算出英格兰和威尔士每年受虐待儿童数在 3500 ~72600 之间（p. 11）。

与其他犯罪类型一样，要获得对性犯罪最完全的描绘，我们需要借鉴吸收第二章介绍的不同水平的解释模型中的因素，包括举例用以说明社会学习与认知的重要作用的一些因素。用于构建模型的个体变量被置于广阔的文化背景中，与社会上对性犯罪的官方声明不同，两性之间的强迫行为存在许多性别压迫。尽管强奸几乎在所有社会中都有发生，但 Sandy（2003）却描述了苏门答腊的 Minangkabau 人的社会里几乎从未发生过强奸。她将此归因于他们社会中男女对称平等的社会模式。而在其他社会中，由于性别不平等，某种形式的性别暴力总是被默许。在英格兰和威尔士，婚内强奸也是近年来才被认可，而在其他许多国家里，婚内强奸仍就被忽视。例如，在孟加拉国，一项调查显示，26.8%的女性被访者表示曾经遭受过丈夫的性暴力带来的伤害。“婚内性强迫一直被默默忍受着，而且社会文化背景也包容和支持着这种性压迫。”（见 Hadi，2000：97）

在美国的一项研究中，Baron 等人（1988）检验了一项关于对性侵犯的广泛的社会态度与严重性犯罪比率之间关系的“文化溢出”理论。他们综合了能推断社会在多大程度上支持暴力行为的变量，形成了一个复合的测量体系——合法暴力指标体系（the Legitiment Violence Idex）。包括电视节目的暴力内容等级，有严重暴力内容的杂志的读者比例，校园内法律许可范围内的体罚，狩猎许可证的颁发数量，国家兵役登记情况，以及 1882～1927 年间每百万人中遭受私刑的人数。经过数据综合，50 个州的暴力支持水平被评定出来。

各州在该指标体系上的得分被拿来与各州记录在案的强奸案发率进行了比较。毋庸讳言，山区和中部各州如怀俄明州、蒙大拿州、密西西比州、犹他州和爱达荷州在该指标体系中的分值较高。东部和东北部各州如罗德艾兰州、马萨诸塞州、新泽西州、马里兰州和纽约州的得分较低。这些州的强奸案发案率差异很大，最高发案率与最低发案率之间的差异随该指标体系中第八个因素而变化。一种叫作路径分析的方法被用来进行数据分析。一些人口统计变量如各州的城市化水平、收入的不均衡程度、年龄分布以及人口中单身或离异男性的比例也被纳入分析。

另外一项平行研究使用了另一套测量体系——暴力赞同指标体系（the Violence Approval Index）。该体系的建立基于特定情境下市民对暴力的态度调查。在这份态度调查中，市民被询问如“在某些特定情景下，诸如你在街道上被一名醉酒的陌生成年男子撞倒后，对这名男子以拳相向是否被允许”等问题。

在这两项研究中，城市化水平和离异男性所占人口比例两项人口学统计变量对强奸案发生率的预测能力很强。同样，合法暴力指标体系也对预测强奸案的发生率很有价值，而暴力赞同体系虽然也有预测强奸案发生率的价值，但是缺少显著性。Baron 等人通过复杂的分析有力地支撑了他们的结论，即“社会对于无关乎性别和犯罪的暴力的认可与强奸犯罪之间有着独立于控制变量影响之外的显著相关”（见 Baron et al.，1988：95）。

在西方社会中，性侵犯和强制行为比官方的统计数据广泛得多。对成年女性的调查显示，多达 50% 的人在 14 岁之后的某个时间遭受过某种形式的性侵害，然而其中只有不超过 10% 的人向警方报了案（见 Mashall，2001）。另有调查研究表明，相当部分的男性对两性间的强制行为持支持态度，尽管这个态度随着他们年龄的增长、与女性的接触增多以及其他因素而有所改变（见 Bell et al.，1992，Bean and Malamuth，1997，Aronacki et al.，2002）。这就质疑了“性暴力是少数精神病态男性的孤立的特殊行为”的观点（见 Scully，1990：161）。Scully 提倡两性平等主义者的观点，并假设性暴力源于社会文化：“男性学会强奸”。通过社交学习与认知，这种文化中内嵌的价值与态度被灌输于个体。这不仅发生于儿童时期抚养人参与的社会化过程中，而且受到媒体与广告中女性形象的影响。然而个体差异也很重要，严重性犯罪者只是少数男性和极少数女性。

一些其他过程也被认为是导致性攻击的因素。虽然有很重要的交叠，但各种因素的不同组合被分别认为影响到对成人的强奸、对儿童的性虐待及青少年性犯罪的发生。就强奸而言，涉及以下影响因素（见 Prentky，1995；Marshall，2001）。

- 社交困难。很多研究表明，有多次性犯罪的人在人际交往或形成与他人亲密而持久的人际关系方面存在困难。部分原因可能是他们缺少自信或一般的社交技巧。另外，他们可能通过不适当的而且最终无效的方式来谋求亲昵与依恋，并碰到麻烦。那些方式可能是运用力量控制别人、习惯性的乱搞来满足亲昵需要，或者形成对儿童的浪漫依恋。这些方式被认为是起因于个体自身的社会化经历中缺少对社交技巧学习的机会或者未能形成安全的依恋模式。

• 同情心。对被害人缺少同情心可能是任何暴行未得到抑制的重要因素（见 Prentky，1995：161），并且被认为是性侵害中一个主要有效因素。然而同情心很难评定，而且近来的研究也认为性犯罪者也许并非原先普遍猜想的缺失这种能力。更确切地说，他们只是对他们的被害人缺少同情心。例如，他们也许会对意外事件中的女性受害者产生与非犯罪的参照群体同样的同情心，但却很少对他们自己罪行中的受害者怀有同情。也许应该说性犯罪者同情心的缺失不可救药地与他们的认知扭曲相关（见 Marshall et al.，1999：84）。

• 认知扭曲。这是指犯罪者自我安慰的思维模式，在这种思维模式中他们创造条件使非法性行为获得许可，或使他们远离犯罪的消极方面。例如，他们将性动机错误地归因于受害者或受害者的情绪反应。男性可能接收“强奸神话”的观点，认为女性暗自渴望被强暴。在犯罪后，犯罪人可能否认他们行为的责任或者竭力掩盖他们造成的伤害。Marshall 等人（1999）在他们对犯有严重性侵害的男性的研究中列出了几种认知扭曲类型。这里讨论的“认知扭曲”观点与第二章中讨论的一样，体现了类似“中立化”的特征。

• 性偏好与变态性兴奋。我们期望这会是区分性犯罪者与其他人的关键因素。但是，多数成人都显示出对与其他成年异性或同性发生性接触的偏好。另外，一些人偏好与儿童的性接触，还有的喜欢强迫性行为。这一般被认为是习得性的。通常具有攻击性的男性通过性幻想保持这种性兴趣，通过反复手淫强化这种性兴趣。

• 自尊与愤怒。与其他类型的犯罪一样，没有迹象表明性犯罪者与其他人之间在人格上存在稳定的差异。然而，另外一些特征被记录并用来刻画那些性惯犯的性格。这些特征是低自尊及对愤怒的低控制。这些特征并不是不变的，而且更可能从那些犯有更严重罪行的惯犯身上发现。

这个模型具有以下优势：一是虽然获得这一模型可能是困难的，但是这个模型是能被实验证明的，因为上述每一个因素都能被单独地界定。二是它提供了一个评估个体的框架。更精确的因素模型将是因人而异的，这也是为什么这个模型没有建立在犯有特定罪行的个体必然具有某种人格类型这一假设之上。但个体在上述领域中所得的函数可预测他或她将来犯罪的可能性，这个过程将在第五章中举例说明。三是这个模型还可以对为减少犯罪而设计的干预策略提供指南。这一点我们将在第六章中作更充分的阐述。

这个模型只用于犯有严重性攻击的成年男性，而不适合对其他人群作推论。例如，对占性犯罪比例1/3而作案人仅是年龄在12～17岁的年轻犯罪人就不适合（见Grubin，1998）。同样，其中绝大多数犯罪人也是男性。要理解此类性犯罪需要调用另一组不同的因素。Becker和Kaplan（1988）提供了对这个群体性侵害和性强迫犯罪的解释模型，认为十来岁的青少年性犯罪者受到很多其他情感或发展问题的影响。他或她也许感到被社会孤立而孤独无依，缺乏自信，经历家庭危机，在学校受到欺侮和歧视，低自尊，不活泼，出现认知扭曲，对愤怒情绪难以控制和宣泄，有些情况下还可能伴有物质滥用。这样的年轻人很可能发展为有性侵害倾向的成年人。然而迄今为止，这一模型只有少量验证被报道（例如，Shields and Jordan，1995，and Becker，1998），而且也都只提供了部分的支持。综上而言，这一领域的研究仍是有限的，许多关键问题仍在“批判地研究”中（见Hudson and Ward，2001：367）。

扩展阅读

心理因素模型和它们在不同类型犯罪中的作用，见 Clive R. Hollin 编辑的《犯罪人评估和矫治手册》（Chichester：Wiley 2001）。Ronald Blackburn 的《犯罪行为心理学》（Chichester：Wiley 1993）和 James McGuire 等人编辑的《犯罪人的改造与矫治：减少再次犯罪的有效程序和策略》（Chichester：Wiley 2002）中有些章节致力于对特定犯罪行为的研究。

第五章

犯罪的个体因素

一些犯罪学家认为，即使我们能有意义地区分开犯罪人群体和非犯罪人群体并研究他们之间的差别，采用那种以晦涩难懂的“人格”特质概括一切的心理学研究方法来研究犯罪也是错误的。试图依据“人格”一词表示的个体差异来解释犯罪的尝试还未得到大量经验性的支持。这个结论支持了对这种研究方法的理论假设的批评意见。一项独立的犯罪统计显示，在我们30岁之前，我们周围有大约1/3的人至少被逮捕过一次。更多的人则承认在他们一生当中的不少时期曾经触犯过法律。由此看来，对于“犯罪人”和其他人之间存在某种差异的期望似乎被误导了。

另外，认为那种差异确实存在的想法在原则上并非不可理解。随着时间的流逝，人们的很多特征的确会保持稳定。若非如此，那么人们之间的相互关系就会变得异常复杂。我们每天与他人的交往就是基于对这一观点的认可，即使人们喜怒无常或者变化多端，但在这些变化当中依然会有足够的规律性去认识他们的个性特征。如不这样，群居生活将会处于持续性的危险当中。

也许当人们发现有些个性特征与做事欠考虑、易怒、形成物质依赖，或者习惯于漠视和贬低别人的行为倾向有联系的时候，他们就不会如此震惊了，至少这为运用心理学方法去研究犯罪提供了一种假设。

但是，当分别对犯罪人组和非犯罪人组进行比较的时候，他们之间的差别确实高得让人难以理解。也许那些批评家反对这种人为假定的区分是正确的，但更为重要的是，这些假定的概念是如何构建起来的。另一种情况是，或许在那些大多时候都遵守或者间歇性不遵守社会规则的人当中确实存在差异，但我们尚未发现那些品质到底是怎样的，也没有发现有效的方法去评价和记录它们。

这些见解似乎都有道理，但第三种可能性看起来更可靠，即在那些被宣判有罪的人当中，获得的另一种高信度的结论。触犯法律的个体在犯罪行为方面具有不同的频率。因此，在分布的某一端，有些人会比其他人犯罪的次数更多。那么是否有一些心理因素可以将这类个体与那些仅仅是中度、低度或非常低的犯罪频率的个体区分开来呢?

大量的研究证实了这个结论，即在已知的犯罪群体当中只有一小部分人，只包含整体中的少数，却不成比例地制造了大部分的犯罪行为。来自很多资料的证据证明了这个结论。例如：

- 在英国和威尔士，来自国会下议院家庭事务委员会的数据（1933）显示，有很少一部分年轻犯罪人制造了相当大数量的犯罪行为。在出生于1973年的17岁年轻人当中，有不到1%的个体制造了他们那个年龄组中60%的犯罪行为。
- 20世纪最后几年对4000名年龄在12~30岁的被试者进行的“青年人生活方式调查”中也得出了类似结论。那些已经定罪的被试者中约10%的个体制造了近50%的犯罪行为，其中男性和女性大约分别占总体样本的2%和1%（见East & Campbell，2000）。
- 对在费城出生的不同时代的群体进行的两项长期调查显示，在这两项研究的样本组成中与警察有至少五次接触的个体（即“长期犯罪人”）虽然分别只占6%和7.5%，但他们却分别制造了63 %和61%的已记录在案的犯罪行为（见Tracy et al.，1985）。
- 斯德哥尔摩的一项类似的研究显示，样本当中有20%的被判刑两次或更多次的“重复犯罪人”制造了88%的已记录在案的犯罪行为（见Guttridge et al.，1983）。
- 哥本哈根的另一项研究显示，在样本当中，不到0.6%的因暴力侵害被定罪两次或多次的个体制造了全部男性样本中43%的暴力袭击行为（见Janson，1983）。

Andrews、Bonta（2003）和Rutter等人（1998）收集了其他支持这一观点的数据。就像我们在第一章中提到的，精确的比例在不同的研究当中是不同的，但是大体的模式可以被总结为如图 5.1 所示的一个“反写的 J 形”曲线。

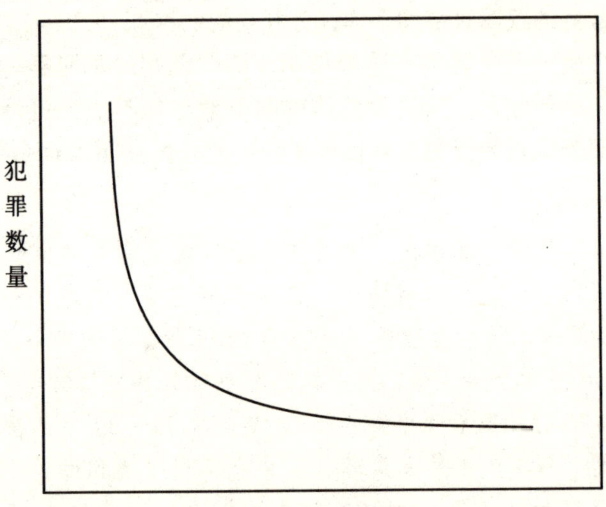

图 5.1 反写的 J 形曲线

至少在下面这个案例当中，适合于个体的这种结论也适合于他们的家庭。在匹斯堡的青少年研究当中，从 1517 名男孩组成的大样本中寻找了关于与研究群体有关的犯罪定罪方面的详细信息（见 Farrington et al.，2001）。研究发现，只有一小部分的家庭制造了不成比例的侵犯行为：“4 个家庭（家庭总数的 1%）中的 33 个人，总共被定罪 448 次（占所有定罪数的 18%）。”23 个家庭（样本的 6%）制造了半数记录在案的定罪行为。总样本中 10% 的家庭制造了接近 2/3（64%）的被定罪的犯罪活动。

与此同时，我们应该提到一个警告：给违反法律的个体贴上比如暴力的、严重的、持久顽固的或慢性长期的等负性标签所带来的后果是众所周知的。此外，我们是否过高地估计了少数惯犯所制造的犯罪行为在整个犯罪行为当中所占的百分数？英国的 Hagell 和 Newburn（1994）进行的一项研究暴露了一些问题。他们研究了由 531 名在 1992 年内被逮捕过三次或更多次的青少年“累犯”组成的样本，并试图依照某种标准去识别最“持久顽固”的特性。他们分别使用了三个独立的标准：（1）单一的一年内被捕次数；（2）三个月内已知和被断定的犯罪次数；（3）12～14 岁群体中犯有三起可被判刑的罪行。把符合任何一项标准的个体挑选出来，组成了一个 193 人的样本，在此基础上比较三个标准的重叠程度，发现只有 36 个青年犯罪者符合其中两项，只有三个人同时符合这三个标准。

下面这个显而易见的难题该如何解决呢？许多官方的统计和大量的调查研究结果显示，似乎犯罪人中有很小的亚群制造了大多数的犯罪行为，并且显示出一种重复违反法律的行为模式。但当我们更加接近地去观察他们时，他们几乎全部消失了。这种现象可能部分源于一种“小样本法则”的观点，即假设任何一个从其中抽取的子样本都可以复制出大样本中明显的行为模式。根据犯罪统计学原理，Hagell 和 Newburn（1994）调查了由年轻人组成的非常小的样本，与同龄人相比，他们确实制造了相对更多的犯罪行为。这些表明，由少部分的个体制造很大一部分记录在案的犯罪行为的证据似乎无可争议。

虽然 Loeber 等人（1998）承认像是关于“慢性的”和“持久稳固的”这类标签所产生的争论是由于随时变动，有时甚至是任意确定的分界点所导致的，但他们仍然试图通过用严格的法律条款来定义“严重的”和“暴力的”概念，从而使这一领域更加清晰。Loeber 和他的同事还指出，在这一领域所采用的任何定义都需要根据犯罪人的性别不同而有所不同。

为了研究青少年犯罪人的严重性、暴力性和持久稳固性/慢性特点之间的不同能否获得实证性的支持，Snyder（1998）分析了亚利桑那州 Maricopa 郡 1980～1995 年的犯罪历史数据。拥有2.4亿人口的Maricopa郡（包括菲尼克斯城）是美国第六大郡，它的财产占有率和暴力犯罪率分别高出全国平均水平75%和12%。

Snyder将犯罪模式分为以下几种。首先，将那些由于离家出走、逃学、未成年饮酒、违反禁宵令，或者交通肇事等原因与警察接触过的年轻人排除于研究之外。像这些行为在英国和其他许多国家是不会引起警察的注意的。在美国，它们被称为“情景犯罪”。除去这些案例，在这项研究中发现有151209名未满18岁的年轻人在学习阶段因违法犯罪而被带到少年法庭。

- 暴力犯罪：包括凶杀、过失杀人、绑架、暴力的性侵犯、抢劫和重伤害。
- 严重的非暴力犯罪：包括入室盗窃、严重的偷窃、车辆盗窃、纵火、持有武器和进行毒品买卖。
- 非严重性犯罪：包括未成年人偷窃、未成年人攻击、私藏毒品、品行障碍、恶意破坏行为、非暴力的性侵害。
- 慢性犯罪人：指那些在年满18岁之前曾4次及4次以上被移交到青少年法庭的个体。

样本的大部分（85.4%）被归为“非慢性的”。更确切地说，他们虽然制造了很严重的违法行为，但涉案次数少于4次。这一组成员的平均违法行为次数是1.39次。与其相对应的，被定义为“慢性的”个体涉及的违法行为平均次数是6.56次。在后者中，有7.9%的个体制造了至少一次严重的非暴力犯罪，0.9%的个体制造了至少一次暴力犯罪，3.3%的人在上述每种犯罪类型当中至少违反过一次。最后一个更小的群体（2.5%）虽然也被定为“慢性的”，但没有任何严重的违法行为。累计起来，样本中的14.6%被定为“慢性的”犯罪人制造了整个样本所涉及的犯罪行为总数的44.6%，上述类型中严重犯罪类型中的58.2%和暴力犯罪类型中的60%都是他们制造的。越频繁的违法行为意味着可能越严重的违法行为。由 Snyder 定义的各种不同类型之间的关系见图 5.2。

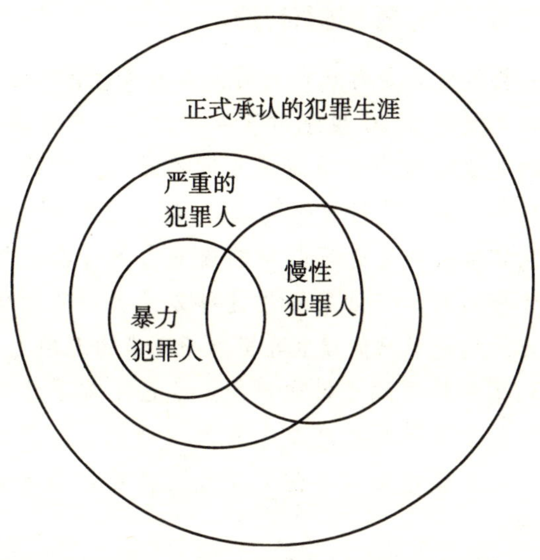

图 5.2 严重的、暴力的和慢性长期犯罪人的界定（见 Snyder，1998）

综合各种不同的研究，大多数的证据显示，所有那些曾经在青少年时期制造了 5 起以上严重犯罪行为的个体可能会是一个特殊的群体。更进一步讲，这种重复的犯罪行为似乎可能与这些个体随时间而相对稳定下来的个性特性有关。这有可能至少是他们人格当中的部分功能，即他们是什么样的人。但如果将重点集中于构建那些可通过自陈问卷进行测量的各种显著特性，那就会像以前的定义或概念一样太过狭隘。

一个更广泛的框架包含一群相互关联的特性，比如，传统的人格构想，及其他如日常的生活习惯，生活方式，对事物的态度，面对问题时典型的思考和行为模式等特征。社会学习理论的一个中心观点认为，随着发展，人们获得了行为和认知的模式，这是从他们的气质和学习面对社会环境中得到的本质收获。尽管他们通过积累经验培养了综合技能，并在某些领域表现得相对很强，但在其他方面却又经常出现困难。

支撑这一研究框架的证据来自几个方面，为了方便起见，我们将在稍后三个标题下进行讨论：

- 最主要的资料是对来自不同国家诸多地区的纵向研究，这些研究大约贯穿了20世纪后3/4的时间。在这类研究中，对同一代的儿童或青少年追踪了不同的时间，有的一直从他们出生到成年。由于这种方法对因果“时间序列”进行了描述，所以它常常被认为是可获得的最有力的证据。尽管考察这种联系十分困难，但如果不用这种方式去研究生命的过程的话，任何的结论都只能建立在更加不可靠的基础上。
- 另一些资料来源于横向研究。这里比较了已知的犯罪人样本和非犯罪对照样本在某个时点的不同。在调查某些变量的差异时，必须均衡（匹配）两组之间的其他变量，以消除它们影响。
- 第三项资料来源于评价性研究，即通过处理犯罪人某些方面的功能来达到降低累犯率，并对结果进行评价。假如我们比较成功的计划和失败的计划，就能为哪些因素导致了这种不同结果提供证据。虽然这种方法在某些方面不够直接，但它可以为前两类研究得出的观点补充证据。

近年来，与以往所采用的统计性回顾或元分析的方式相比，所有此类研究都受到了更严格的挑剔。因为这种方法对于解释数据和尽量从中获得结论是非常重要的，所以下面将讨论这种方式的必要性。

纵向研究

最早进行纵向研究的例子是在20世纪20年代的晚期，密苏里州的圣路易斯儿童指导门诊关于儿童发展性和暂时性问题行为的模式进行的研究（见Robins，1974）。研究的样本由6～17岁（中位数13）的524名儿童组成，同时还收集了

100 名在校儿童的数据作为匹配的非临床对照样本。30 年后，Robins（1974）于 1955～1960 年描述了一些早期的采用类似方式进行的研究，这些研究是在德国、挪威、瑞典进行的，涉及的研究对象是在 1903 年出生的儿童。

从此以后，这类被称作“出生队列研究”或专门小组设计的方案在全世界很多地方推广开来，如（大不列颠）联合王国、荷兰、丹麦、瑞典、芬兰、美国、加拿大和新西兰（见 Loeber and Farrington，1997；Andrews and Bonta，2003；Thornberry and Krohn，2003）。早期的这类研究是回顾性的，也就是说，有关参与者的信息是从稍晚的一个时间点之后收集到的。而近来一些主要研究的一个重要特点就是数据的收集是预期性的，也就是说，提前计划，并且直接记录个体发展中的那些预先设计好的时间点。这一结果较回顾性研究收集的数据信度更高，质量更好。在一些研究当中，两种方式都被采用。

所有这类计划都具有多个目标。其特点表现为研究者们会调查大范围的领域，包括儿童的健康状况、家庭功能、教育、职业、收入及生活方式，还包括与刑事司法系统的接触情况。大部分都采用这样一些信息来源，包括参与者本人，他们的父母、兄弟姐妹、同龄人、老师及其他专业人员。研究者们利用各种方法收集数据，比如，会谈法、学习记录、健康记录、犯罪记录、心理测量的评估以及对行为的观测资料。在这期间不可避免地会有时间的流逝，并会有生活事件的发生（有时是死亡），这就造成了样本量的耗损。Capaldi 和 Patterson（1987）回顾了九项长期研究，在持续十年之久的研究中发现了平均 53% 的保持率；如果一项研究能跨越如此长时间，这也许就不足为怪了。然而，其他一些研究在使样本丢失最小化方面表现得非常出色，他们能在更长时间的研究中，使持续接触率达到 85% 或者更好。

表 5.1 列出了许多非常著名的此类研究（包括所有在本

书当中所引用的），其信息主要包括年龄跨度和关键的背景资料。列出来的方案中有许多还在进行着。虽然这些研究的基本设计在本质上是相似的，但在它们之间也存在着一些值得注意的差别。比如，在对一个独立的出生队列的研究中，从研究的开始到最后一个数据点的收集都受到了关注（剑桥的研究）。在另外一些研究中，许多重叠的亚群，其平均起始年龄都不相同，也被相应地关注了一样长的时间（丹佛和匹兹堡的研究）。那种形式被认为是一种加速的纵向设计。此外，还有一些研究数据是从一些家族连续的两到三代中收集到的（休斯敦和圣路易的研究）。

表 5.1　精选的犯罪发展纵向研究

研究项目	最初样本量 n	年龄范围（year）	资料来源
伦敦及怀特岛研究（英国）	1689 1279	10 ~ 25 10 ~ 14	Rutter（1981）
纽卡斯尔千户调查（英国）	1142	0 ~ 22	Kolvin et al.（1988）
剑桥犯罪发展研究（英国）	411	8/9 ~ 40	Farrington（2003）
哥本哈根出生队列研究（丹麦）	28879	0 ~ 30	Guttridge et al.（1983）
首都斯德哥尔摩项目（瑞典）	15117	0 ~ 30	Wikström（1990）
芬兰纵向研究（芬兰）	369	8/9 ~ 26	Hämäläinen and Pulkinnen（1995）
蒙特利尔出生队列研究（加拿大）	3142 934	0 ~ 23	LeBlanc and Girard（1977）
蒙特利尔纵向实证研究（加拿大）	1161	6 ~ 22	Tremblay et al.（2003）
克赖斯特彻奇儿童发展研究（新西兰）	1265	0 ~ 18	Fergusson et al.（2000）
达尼丁多学科健康和发展研究（新西兰）	1661	0 ~ 21	Moffitt et al.（2001）

续表

研 究 项 目	最初样本量n	年龄范围(year)	资料来源
圣路易斯儿童指导门诊研究(美国)	624 235	0~30+ 0~35	Robins(1974)
费城出生队列研究(美国1945,1958)	9945 27160	0~30 0~18	Tracy et al. (1985)
考艾岛纵向研究(夏威夷,美国)	698	0~32	Werner(1987)
国家青少年研究(美国)	1725	11~17	Matsueda and Anderson (1998)
纳什维尔-诺克斯维尔-布卢明顿研究(美国)	585	4~7	Doge et al. (1994)
爱荷华州青少年和家庭项目(美国)	378	12~14	Conger et al. (1994, 1995)
国家司法协会研究(美国)	1575	<11~18/40	Widom and Maxfield (2001)
俄勒冈州青少年研究(美国)	206	10~18	Reid et al. (2002)
丹佛青少年研究(美国)	1527	7~18 9~20 11~22 13~24 15~26	Huizinga et al. (2003)
休斯敦纵向研究(美国)	7618 6414	12~40+ 12~15	Kaplan(2003)
匹兹堡青少年研究(美国)	503 508 506	5~14 8~17 12~19	
罗彻斯特青少年发展研究(美国)	1000	13~22	Thornberry et al. (2003)
西雅图社会发展调查(美国)	808	10~24	Hawkins et al. (2003)

这些计划在“分析单元”方面也有不同。虽然大多数案例采用个体为分析单元，有些案例中则是采用家庭为一个分析单元（爱荷华州的研究）。在大部分样本中都包括男性和女性，二者的数量大致相当，可是有些研究采用分层取样的方法，这样男性得到了更多关注（在罗切斯特的研究中），甚至有少部分研究只关注男性。很多研究特别是在美国进行的研究中包括了多个种族群体，这当中的许多样本主要是非洲籍的美国年轻人，还有相当一部分是西班牙籍或墨西哥籍的。在夏威夷考艾岛的研究样本则主要是由日本、夏威夷以及菲律宾儿童所组成。

在这些研究中，始终发现只有相对小部分的年轻人或成年人对相当大部分的犯罪行为负有责任。这就导致了对那些经常被发现与“犯罪生涯”（在个体一生当中长期陷入犯罪行为的一段特殊经历）有关变量的关注。这种方法被称作为发展犯罪学（见 Loeber and LeBlanc，1990；Farrington，2002）。

发展途径

基于这些大量的证据，就有可能建立个体发展中各种因素的详细列表，而这些因素将有利于了解犯罪行为何时何地出现以及持续的时间。Farrington（1996）编制了各种变量的主要类别，这些变量显示出对儿童发展途径具有相关重要影响。它们是：

- 产前和围产期的因素：儿童出生前和分娩中的健康及影响因素。
- 多动和冲动，给父母带来挑战的“难相处的性情”因素。
- 父母在儿女培养过程中的监管、训练和态度。
- 破裂的家庭，特别是长期破碎的家庭与显著的情绪低落有关。
- 父母有犯罪行为，最常见的是父亲，但是在许多情况下是父母双方或哥哥、姐姐，还有祖父母、伯父、叔父、姑妈、舅妈等。

- 在人口众多的家庭中，父母对每个孩子的关心减少，并增加了互相冲突的可能。
- 社会经济剥夺和由此对家庭造成的内部压力。
- 低于平均水平的智力和受教育程度降低了一贯以职业和收入来定义的成功的机会。
- 同龄人的影响，包括态度和行为，正如我们在第四章中看到的那样。
- 学校的影响，最重要的是一个学校的运转方式和它的风气。
- 社区的影响，包括犯罪的机会和邻里环境因素。
- 情景变量，如当前人们之间的联合和他们之间的交互作用。

风险和保护因素

就如在第二章纵览过的综合模式一样，Farrington（1995，1996，2002）和其他研究者们所倾向采用的实证导向的研究方法导致了犯罪的概念化，由此产生的理论并不认可直接的因果决定因素。取而代之的是，犯罪被认为是由一系列的危险因素和保护因素相互作用或相互结合而产生的。

危险因素是指个体或环境当中的变量，就像上面列出的那些因素，已经显示出了与卷入犯罪活动的更大的可能性有关（见 Blackburn，1993）。目前这些因素之间似乎存在着累积和相互作用的效果，尽管这些变量的种类不能只是进行简单相加。危险因素之间确实以一种还没有被完全理解的方式相互影响着。包括 Patterson 和 Yoerger（1993）在内的几个研究者为这种方式提出了综合性模型。他们假定在纵向研究当中发现的因果关系模式对孩子们在认知评价、社会认知技能及在分析和解决人际关系问题的典型模式等方面都会产生发展性的影响。

与此相对应，在相反方向起作用的保护因素则可以“提高那些暴露在高风险水平的个体的顺应能力，并保护他们”（见 Catalano & Hawkins，1996：153）。这样，即便处于不利的环境当中，也会有一部分暴露在高风险因素当中的个体不会采取反社会的行为。在纵向研究当中，被认为是重要的保护因素有家中长子、来自一个小的家庭、高智商、看护者高度的关注和健康的母爱。然而，保护因素并不是危险因素简单的倒转，二者之间的相互作用是非常复杂的（见 Lösel & Bender，2003）。比如，社会隔离可以通过降低同龄组的影响而成为防止很多犯罪形式的保护因素，但是却不能保护青少年远离情感或心理健康等问题的功能紊乱状态（见 Farrington，1995）。此外，从危险因素到真正出现反社会行为的路径也许不是单向性的：在这个路径中可能出现逆转（见 Rutter，1989；Lösel & Bliesener，1994）。

Wikström 和 Loeber（2000）的研究显示，在危险因素、保护因素和邻里关系的影响之间存在着复杂的相互作用。在高风险因素下，不管邻里关系如何，年轻人都有可能卷入犯罪行为。同样，不管邻里关系如何，各种保护因素比如良好的父母监督、学习的动机、内疚体验等都会降低青少年早期犯罪行为发生的可能性。然而，在不良的邻里环境下，即便是“适应良好”的孩子，卷入犯罪的危险性也会随着年龄的增长而急剧增加（这就是第三章提到的个体和环境变量之间的相互关系的一个实例）。总之，Wikström 、Loeber（2000）和 Elliott 等人（1996）都认为，在预测少年犯罪方面，个体风险因素和保护因素要比邻里环境特征好。

纵向研究的另一个重要结果是对不同行为类型的持续性和非持续性模式的更清晰的理解。在大多数案例当中，那些能被贴上“犯罪”标签的行为与以前就存在的其他行为模式有关。仅就官方统计的一个关注点，即“犯罪行为从哪里开始变得持久了”就部分地说明了这一点。频繁的青少年犯罪和成人犯罪通常所具有的前兆为家庭暴力、在校恃强凌弱或者严重的行为障碍。因此，Farrington（1994）赞成在年轻人当中既要调查官方的青少年犯罪记录，同时也要关注在青少年当中其他形式的问题行为。

综合性研究成果

纵向研究所得的数据量是非常庞大的，在犯罪学研究领域表现得更为普遍。要理解它们的含义是一项巨大的工程。更何况我们如何才能透过数以百计的研究思路各异的潜在研究来洞悉它呢？近年来，一种解决这一问题的独特方式已经被广泛地应用于社会科学领域，并且实际上已经被当成一种标准方法。

通过研究去构建理论的过程包括几个阶段。用于构建的材料是个案研究或重点研究。就像某个特定研究的结论的积淀，研究者们会周期性地将他们聚在一起，去观察是否产生了明显的趋势。这种回顾性研究活动包括两种主要形式。传统的方法是一种描述性方式，研究者们阅读了所有能得到的涉及特定问题的文献资料，然后形成一篇综述。一篇好的综述是非常有价值的。但是，当研究数量非常巨大时，得到一篇清楚的综述就非常困难了。为了克服这一困难，研究者们设计出了另一种方法，用以将所有个案研究的统计结果作聚合分析。这种方法被称为元分析法，不同于个案研究中数据的最初分析，它是对这些数据结果的再分析，所以也称为二次分析，其作用是通过再分析对个案研究的数据进行检查，或者从那些数据当中发现新的信息。

虽然元分析方法并不是一种新方法，但是直到20世纪70年代晚期才开始被频繁地使用（见Glass，1976）。比如，Glass等人（1981）采用这一方法解决了一个长期困扰其的问题，即班级规模（或者更确切地说是学生和教师的比率）与年轻人的教育成绩之间是否存在关联性。Glass和他的同事们应用元分析的方式回顾了300多项已发表的涉及超过90万名参与者的研究，他们的回顾清楚地显示，在控制其他可变量时，班级规模和教育成绩之间有一种明显的相关性。比如，将一个班级由40人减少到15人，就会使考试成绩平均提高20%。

在任何一个研究领域，能够利用的原始研究资料都存在很多的差异，下面是已经发现的一些有代表性的差异：

- 研究所在的国家和语言；
- 资料的完整性；
- 发表与否；
- 样本的大小和组成成分；
- 样本的描述性信息的数量；
- 研究设计和研究方法的质量；
- 提供研究程序的详细程度；
- 研究数据的分析方法。

由于各研究之间差异众多，所以进行元分析研究的困难程度就可想而知了。当然有些时候，在进行元分析的资料中的确缺乏可识别的趋势，但更多的时候是，它们之间可觉察的趋势被资料的数量和它们当中存在的其他的差异所掩盖。

元分析的结果通常以一种综合性的结果变量的形式进行报道，即“效应量”。效应量如此重要，就好像是元分析研究的全部目标一样。我们将在第六章中看到几个不同的效应量的测量方式和报道时所用的众多版本。最常用来检验变量之间关系的统计值是“相关系数”。它有很多计算方式，但都能得到一个统计值，告诉我们两个变量之间有多大的相关性。比如，我们可以验证早先某时点到其后某一特定时间点的两组定罪数之间的关系，从而预计后两年内的重犯率；或者测量敌意的态度与攻击他人之间的关系。如果这些相关性在很多研究中被计算出来，那么通过检验它们的平均数，我们也许能够得到一个系统性的结论。

通过元分析发现的风险因素

元分析方法已经被广泛地用来揭示个人、家庭、社会和其他变量之间的关系，同时还被应用于研究犯罪或其他反社会行为，特别当这些行为变得重复或不易改变时。比如，Lipsey 和 Derzon（1998）曾经应用这种方法，将许多纵向研究的结论进行合并。他们最初的兴趣是研究哪种变量对预测 15～25 岁之间会发生严重的或者暴力性的侵犯行为的效果最好。他们将 34 个相对独立的研究结合起来，每个样本有 200～500 个参与者，总共得出了 155 个效应量。对于预测因素的研究是以两个较早的年龄范围为基础进行的：6～11 岁和 12～14 岁。每个研究的预测点和统计点之间的样本损耗率都小于 5%。在试图用元分析法对原始研究结果进行处理时，导致结果有所不同的一部分原因被归结于各研究采用的不同方法。因此，最重要的就是首先检查各研究采用的不同方法之间的差异程度，并将其纳入分析当中。

这种方法一经采用，Lipsey 和 Derzon 便从两个最初的年龄范围之中发现了可以作为最好的预测指标的略有不同的因素。比如，从 6～11 岁到 15～25 岁之间最好的预测因素是曾经有过各种形式的犯罪史、物质滥用、男性基因、家庭社会经济地位、父母曾有过犯罪记录。而从 12～14 岁到 15～25 岁之间最好的预测因素是缺乏社会联系、有反社会的同龄人和先前的犯罪史等。

另外三项元分析则报道了导致青少年重复犯罪的预测因素。Simourd 和 Andrews（1994）回顾了 1994 年之前 30 多年里进行的、无论发表与否的研究。他们锁定了 60 例研究，在众多因素与犯罪卷入水平之间总共发现了 464 个相关性（但是排除犯罪史变量）。最有效的预测因素是反社会的同龄人和态度（不幸的是，作者并没有分别检测二者各自的效果）、气质和不良行为问题、较差的学习成绩，以及亲子冲突。其他因素，如社会经济地位和自我报告的个人苦恼与犯罪行为之间没有相关性。Simourd 和 Andrews 回顾研究的主要目的就是确定在不同性别之间预测累犯率是否存在差异。然而，这种差异并未被发现，在多种不同因素面前，各种模式对男女性累犯率的预测效果都非常相似。

Cottle 等人（2001）回顾了在 1983 ~ 2000 年间的 25 例已公布的研究，这些研究由 22 个独立样本总共 15265 个参与者组成。尽管青少年阶段第一次被法院拘留的年龄和第一次被捕的年龄是两个预测累犯的最有效的因素，但之前被拘留的次数只是一个相对有效的预测因素，而以前被逮捕的次数则是相对较差的预测因素。具有不良行为伙伴是一个非常有效的预测因素；与此相比，社会经济地位则是一个相当微弱的预测因素。Cottle 和她的同事们没有直接检验态度、认知或人格等变量。

Hubbard 和 Pratt（2002）分析了女孩当中少年犯罪的预测因素。他们调查了所有已发表的预测女性少年犯罪的研究，虽然他们没有给出研究的总数，但他们从含有 5981 个参与者的样本当中评估了 97 个效应量。就像 Simourd 和 Andrews 一样，他们发现了与青年男性相似的预测因素。这包括反社会的同龄人（效应量 0.53），之前反社会行为的记载（效应量 0.48），反社会型人格（效应量 0.21），态度和信仰（效应量 0.18）。然而，也出现了一些其他的因素，包括校内的关系（效应量 0.17），身体或性伤害史（效应量 0.21），家庭关系（效应量 0.17）。像其他多数研究一样，社会经济地位是一个效果很低的预测因素（效应量 0.03）。

对于成年人，最有效的预测犯罪的因素已经在 Gendreau 等人（1996）进行的元分析当中得到了阐明。这项实验利用了 1970 ~ 1994 年之间的总共 131 个已发表的研究，样本量接近于 70 万，并且在预测变量和累犯之间产生了共 1141 个相关性。这项回顾研究调查了 18 个“预测领域”，包括人口统计学、家庭背景、犯罪史和个体功能变量等。最有力的预测因素是：在人际关系网中有同伴或者他们自己也一起卷入犯罪、表现出反社会的态度或认知、经过几次心理测验的测评或结构式会谈后有一次被评估为反社会型人格、成年或青春期的犯罪史。

Simourd 和 Olver（2002）对 381 名加拿大男性囚犯进行的一项研究，就强调了对于犯罪和犯罪性的意见的重要性，并对他们的结构进行了举例说明。样本当中的年龄跨度从 19 岁到 60 岁，代表了几个不同的种族群体，并且他们以前被定罪的平均次数超过了 13 次。他们被要求完成一个修改版的《犯罪情绪量表》，这是一个关于对法律和犯罪的态度、信仰及价值评价的个人自陈问卷。结果支持了早先的发现，那就是某些态度会促进犯罪的实施。一是个体对于法律及它的强制性的一般性观点；二是对将违反法律作为满足个人需要的方式的信仰或容忍程度；三是以“那些犯罪的人”自居。这些态度与预测犯罪行为的几个独立指标，如拒捕、暴力拒捕、违反监管制度，重新判决和再次监禁，具有适中的但达到统计学意义的相关性。

通过评估结果确定的风险因素

测试不同变量重要性的另一个途径是比较干预的相对效果，集中于个体功能的不同方面和他们重复犯罪的风险。表 5.2 显示了由 Dowden 和 Andrews（2000）报告的采用元分析法研究青年人重复犯罪有关因素的一些结果。这些项目根据平均效应量降序排列，对于计算平均效应量有贡献的研究数量位于表格的右侧，表格中最上面的一个条目（犯因性需要 criminogenic needs）是指一系列综合了犯罪同龄人（影响）和反社会倾向的因素，这些在前述的回顾性研究里都曾明确指出。

表 5.2 容易产生犯罪的动态风险因素（源于 Dowden 和 Andrews，2000）

变　量	平均效应量（r）	研究数量
一般犯因性需要	+0.36	47
家庭：监管	+0.35	17
家庭：影响	+0.33	24
治疗阻碍	+0.30	12
自控	+0.29	40
愤怒/反社会情绪	+0.28	41
职业技能 + 工作	+0.26	9
理论的	+0.23	51
亲社会模式	+0.19	19
反社会态度	+0.13	17
减少反社会同龄人	+0.11	8
职业技能	+0.09	17
防止复发	+0.07	7
（任何）物质滥用的治疗	+0.04	11

这项工作的核心目的是检验“个体在以往的犯罪（像在横向研究中记载的）和未来的犯罪（像在纵向研究中记载的）中的变化可能源于情境因素、环境因素、人的因素、人际关系的因素、家庭的因素和结构/文化/经济等因素，而不是偶然因素”（见 Andrews，1995：36）。对与犯罪有关变量的 372 例研究所得出的综合性证据支持了这一命题（见 Andrews and Bonta，2003）。Andrews 和他的同事按照人口学变量如性别、年龄和种族等，及研究型变量包括测量“犯罪”的具体方式和研究设计的类型等，采用复合分组和独立分组的方式分析了这些研究。最后得出了下列可证实与犯罪风险有关的主要因素：

- 反社会或者亲犯罪的态度、信念和认知—情绪状态；

- 结交亲犯罪同龄人；
- 许多气质和个性因素，包括冲动性、不安定的攻击性能量、自我中心主义、缺乏解决问题和自我调节的技能；
- 各种各样的反社会行为史；
- 家族犯罪史，父母监督和管理不良的证据；
- 较低水平的自我观念、教育背景、职业或经济收入。

退后一步稍稍纵观一下上面的内容，我们就会发现在所得的结果中存在很多不同之处。考虑到复杂的影响因素的作用和多项研究的混合，这些不同也就不足为怪了。所有这些代表了一种进展，并且产生以更多研究来检验和补充所得结果的需要。

然而，对于那些看起来似乎可以区分年轻人或成年人陷入某种犯罪模式，特别是严重犯罪或持续犯罪模式的风险因素，在各项研究中的一致性程度是非常高的。当犯罪史变量被纳入分析之中，它们表现出对于未来犯罪行为的很强的预测性。就预测目的而言，这是很重要的信息，但它本身并没有多少可解释性的价值。其他一些研究和回顾，通过对社会交际网、生活方式、态度、价值，或已报道的问题等方面因素的区分和论证，带我们深入到了犯罪和人口统计学之中，并且显示了更多不连续的接近或远离犯罪的途径。

总之，目前这一领域内有大量的信息。我们收集的上面那些影响因素来自横向研究，这些研究对与刑事司法系统有不同接触程度的个体进行了比较。探索发展顺序的纵向研究所得出的结果进一步强调了这些影响因素。致力于这些因素的改造措施可以减少重复犯罪，进一步证实了这些影响因素。这些结果共同证明了这些影响因素在个体水平引起和维持犯罪行为的重要作用。

静态因素和动态因素

从这类分析中出现的有效差别是在静态和动态的风险预

测因素之间。静态风险因素一般由在某个特定的时刻就已经被提前确定或决定了的（通过以往的事件）人口统计学的或犯罪史的变量构成，如性别、第一次被宣判有罪的年龄、有犯罪前科的父母、目前的年龄、犯罪行为的类型和以前被定罪的总数。相对来讲，动态风险因素随时间的流逝改变得更加迅速，并反映了个体的内部状态或暂时的一种境况，包括态度和认知、每天的同伴或交往的人、冲动性、自我管理和控制（或者没有）、物质滥用的类型或程度。研究显示，这些因素在重复犯罪的过程中起着非常重要的作用（见 Zamble & Quinsey，1997）。当 Gendreau 等人（1996）将早期元分析引用的各种不同的因素组合在一起时，发现这些因素平均而言比人口统计学和犯罪史变量更具有与累犯的相关性。

犯因性需要和非犯因性需要

另一种被广泛应用的区分是“犯因性需要”和“非犯因性需要”，这是出自 Andrews、Bonta、Gendreau 及他们同事的专业术语，是指那些个体功能方面的不同，如果这些因素被改变将会影响重复犯罪的可能性，由此区分于那些不能影响累犯可能性的因素。例如，如果能够证明个体的态度，或者卷入犯罪的同伙的数量是可以改变的，那么就可以增加减少累犯机会的可能。这类已经确定的动态风险因素在此被称作“犯因性需要”。如果我们希望降低累犯风险的等级，那么将他们作为改变的目标就显得非常必要。相反，如果将其他因素作为改变的重点，减少犯罪行为的希望会很小。那些因素包括宽泛的或模糊定义的情绪问题或个人问题，如对焦虑或情绪低落的感觉，或者个体的自尊水平。就如我们将在第六章中看到的，当我们将它们作为干预程序的目标时，有时会导致累犯的增加。

这并不意味着我们可以忽视后一类型的因素，在一些顽固的观念中，这些因素最有可能专门用于解决犯罪行为。不论是否触犯了法律，个体都会接触这些因素。区分这两类因素的争论仅仅是因为手头的证据显示，重视后一类因素本身并不足以修正犯罪行为。这颠覆了多年以来普遍认为的通过对犯罪人施加影响就可以改造他们的假设。这也引发了一系列关于刑事审判作用的重大难题，在第八章中，我们会给出答案。

特定的风险因素

迄今为止，我们讨论过的任何研究都不能让我们得出一个清晰的结论，那就是相对于其他因素而言，是否存在一种独特的发展性的风险因素与某个单一的犯罪类型有关。大多数重复犯罪的个体并不是他们触犯的那一类违法行为的专家。例如，《剑桥青少年犯罪发展研究》显示，“导致攻击和暴力的原因与导致持续而极端的反社会、违法和犯罪行为的原因在本质上是相似的”（见 Farrington，1995：945）。Andrews 和 Bonta（2003）通过回顾研究关于一般犯罪、暴力、性犯罪和精神病人犯罪的一系列风险因素，进一步强调了这个观点。基本上，在一系列因素当中只有一小部分可以像在第四章中看到的那样被分辨出来，尽管这像是工作中的不同程序。

无论如何，人们已经尝试将具体犯罪类型中的风险因素单列出来，并将继续努力下去。属于这一类的研究文献卷数众多，尽管其中针对不同的犯罪类型的分布并不均衡，表现出集中于各种暴力犯罪的趋势并不奇怪。下面用三个例子来说明这类工作。

青少年性犯罪

很多研究致力于青少年的性侵害。有代表性的比较显示，他们似乎比其他攻击型的青少年群体更多地遭受了父母的暴力（见 Ford & Linney，1995）。他们还被描述为更加孤立，与家庭成员及同龄人的社会关系很差（见 Vizard et al.，1995），这和在元分析当中将普通犯罪中的同龄人的影响视为一个主要因素是不同的。Hudson 和 Ward（2001）进一步说明了此类青少年的攻击形式。

Worling 和 Längström（2003）回顾了对于累犯风险的调查，有效地总结出几个因素预测：不正常的性取向；曾经因性犯罪被制裁过；之前有两个或两个以上的受害者；选择陌生人为受害者；社会孤立；没有完全参与到治疗计划中。其他被认为可能是预测因素的有：与父母关系异常；支持性侵犯的态度。另外几个变量被认为有可能是风险因素，但还没有得到实证研究的充分支持。与普遍观点不同，不论是青少年还是成人，其童年的性被害经历与其屡次性犯罪之间并没有很明显的关系。同样，否认性犯罪经常被假定为高风险性指标，却与随后较低的重新犯罪率有关（见 Worling & Langstrom，2003）。

参与团伙

作为犯罪团伙中的一员，就意味着与更严重的违法行为包括暴力犯罪有关。Hill 等人（1999）采用前面提到的一项纵向研究《西雅图社会发展项目》的数据来作为团伙成员的犯罪风险因素。Hill 和他的同事们寻找了处于 10 ~ 12 岁和 13 ~ 18 岁两个年龄段参与团伙者的犯罪预测因素。他们的样本中 808 个来自不同种族的年轻人里大概有 1/6 的人曾被报道在某种程度上属于一个团伙。有几个风险因素显示出对团伙成员犯罪的预测性，包括年轻人在邻里关系中陷入困境的数量和在当地获得大麻的可能性。被安排与双亲之外的人生活，以及在学校表现不良，都与增加风险有关。就个体而言，当年轻人表现出这些具体行为，比如在 12 岁之前就被报道有暴力行为，在 12 岁左右就尝试大麻，抵制传统信念等，这些个体就很有可能加入团伙。起作用的风险因素的数量和成为团伙成员的可能性之间有很强的相关性。那些暴露在 7 个或更多的风险因素下的个体成为团伙成员的可能性是没有或仅有一个风险因素的个体的 13 倍。

不断增加的校园谋杀案

面对不断增加的美国学童制造的令人担忧的凶杀案，人们试图确定是否有某些具体的风险因素造就了这些“校园杀手”。通过多学科专家团对这类 18 起系列事件的深入调查研究，联邦调查局公布了一项“危险评估”的文件（见 O’Toole，2001）。这项研究的目的是给高年级的教育者和高年级学生的父母们提供一种指导，使他们能够识别学生有可能会释放破坏性暴力的危险信号。

这项研究产生了一种“四维评估模式”，需要分析学生的人格、家庭动力学、学校动力学和社会或社区动力学。在个体水平有多达 28 种特性被确定为可能的指标。当个体制造的威胁有可能是真实的，如当它们有“直接而明确的受害者、动机、武器、时间和地点”时，这些威胁的很多属性将会受到更加认真的对待（见 O’Toole，2001：9）。研究结果的列表中具体项目的权重很难进行评估。比如，一个参加家政课的犯罪人，将一块蛋糕烤制成枪的形状，这本身可能预示着其具有丰富的恐怖想象力，或者是对幽默的古怪感觉。教育文章和其他有关问题青年的著作，显示出了暴力这一循环性的主题。因此，为了避免对一个年轻人进行不公平的标签化，报道强调了观察全部指标因素的重要性。

犯罪的两种模式

将到目前为止发现的证据都结合起来，就会有充分的一致性去证实很多结论是正确的。在可能出现犯罪行为方面存在很大的个体差异。我们当中的许多数人，也许是大多数人，在人生的某个阶段触犯过法律（通常在青春期，而且以较轻微的方式），其中有些个体具有很严重的犯罪行为。多年以后，那些差异当中显示出了相当数量的稳定性。因此，一个人过去的犯罪记录为预测他将来有可能出现类似行为提供了合理的根据。心理学或者社会心理学变量中的个体差异提供了预测未来犯罪可能的同等或更优的指标。

因而，可以公平地说，很多人在一生中只有一次或两次违法行为，而另一个小群体制造了更加频繁的犯罪行为。后一群体可能具有特殊的心理“标签”（该术语在第三章中曾使用过，见 Shoda et al.，1994），表现出对特定情景的习惯性反应。

为了尝试弄清这些发现为何明显的不平衡，Moffitt（1993）提出了在发展中的不同路径模型。其关键在于区分各有其特性和原因的两种犯罪类型：

- 仅限于青春期的犯罪。这涉及了大多数的犯罪行为，发生频率的最高点出现在青少年阶段的中到后期，但随后出现频率减退。“作为青少年犯罪的一部分，青春期违法行为实际发生率的急剧增高，似乎是十多岁时生活当中的一个正常部分。”（见 Moffitt，1993：675）其根源是青少年个体在身体上、情绪上和社会功能上的不同成熟度，以及在争取独立的过程中与成年人之间的冲突。以这种方式来表现是因为“持续的青春期中长期的变化产生的一种年龄性的动机状态”（p. 689）。在世界上比较富有的国家里，这种类型的犯罪从21 世纪早期开始增长得非常明显。
- 持续一生的犯罪。其早期出现的问题行为通常比较严重，而且会持续至成年。Moffitt 认为，那表明这种模式有时可能被当做第一组的行为榜样。她同时还估计他们大概占到了男性居民中的 5%。Moffitt 和其他很多的研究者们都认为，这一组的行为可能预示有精神病理学的原因。比如，她引用证据来说明这一组和大多数“仅在某个人生阶段内犯罪的”个体之间有一些潜在的神经心理学方面的不同。

这里最关键的是提出了有两种类型的犯罪行为，它们具有不同的起源并需要分别给予解释。可是，对于“持久稳固”组是否真正与众不同还不是很清楚。也许其中有一个亚群，其特征表现为神经心理学的损伤，或其他普遍的问题包括人格障碍（一个我们接下来要考虑的可能性）。也许就像Thornberry等人（2003）曾建议的那样，将普遍观察到的模式看作是个统一体要比看成是一种类型更加准确。Brezina（2002）已经提出了不同于精神病理学的很多可能原因，来解释为何有的个体违法行为会持续存在，其中涉及的社会化模式与本书的前两章曾讨论过的类似。

有精神障碍的犯罪人

类似Moffitt（1993）的观点暗示了精神病理学的改变可能导致重复犯罪。即便是对心理学持批评意见的犯罪学专家（例如，Roshier，1989），也承认了在犯罪和精神障碍之间的一些联系，虽然他们认为这种联系极其有限，并且仍然认为这些类别的应用是有问题的。基本的过失是由于心理学明显夸大了病理原因在犯罪中起的作用。这将我们带到了这一领域内的敏锐而又有争议的问题面前，那就是是否存在这样的联系。精神障碍能像早期定义的那样被看成是犯罪基因吗？

这一领域充斥着虚构的故事和错误的观点，不幸的是他们会持续不衰。标签化和烙印化依然很普遍，那些曾经有过特殊心理健康问题经历的个体依然被普遍认为是“危险的”。那些由深受精神障碍之苦的个体所制造的很严重的犯罪行为常引起轰动，而很多媒体对这种可能性所进行的耸人听闻的描述歪曲了他们的个人所承受的精神病痛。

通过对这些证据进行更加系统仔细的研究，发现并不支持具有精神障碍的人会对他人造成显著威胁的观点。Taylor和Gunn（1999）将英格兰和威尔士在38年的时间段内由患有严重精神障碍的人所制造的杀人案件的数目绘制成表。这类事件一般只占了所有杀人案中的一小部分，而他们的年发生率自20世纪50年代以后也出现了稳步的下降。《麦克阿瑟暴力危险性评估研究》对其他类型暴力事件的发生频率进行了研究，他们追踪了一个由精神病院出院的患者组成的大样本（n =1136），这些患者进入了美国三个城市的社区。数据收集每隔10周一次，持续收集了12个月，研究者们发现，研究组的暴力发生率并不高于居住在附近的对照组样本的暴力发生率（见Steadman et al.，1998）。

定义的问题

就像我们在第一章中看到的，如何定义犯罪这个问题是众所周知的难题。对于犯罪，还没有出现任何一致性的意见，一些作者质疑所有的尝试。在我们讨论犯罪和精神障碍之间是否有关系之前，阐明任何此类讨论所依据的概念是很重要的。但不幸的是，对我们中那些崇尚简单生活的人来说，关于精神障碍的定义是如此难以捉摸和易于引发争论。

研究它的最权威的方法来自医学的一个分支——精神病学领域，并基于它的概念和每天应用的诊断程序，以服务于以下四个主要目标（见Eastman，2000）：

- 对观测到的现象进行描述和分类；
- 原因论——为理解一种障碍类型和它的起因提供一种原因模式；
- 预后，或者预测一个问题可能的发展和结局；
- 对治疗干预的决策。

为了完成这些目标，创造出了针对精神障碍综合征的精细分类系统，如被广泛采用的《精神障碍诊断和统计手册》（DSM－Ⅳ；美国精神病学会，2000）与《精神和行为障碍国际分类》（ICD－10；世界卫生组织，1992）。

一些精神障碍确实存在明显潜在的神经病理学基础，尽管确切的类型还未探明。它们包括大脑退行性疾病，如阿茨海默病；发作性障碍，如癫痫；由于交通事故或者受到袭击导致的创伤性大脑损伤（见Lishman，1997）。

但是，大多数的心理健康问题都没有明确的器质性原因（见 Pilgrim and Rogers，1993；Mechanic，1999）。当然，大多数时候，发现任何直接的物质基础也不大可能。在不知道病因时，很多研究者对采用的心理健康问题的诊断框架提出了质疑。这导致了在精神科医生当中也出现了争论；而在犯罪学这一专业当中也出现了“批评”的趋势（见 Szasz，1961；Breggin，1991）。相似的分歧也在精神病学和其他专业包括心理学与社会学当中出现。所用的诊断充满了技术性问题（见 Clark et al.，1995），并且被指出更多建立于政治而非科学之上（见 Kutchins and Kirk，1997）。尽管有这些限制，但大多数对于犯罪和精神障碍之间关系的研究是基于诊断系统和类别进行的。

犯罪人中的心理健康问题

违反过法律的个体会面临各种各样的个人问题，有一部分还会出现精神障碍的症状。当这种状况出现的时候，出于个人的权利，会得到相应的医疗卫生保健。这也许能够部分地解释为何在刑罚机构有如此高的自杀和自伤率。很多研究也因此去调查在不同国家的犯人当中精神障碍的发病率。比如：

- 英国。在国家统计局的一项调查中，Singleton 等人（1998）采访了 3124 名犯人。他们发现，有 7% 的男性犯人、10% 的男性还押犯和 14% 的女性犯人达到了精神疾病的诊断标准，相应的符合反社会人格障碍的分别达到 49%、63% 和 31%，符合神经官能症的分别为 40%、59% 和 76%，有害或危险的酒精和药物滥用程度很高。总之，在这项调查当中，不符合主要诊断类别标准的人数低于 1/10。
- 美国。Steadman 等人（1989）对居住于纽约监狱的 3332 名犯人进行了一项调查。他们发现，有 8% 的犯人患有严重的精神障碍，另有 16% 的犯人经受着虽然轻微但仍需要治疗的精神紊乱。Teplin（1990）在美国的一个县级监狱随机抽样调查了728名男性犯人，结果显示，有6.4%的人符合主要精神障碍的诊断标准，如精神分裂症、躁狂症或临床抑郁症。一项类似的针对女性犯人的调查显示了更高的比率，为15%（见 Teplin et al.，1996）。

- 加拿大。Hodgins、Côté（1990）和 Motiuk、Porporino（1991）在对加拿大监狱内的犯人进行的调查中都发现，有相当比例的犯人正患有严重的精神障碍。如在安大略湖，符合各种障碍诊断标准的比例是：精神错乱（8.6%）；严重的抑郁症（11.9%）；一般焦虑障碍（27.9%）；药物依赖（36.7%）；反社会型人格障碍（59.0%）；酒精依赖（69.1%）。

通过回顾北美的文献，Lamb 和 Weinberger（1998）得出结论，在美国的犯人当中患有严重精神障碍的比例在地方和县级监狱中是从6%到15%，而在州立监狱的比例为10%～15%。通过对英格兰和威尔士的官方统计进行推断，Peay（2002）估计在2001年中，有大概4648名犯人患有各种形式的精神错乱，并且需要转入医院。通过一个大规模的，对12个国家的62项综合性调查，Fazel 和 Danesh（2002）推论认为，全世界范围内的犯人当中患有精神障碍的个体有可能接近数百万。

精神障碍和犯罪风险

所有数据都显示，对于监狱服刑人员的心理健康维护还远远不够。然而，被关押的犯人所存在的严重心理健康问题本身并不能证明是犯罪行为的风险因素。为了证明这当中的关系，我们也许需要收集每一症状类型的详细信息和每一个个体的犯罪类型。另一个来自反方向可供选的实现方式则是在那些已经确诊患有精神障碍的人当中研究犯罪活动。

各个类型的证据聚合在一起显示，目前可以得出两个主要结论。第一，与之前广泛持有的看法相反，总体上来看，甚至那些被诊断为具有相对严重精神障碍的人们也并不比全体人群更可能制造犯罪行为（或者这种可能性很小）。第二，近期很多研究都集中于就症状或者精神和情感状态的特殊类型是否存在某种例外情况。

Bonta 等人（1998）采用元分析的方法，回顾了一系列长期追踪调查研究，以期确定一些因素，从而可以很好地预测具有严重精神障碍的犯罪人重新出现犯罪和暴力的可能。他们将这一类的研究汇集组成了 68 个独立样本（总样本量为 15245 人），预测因素被分为四类：人口统计学、犯罪史、异常的生活方式和临床诊断（包括精神病学的诊断）。如表 5.3 所示，最准确的预测因素是人口统计学和犯罪史变量。当然，所有已获得的模式与那些没有精神障碍的犯罪人相比是非常接近和相似的。对累犯最差的预测因素是临床变量。值得注意的是，尽管反社会型人格障碍（按照 DSM 标准）与在未来出现犯罪行为的较高风险相关，但没有其他诊断类别显示出与此显著的相关性。事实上，精神错乱与未来的累犯行为呈负相关。

表 5.3　有精神障碍的犯罪人累犯的预测指标（见 Bonta et al.，1998）

预测指标的种类	一般犯罪累犯	暴力犯罪累犯
人口统计学	0.12	0.12
犯罪史	0.08	0.15
异常的生活方式	0.07	0.08
临床诊断	-0.02	-0.03

由 Bonta 和他的同事在回顾研究中所应用的长期追踪调查法已经在很多国家实施，包括英国、美国、加拿大、瑞典和意大利（见 McGuire，2001b）。比如，Buchanan（1998）就描述了对一个社区进行的长达十年半的追踪，调查了 425 名从英国高度警戒的医院所释放的病人。这些研究结果得到的广

泛一致的模型显示，与重新判罪有很高相关性的因素有：年轻，男性，未婚并被诊断为人格障碍，十分严重的反社会障碍或精神病态。大家一致认为，如果诊断为严重的精神障碍并且同时存在物质滥用，那么出现暴力犯罪的风险就会增加（见 Swanson et al.，1997）。

关于临床变量，目前最好的解释可能是由于这些诊断本身并不太成熟，所以还不能为风险因素提供更多的信息。当被发现非常接近某一特定症状时，许多令人关注的模式就会出现。但是，由于对它们模棱两可的理解，所得的解释还停留在不清晰状态。

有关这些重要证据是来自《流行病学汇编》（ECA）对精神疾病发病率的大范围调查，其样本群体由来自于美国三个城市的 10059 个社区被试者组成（见 Swanson et al.，1990；Swanson，1994）。通过询问被试者是否在之前的 12 个月里从事过任何暴力行为等问题收集数据。根据诊断，各个不同亚群的发病率存在相当大的差异。那些没诊断出任何障碍的为 2.1%；被诊断为精神分裂的为 12.7%；被诊断为药物依赖的为 34.7%。

通过对这些结论进行更详细的检查发现，某些精神病症状可以完全解释病人组和非病人组之间不同的暴力发生率（见 Link et al.，1992；Link and Stueve，1994）。与暴力行为联系最密切的特定症状是偏执型妄想症，特别是当这些个体认为他们的自我控制受到了外部力量的侵犯而备感威胁的时候。Link 和 Stueve（1994）将这些模式称为威胁/控制—重叠综合征（TCO）。其他研究显示依据幻听内容和环境状况，命令性幻听还有可能与暴力行为的发生有关（见 McNiel，1994）。有时，个体可能会听到有声音发出命令，有些时候会直接命令他们自己制造攻击行为。

然而，到目前为止，大多数这类高深莫测的研究所得到的结果模式与此有些不同。《麦克阿瑟暴力风险评估性研究》

采用了复杂的统计学方法，来分清导致暴力行为发生的不同风险因素之间的相互作用（见 Monahan et al.，2001）。其中一些因素是人们很熟悉的，如先前犯罪行为的影响、父亲的犯罪行为和物质滥用、个体的药物滥用和酒精成瘾史，还有一些显著的风险因素是曾经有过暴力幻想和以行为表达愤怒。但是，没有证据证明精神分裂症是导致暴力犯罪的风险因素，而且与 ECA 的结果相反，偏执型妄想和命令性幻听都不能成为预测因素。

我们在这里及贯穿整章的重点是研究个体特性与反复出现的犯罪行为之间的关联性。然而，必须重申的是这些关联被社会和一些情景因素所缓解：个体和环境之间相互关系的更详细的例子在第三章曾讨论过。《麦克阿瑟暴力风险评估性研究》发现，不同程度的邻里关系也会影响到暴力犯罪的发生率，而且在相互作用的模型中，还可以与个体变量结合成为重要的预测暴力犯罪发生率的因素。

人格障碍

也许一直与重复犯罪有很高相关的精神疾病的种类就是人格障碍了，这被前面提到的两个诊断系统分成了不同的亚类型（见 McMurran 2001 年的平行比较）。从精神科的观点出发，持续的犯罪可能被归因于潜在的人格障碍。在 DSM－Ⅳ的诊断中，在男性犯人当中最多见，并且被研究得最多的就是反社会型人格障碍，由 12 个独立报道得出的社区流行率的中位数是 1.2%（见 Mattia and Zimmerman，2001）。在诊断中，人格障碍被定义为是“一种明显偏离了个体文化所期望的持续性的内心体验和行为模式”（美国精神病学会，2000：689），突出表现在认知、情绪反应、人际交往功能或者冲动控制等方面。反社会型人格障碍的特点是无视他人权利的存在，表现出的一些特征便是反复的卷入犯罪行为、不诚实、易冲动、兴奋易怒且好斗、无责任感并且缺乏同情心。受到争议的是，这样容易变成循环负荷：如果一种精神障碍部分地由特定的行为类型来确定，那么用其他方式描述的那种行为与这种障碍也有关系就不足为奇了。如果没有歪曲，那在这一领域就存在着概念化的混淆，特别是涉及有关“精神病患者”这一术语。这一术语具有很奇特的历史，从德国人最初使用的时候指心理受到了伤害的人，到后来反复性地争论它的临床和科学地位（见 Blackburn，1992，1993）。这不是任何诊断系统的一部分，尽管在 1983 年英国和威尔士的心理健康运动以及对暴力预测因素的研究中被一直当做合法的类别在使用着。

个体差异：实际含义

Laub 和 Sampson（1993）在讨论纵向研究的证据时指出，犯罪学这一理论模型具有以总体样本为基础的特点，所以就无法充分地说明个体的特异性。因此，有时理论框架与通常理解特定犯罪行为或犯罪人之间就会出现不可逾越的鸿沟。

在从个体水平理解卷入犯罪的发展性和持续性方面，本章所回顾的结论无可辩驳地构成了很大的进步。人们经历了很长的时间来获得相关知识的积累和理论的精练。他们已经确定在相当活跃的个体差异与持续犯罪之间存在关联性，很多变量的重要性都因其在不同研究方法中显示出确定的一致性而得到证实。这些发现和由此产生的信息可能对于刑事审判中的评估和预测目的具有潜在的作用，二者之间只有一步之遥。如果我们发现在个体的发展或他们的功能中某些因素与他们再犯罪的可能性之间具有令人信服的关系，我们就有可能找到将那些可预测再犯的信息结合起来的方法（见 Andrews，1989；Andrews et al.，1990a）。

问题的关键当然是我们能做到多准确。能够预测有可能卷入未来犯罪行为的准确度称为预测效度。所有已知的方式在后续的研究中都应该经过严格的测试，并且在我们应用到实际的情境中时能达到满意的标准。

如果能够应用于实际工作的话，这种方法的优势是有望解决 Laub 和 Sampson（1993）提出的有关在大规模的理论和个案之间建立关联的问题。当人们普遍认可的一个综合性理论模型可能一直模糊难懂时，采用一个风险评估框架就可能会使日常了解个体犯罪模式的实践任务变得十分方便可行。

风险评估

这导致了对风险评估方法大量的，甚至有人认为是过多的汇编、测试及传播，这些方法传统上被分为两个主要的类型：

- 通过从业者每天对个案经历的积累产生的临床方法，因此它是以通过回忆以往案例得出主观评价为基础的。这里的“临床”并不是特指专门的医疗工作者，如精神科医生，还有可能包括心理学家、社会工作者、缓刑官、假释官、青少年审判部门的案件管理者，或者精神科护士。
- 与此相对应的精确方法是从实证的角度，通过对研究所得的数据库中特定的因素进行系统测定和统计分析，从而产生能够根据信息确定危险等级的公式。大量稳定的研究非常清楚地证明了这种方式要比临床评估法更加准确。

如果我们的关注点只是预测筛查过的犯罪人群体的平均累犯率，那么这种单纯基于静态风险因素的预测准确性就会相当高（见 Lloyd et al.，1994）。在英国产生了《犯罪人群体重新判罪量表》（OGRS；见 Copas and Marshall，1998）。他们采用了 7 个静态风险因素进行风险评分，它们分别是性别、现在的年龄、第一次被定罪的年龄、之前犯罪的次数、之前监护人被判罪的次数、青春期时监护人是否被判刑、现在犯罪的类型。将这些数据结合起来，经过计算机程序运算得到一个分数，这个分数可以描述具有任何已知特征的犯罪人在未来的两年里可能重新犯罪的百分比。近来的研究调查了社会背景因素是否确实像人们发现的那样，“在提高预测方面的作用只是轻微的”（见 May，1999：ix）。该量表的修订版（OGRS－2）在英格兰和威尔士已经成为监狱和缓刑机构对犯人管理时的一个标准评估手段。

近年来，“风险因素”框架已经被用来制造了大量的更加复杂和深入的评估工具，从而预测未来卷入犯罪的可能。目前存在的很多量表把静态和动态的风险因素结合起来一起评估，其中最有名的或许是《服务等级量表—修订版》（LSI－R；见 Bonta 1996；Andrews and Bonta，1995），然而还有大量专门的评估方法（对此很好的回顾见 Hollin，2002b）。这种基于合并变量的评估方法，虽然其量表的内容可能是来源于正式的理论规则，但却被广泛地认为比任何单独的理论模式都具有更大的实际价值。LSI－R 量表的内容见表 5.4。

表 5.4　服务等级量表—修订版的内容范围（见 Andrews and bonta，1995）

犯罪史（10 条）	休闲/娱乐（2 条）
教育/职业（10 条）	同伴（5 条）
财务（2 条）	酒精/毒品问题（9 条）
家庭/婚姻（4 条）	情绪/个人（5 条）
住所（3 条）	态度/倾向（4 条）

为预测特殊类型的犯罪，其他的量表也不断出现，虽然它们较为关注的也大多都是些暴力本性。这样，就有了预测一般暴力、对成年人的性暴力、对儿童的性暴力和家庭暴力的风险因素模型。当然，还有对年轻犯罪人进行评估的专门方法（见 Hoge and Andrews，1996；Hoge，2002）。

除了已经列出的两种长期的方式外（临床和精确），Melton 等人（1998）建议增加第三种，称为既往风险评估。这要求按照保险精算的方法将风险因素列出一个清单，以临床评估加以补充，然后将这些信息与其他有关犯罪人的生存环境材料相结合。这样就编制出了一个关于他或她重新犯罪风险的情景目录，并相应评估出每一种情景可能引发重新犯罪的可能性。

风险评估和精神障碍

对人们重新犯罪的风险评估是十分困难的，当有关犯罪人具有严重的精神障碍和暴力史的时候，对其评估就更为困难。若在这一领域出现错误，那就有可能付出巨大的社会代价。尽管早期精神障碍的诊断本身并没有与增加反社会行为的风险性相关联，但是很多症状的改变似乎可以提高这种可能性。20 世纪 90 年代，英国的几起由出院病人制造的众所周知的案件引起了公众和媒体的广泛关注，从而导致了在这些案件之后要有官方调查的法规要求。

当讨论风险评估事业的历史时，我们会习惯性谈到那些经历了几个阶段或“时代”的人们的活动。首先是基于对从封闭医院里释放的病人的自然追踪调查，以及有关他们的临床诊断。其次是对更加结构化的短期预测的应用，及其更加清楚和详细的结果。对于第三阶段没有严格的界定，只是粗略地将当前对更加高度系统化方法的应用当成其出现的标志（见 Monahan and Steadman，1994；gendreau et al.，1996）。不幸的是，所有方式都得出了让人无法接受的极高“假阳性率”，即那些被期望会重新犯罪的个体并没有这样。然而，当预测程序越来越精确的时候，这一比率不断降低。Blackurn（2000a）为风险预测的研究背景和学术性提供了清楚的说明。

在风险评估的领域内有几个方法居于主导地位。对人格障碍和人际冲突之间的稳定关系应用最广的是《黑尔精神变态测检目录—修订版》（PCL－R：见 Hare，1996）。个体在这方面的得分可以从经过特定训练的半结构式访谈中得到，虽然这些信息也可以从个案档案中查询到。PCL－R 既考虑了犯罪史和生活方式变量，也考虑了人格和心理因素。尽管这个量表已经被普遍认为是目前对严重暴力行为最好的预测工具，但 Gendreau 等人（2002b）还是用证据证明了 LSI－R 在这一用途上更高的准确度。

个体在 PCL－R 的得分可以输入更加详细的系统内，如 HCR－20（见 Webster et al.，1997），之所以认为 HCR－20 更加详细是因为它将信息中 20 个方面的内容进行了结合：10 个历史性的、5 个临床的和 5 个涉及风险管理问题的。系统当中用来评定和组成基础风险预测因素的条目见表 5.5。这些方法如 LSI－R 和 HCR－20 的另一种价值在于，它们有利于对犯罪人的特定干预目标的实现，从而帮助他们降低反社会行为再次出现的可能。

表 5.5　HCR－20 的内容范围（见 Webster et al.，1997）

历史（过去的）		临床（目前的）		风险管理（未来的）	
H1	之前的暴力	C1	缺乏见识	R1	缺乏可行性的计划
H2	年轻时发生第一次暴力事件的年龄	C2	消极的态度	R2	暴露在不稳定因素中
H3	不稳定的关系	C3	主要精神疾病的阳性症状	R3	缺乏人际支持
H4	工作问题	C4	冲动性	R4	不服从矫治措施
H5	物质滥用问题	C5	对治疗没有反应	R5	压力
H6	主要的精神疾病				
H7	精神病态				
H8	早期的适应不良				
H9	人格障碍				
H10	之前失败的监管				

风险评估的背景

人们依然普遍认为专业判断为风险评估作出了不可或缺的贡献（见 Monahan，1997）。在将这一领域的结论整合后，Monahan 和他的同事们（2001）极力主张风险评估应该在一个清楚的结构式框架内进行。这个框架应该采用具有良好测试效果的精算工具，并采用被称之为“分类目录”的系统方法，逐步确定那些对于个体风险等级判断具有影响效果的因素。更进一步的主张是，应该以稍微不同的方法重复进行几次评估，只有当不同方法的评估结果能够得到足够的一致性时，所作的预测才会被认为是值得信赖的。

这种谨慎方法的背后是按照风险评估的结果进行预测的沉重负担。尽管预测准确性的进步有目共睹，不论是准确性的一直提高，也不管这些方法最终有多成熟，失误都不可能永远避免。那些实证研究的结论不得不在有关行为预测所引发的更广阔的伦理背景中进行讨论。风险评估一直试图在被评估人的权利与利益和社会的安全需要之间取得平衡。其所面临的挑战将在第八章中进一步探讨。

犯罪预防的框架

本章涉及的这些风险因素的第二个实际应用价值是，为直接面向犯罪人的工作，即降低犯罪率的尝试，提供有用信息。对于风险因素的鉴定，使工作人员能够选择较为有效的工作方式，并对此提供设计和帮助。不断有证据证明这一点，这些证据多得需要有一个框架将它们组织起来，已经有一些方案在进行当中（例如，MacKenzie，1997；Farrington，2002）。其中，最直接和最有针对性的是 Guerra 等人（1994）的工作，他们将犯罪预防方式分为三个主要的类别：首要的、第二位的和第三位的。

首要的预防措施是尝试阻止正在进行的犯罪行为。其中一种是主要受到犯罪学研究影响的主动采取环境或社区导向的措施，计划消除犯罪机会或者保护可能的对象（见 Eck，2002；Pease，2002）。这些干预措施往往基于犯罪行为的理性选择模型（对此进行详细说明则超出了本书的范围）。大部分的预防措施是通过环境的或治安的手段（如优质的街灯、闭路电视、反盗锁、安全密码）或者提高社区的警觉性（如邻里守望、公开的宣传活动）。另一种不同方式的主要预防措施还包括不同形式的长期发展性预防。它为处在潜在的容易发生犯罪的环境（如城市里邻里关系淡漠）中的儿童和家庭等更广泛的人群提供额外的服务（见 Schweinhart et al.，1993；Yoshikawa，1994；Farrington and Welsh，2002；Farrington and Coid，2003）。

第二位的预防措施在这项研究当中受到的关注较少。这项措施会在儿童或青少年出现有可能使他们滑向犯罪的问题（比如说逃学）时提供相应的帮助，可能还包括教育性的或以社区为基础的主动措施，在变得更为严重之前解决类似欺凌弱小者或恶意破坏等问题（见 Goldstein，1996，2002）。

第三位的预防措施表现在努力降低已获罪的犯罪人（是那些已经被宣判有罪并接受刑罚系统管理的人）中的累犯率（见 Genderau and Andrews，1990）。这一级别的犯罪预防措施将是下一章的主题。

扩展阅读

在 David P. Farrington（2002）的书中有一章叫作“发展犯罪学和着眼于风险的预防”，给出了对犯罪活动的发展性研究的一般概念和背景调查。这些收录于由 Mike Magiuire、Rod Morgan 以及 Robert Reiner 编辑的《犯罪学牛津手册》（2002，3rd edn. Oxford：Oxford University Press），也可见于 Terence P. Thornberry 和 Marvin D. Krohn（eds.，2003）编辑的《审视青少年犯罪：由当代纵向研究中得出的总体看法》（New

York：Kluver Academic/Plenum Publishers）。一本详细关注发展性问题的有用的普及读本是 Michael Rutter、Henri Giller 以及 Ann Hagell（1998）编著的《年轻人的反社会行为》（Cambridge：Cambridge University Press）。对于元分析的介绍，见于 Mark W. Lipsey 和 David B. Wilson（2001）编著的《实用元分析》（Thousand Oaks，CA：Sage Publications）。

第六章

预防和减少犯罪

近30年的大部分时间，人们都认为通过直接干预犯罪人来降低犯罪的可能性是难以达到的，或许是不现实的目标。但近年来，这种局面被完全戏剧性地颠覆了。目前，有一种虽然不是一致同意，但非常普遍的意见认为“犯罪人改造”是很实际可行并且合算的。多年来，有关这方面的研究成果一直是生机勃勃并不时经历激烈争论的。借助一个便于操作的很有影响力的文章标题，这项争论有时可浓缩成一个短语“什么起作用”。只要确切的观点随着时间而改变，这场争论就会依然存在并且持续进行下去。

本章我们将讨论那些曾经为争论提供证据的方法，接着调查证据本身，特别是有关累犯率在那些即便是在顽固不化的犯罪人当中也会降低的证据。本章还将针对年轻犯罪人和成年犯罪人以及各种特定的犯罪类型，说明得到这些结果所使用的方法。

争论的背景

关于对犯罪人不同模式的干预结果的比较研究广泛分布于20世纪70年代的大西洋两岸。在美国，纽约州政府提供了一项关于犯罪人改造的有效性的报告。虽然这项工作开始于1968年，但最终将231项研究结果结集出版却到了20世纪70年代中期（见 Lipton et al.，1975）。与此同时，英国的内务部也开展了一项类似的研究计划，回顾了100项关于有效判决的研究结果（见 Brody，1976）。

研究者们发现这一领域的特点是调查质量相对较低，基本上得不到明确的结论。引用最频繁的观点是来自 Robert Martinson（1974）发表的一篇杂志论文，这是较早的基于美国回顾研究的意外收获，也是短语“什么起作用”的发源地。有关改造无效的悲观结论被看作是自那以后对刑法学最有力的冲击。Martinson 认为这些结论“使我们没有理由希望确实能发现通过改造来降低累犯率的可靠途径”。他推测“最优质的教育，或者最好的精神治疗，都不能克服甚至稍微降低犯罪人继续犯罪行为的强大的倾向性”（p. 49）。

Martinson 文章的发表被描述成“一个分水岭，它在很多方面结束了长达 150 年的对于重新塑造犯罪人的乐观主义时代”（见 Gaes，1998：713）。尽管一些人接受了这样的结论（例如，Plattner，1976），但这一结论受到了大量研究者有力的反驳（例如，Palmer，1975），主要的依据是正面的证据被忽视了。后来，Gendreau 和 Ross（1980）发表了题为《治疗悲观者的阅读疗法》的文章，文中谈到了大量的包含对更有利结果进行的调查研究。

然而，那时 Martinson（1979）已经重新分析了其早期使用过的数据。这导致他推翻了自己早期的否定性的结论：“我曾经说过将治疗加入犯罪审判系统是‘无效的’，我收回这些话。”（p. 254）在寻找一个可能“对手头的论据更为适当的”（p. 252）解释时，Martinson 得出了一个替代的结论，那就是有一些干预措施是有效的，有些是无效的，而有些则是完全有害的，“严峻的事实似乎是现实条件还未到达计划实施的水平”（p. 254，原作重点）。

在随后刑法政策与实施的变化范围上，主要指向了惩罚性的刑事宣判，很难确定这主要归功于 Martinson 第一篇文章的影响呢，还是显示了在将来的任何案例当中都会发生的一个趋势。在美国，监禁研究委员会公布的一项报道（见 von Hirsch，1976）可能具有影响效果，该报道轻视矫治，而提倡基于罪有应得和武力威慑的审判政策。但这项报道同时还强烈推荐将“严厉的限制”应用于监禁。不论其起源，对“死刑”的批准正在不断放宽。比如，在英国，缓刑官就被极力建议降低死刑在其工作中的优先考虑位置（见 Bottoms and McWilliams，1979）。

刑事司法在随后的一段时期被通俗地称为“毫无作用”的时期。再次使用一个被广泛使用的比喻说法，那就是，直到对20世纪80年代和90年代取得的很多具有说服力的重要证据进行了大量的回顾之后，钟摆才开始再次回到了犯罪人改造是可行的观点上。在我们更进一步地观察那些证据本身的特点之前，将它们获得的方式概括一下会更有效果。

通过元分析发现“什么起作用”

在之前的章节，我们发现了元分析法可以作为一种非常重要的工具，将研究结果综合起来，并且对原始资料的数据进行解释。在资料描述过程中，元分析被用来详细阐述那些通过大量研究得到的变量之间的关系。而在探讨“什么起作用”时，使用元分析的目的略有不同，主要用于对结果进行比较。问题主要在于是否有什么方式可以帮助犯罪人“改造”或者降低犯罪人累犯的可能。

在概括已经发现的趋势时，效应量再次成了主要的关注点。干预研究显示了实验（处理）条件与对照（非处理）条件对因变量的相对影响效果。在对犯罪人干预的过程中，虽然还会有其他结果，但是最经常出现的报道结果是两组的累犯率。如果在实验最后显示的效应量是零，那就意味着两组之间在累犯率方面没有差异：实验干预没有效果。当实验组的结果优于对照组，习惯将效应量用正数来表示。如果你非常不幸地发现实验组比对照组还要差（在这种干预下，累犯率反而提高了），那么效应量会用负数表示。就像它的名称所揭示的，平均效应量仅仅是所有研究所得效果的一个平均水平，或者是为了一个特别的目的，而从所有研究中挑选出的部分研究所得效果的一个平均水平。

对刑事司法的研究结果进行回顾的时候，采用了三个主要类型（见 Lipsey and Wilson，2001；Wilson，2001）：

- 相关系数。相关系数有很多形式，应用最广泛的是皮尔逊相关，它用来计算两个连续变量的相关性，如干预前后的累犯率。如果变量是分支状的（也就是被分配成了两个类别，就像成功对于失败，或者进步对于落后），这种统计方法会采用另一种形式，称之为 φ 系数（φ）。如果实验组的结果好于对照组，那么相关系数就为正（在这种情况下，干预使得累犯率降低），如果结果相反就为负，如果没有效果就为零（没有起作用）。

• 平均数的标准差（名称不同其模式也不同，包括 Cohen's d，Hedges's g）。这也许是对元分析所得结果最简单的解释途径。通过前测与后测的方式比较了实验组和对照组各自平均数的变化，这样就会得出一个结论，如“实验组的再判罪率是 15%，低于对照组”。

• 几率比。表示两种结果（比如，是否有人再次被宣判有罪）在两个研究组（实验组和对照组）中的相对几率。这也直观地传达了一种信息，即一个组的表现优于（或者可能没有，要视情况而定）另一个组的程度，以及对该组成员的干预获得成功的几率的提高。

由于通过公式可以将一种类型的效应量转变成另一种，所以不同的研究或回顾就可以根据“共同的衡量标准”进行比较。一种特别有效的表格形式的工具称为“二项分配效应量图表”或者缩写为 BESD（见 Rosenthal and Rubin，1982），可以为效应量提供一个即时的描述。均数标准差和相关系数都可以简单地转换成 2 × 2 的图表，用来显示实验组和对照组各自的结果。这种“成功率差异”为效果的等级提供了一个直接的表示方法。表 6.1 所示的例子，使用了虚构的但是看似真实的数据，任意选取了三个效应量，其范围从明显的偏小到尚可接受的适中程度。

现在元分析已经成为一种被广泛用来将社会科学的研究结果进行整合的方法，即便是在 20 世纪 90 年代初期也有近 300 项单独对行为科学文献的回顾使用了这种方法（见 Lipsey and Wilson，1993）。Petrosino（2000）汇编了犯罪学及其他关注主要和次要预防措施的相关学科中的元分析的注释列表，集中了更大范围的结果变量，如药物滥用、校内的恶意破坏和性虐待。

表 6.1　三种测量效应量的二项式展示

	非累犯	累犯	总数
实验组	52.5	47.5	100
对照组	47.5	52.5	100
总数	100	100	200
效应量（a）：平均标准差 =0.1 相关系数 =0.05 犯罪减少百分比 （实验组与对照组相比） =9.5%（5/52.5）			
实验组	55	45	100
对照组	45	55	100
总数	100	100	200
效应量（a）：平均标准差 =0.2 相关系数 =0.1 犯罪减少百分比 （实验组与对照组相比） = 18.2%（10/55）			
实验组	62	38	100
对照组	38	62	100
总数	100	100	200
效应量（a）：平均标准差 =0.5 相关系数 =0.24 犯罪减少百分比 （实验组与对照组相比） = 38.7%（24/62）			

回顾研究的主要特征

第一次将回顾研究的重点集中于犯罪人的元分析于1985年发表。从那时到大约2003年中期，出现了总共42项这种回顾研究。让我们来看看它们的一些关键特征：

• 来源。大多数研究以及大部分重点研究的基础都起源于北美洲，虽然在它们周围还有很多来自其他国家的数据，并且还有一些来自欧洲。这些研究大部分以英语的形式出版，但是迄今为止最大的评论研究（见 Pearson et al.，1997）是联合了14个非英语母语的国家，并得到了300多篇非英语的报道而完成的。

• 性别。绝大多数的重点研究只针对男性犯罪人。在由 Lipsey（1992，1995）进行的一个最大规模的元分析中发现，发表的研究当中只有3%单独关注了女性犯罪人样本。随后，由 Dowden 和 Andrews（1999a）进行的回顾研究特意对此进行了均衡，他们探究了在研究女性犯罪人的过程中能否取得与研究男性犯罪人相似的那种效果模式。

• 年龄。大约2/3的回顾研究将干预的重点集中于青少年或者年龄处于14~21岁的犯罪人身上。这包括了大多数国家犯罪人当中的年龄高峰。其他的回顾研究基本上都是针对成年犯罪人的，只有在很少一部分回顾研究中犯罪人的年龄跨度很大。

• 种族。虽然很多重点研究提供的数据是按比例来自不同种族群体的犯罪人，但是这种模式经常变化，而且也没有持续记录在分析当中。然而，在美国，有的研究则特意过多地针对处于刑事司法管辖权之下的非裔美国人，以及很多少数民族团体的成员，在英国和其他国家也有类似的现象，这些研究建立在包含按种族划分的露骨的人口比例的总体之上。一个回顾性研究很明确地关注了在不同种族群体之间是否会有不同的干预效果（见 Wilson et al.，2003）。

• 作者背景。对于这一领域的研究确实是多学科的事业。一些回顾研究对那些承担重点研究的专家们进行了专业背景编码。比如，Lipsey 和 Wilson（1998）回顾了研究青少年严重暴力犯罪的 200 项结果。在这些研究中，他们发现在资质较高的作者当中有 29% 来自心理学领域，19% 来自犯罪学领域。其他有代表性的背景包括社会学（8%），教育学（7%），精神病学（4%），政治学（3%）和社会工作领域（2%），还有近 28% 的研究无法确定其主要的学科性质。

涵盖范围

表 6.2 列出的回顾研究，按出版日期的年代顺序进行排列，并列出了加以分析的研究数量和能够得到的平均效应量。为了能够给所有这类工作提供一个概貌，下面一栏是回顾所涵盖的研究范围，并且涉及的回顾研究的数目标示在变量标题的后面（注：但是大多数的回顾研究包含了一系列的研究，其主要关注点可以用不同的方式来定义）。

- 青少年犯罪人　9
- 性犯罪者　5
- 威慑/制裁　5
- 认知/非认知干预　1
- 暴力犯罪者　2
- 酒后驾驶　1
- 物质滥用　1
- 欧洲研究　3
- CDATE　1
- 教育/职业　1
- 社区治疗　2
- 基于家庭的干预　2
- 认知行为疗法　2
- “人类服务准则”　1
- 恢复性司法　1
- 基于学校的干预　1
- 性别影响　1
- 种族影响　1
- 年龄影响　1
- 人格障碍　1

表 6.2 元分析研究成果

作者和出版时间	回顾研究的关注点	检验次数	报道的平均效应量
Garrett 1985	安置居住的年轻犯罪人	121	+0.18
Gensheimer 等人 1986	对年轻犯罪人的转变计划	31	+0.26
Mayer 等人 1986	基于社会学习的干预	17	+0.33
Gottschalk 等人 1987a	基于社区的干预	61	+0.22
Gottschalk 等人 1987b	行为干预	14	+0.25
Lösel and koferl 1989	德国的社会治疗监狱制度	16	+0.12
Whitehead and lab 1989	年轻犯罪人：普通的	50	+0.13
Andrews 等人 1990b	"人性化矫治准则"模型测试	154	+0.10
Izzo and Ross 1990	认知与非认知干预	46	2.5/1
Roberts and Camasso 1991	年轻犯罪人：普通的	46	NA
Lipsey 1992，1995，1999	12~21 岁的犯罪人	397	+0.10
Hall 1995	性犯罪	12	+0.12
Wells - Parker 等人 1995	酒后驾驶犯罪	215	8%~9%
Gendreau and Goggin 1996	威慑和中间刑罚	138	0.00
Cleland 等人 1997	年龄的影响作为缓和变量	659	NA
Pearson 等人 1997	CDATE 计划：全面回顾	846	NA
Redondo 等人 1997	欧洲计划	57	+0.12
Lipsey and Wilson 1998	年轻人严重暴力犯罪和性犯罪	83117	+0.10，+0.14
Alexander 1999	性犯罪	79	+0.10
Dowden and Andrews 1999a	女性犯罪人计划	24	NA

续表

作者和出版时间	回顾研究的关注点	检验次数	报道的平均效应量
Dowden and Andrews 1999b	年轻犯罪人：普通的	229	+0.09
Gallagher 等人 1999	性犯罪	25	d = +0.43
Pearson and Lipton 1999	物质滥用治疗与犯罪	30	NA
Polizzi 等人 1999	性犯罪	13	NA
Redondo 等人 1999	欧洲计划	32	+0.12
Dowden and Andrews 2000	对暴力型犯罪人的干预	52	+0.07
Petrosino 等人 2000	直接恐吓计划	9	-0.01
Wilson 等人 2000	教育和职业计划，成年人	53	OR = 1.52
Wilson and Lipsey 2000	野外挑战计划	22	+0.18
Gendreau 等人 2001	中间刑罚	140	0.00
Lipsey 等人 2001	认知—行为干预	14	OR = 0.66
MacKenzie 等人 2001	矫治训练营	44	OR = 1.02
Wilson 等人 2001	基于学校的干预	40	d = +0.04
Hanson 等人 2002	性犯罪	43	OR = 0.81, 0.56
Lipton 等人 2002a	社区治疗	35	+0.14
Lipton 等人 2002b	认知—行为干预	68	+0.12
Redondo 等人 2002	欧洲计划	23	+0.21
Salekin 2002	人格障碍	5	NA
Woolfenden 等人 2002	以家庭为基础的干预	5	OR = 0.66
Andrews and Bonta 2003	恢复性司法	44	+0.03
Farrington and Welsh 2003	以家庭为基础的干预	40	+0.32
Wilson 等人 2003	种族划分的影响作为缓和变量	305	NA

最早出版的针对犯罪人的元分析是对青少年犯罪干预制度影响效果的评估（见 Garrett，1985）。Garrett 调查了 1960～1984 年间进行过的 111 例研究，这些研究描述了居住式治疗程序。总共有 13055 个平均年龄在 15. 8 岁的个体进入到这个研究当中。从那以后，另外 8 个元分析在很大范围内对年轻犯罪人的干预进行了研究。很多作者将他们的研究对象限定在青春期的较早阶段（见 Whitehead and Lab，1989；Roberts and Camasso，1991），其他研究者将研究范围扩大到了 21 岁，也包括年轻的成年人（见 Lipsey，1992，1995；Dowden and Andrews，1999b）。另外，还有对年轻犯罪人进行社区干预的回顾研究（见 Gottschalk et al.，1987a）。近来的研究团队还在干预的基础上评估了行为及社会学习（见 Mayer et al.，1986；Gottschalk et al.，1987b）以及转变计划的影响（见 Gensheimer et al.，1986）。

当转向犯罪类型或犯罪人分类后，已经有 5 项对性犯罪人进行干预的回顾研究发表，其中包含青少年和成年人（见 Hall，1995；Alexander，1999；Gallagher et al.，1999；Polizzi et al.，1999；Hanson et al.，2002；Marshall and McGuire，2003）。其中，有一项研究的研究对象是判定犯有暴力犯罪、性犯罪或其他严重犯罪行为的年轻犯罪人（见 Lipsey and Wilson，1998）。其他针对特定犯罪的回顾研究关注的是对酒后驾驶的违法者的干预（见 Wells－Parker et al.，1995）。最后一项回顾研究集中对具有人格障碍的犯罪人进行了分类。

有些评论已经开始集中于不同类型的惩罚性制裁上。包括两项关于“中间刑罚”的回顾研究，尽管还有很多重叠研究（见 Gendreau and Goggin，1996；Gendreau et al.，2000）。另有一项“直接恐吓”性干预计划（见 Petrosion et al.，2000）、一项矫治训练营计划（见 MacKenzie et al.，2001），还有一项户外追击、“野外挑战”计划（见 Wilson and Lipsey，2000）。当然还要记住一些其他的元分析也包括对惩罚或者威惯程序的评估研究。

关于特定的干预类型，除了那些已经提到的针对年轻犯罪人的以外，还有一个有用的回顾研究是针对成年人的教育和职业计划（见 Wilson et al.，2000）的。有一个回顾研究是关于德国的社会治疗监狱制度所产生的影响（见 Losel and Koferl，1989）；它的结论在不久后与对社区治疗的广泛回顾合为一体（见 Lipton et al.，2002a）。还有两个关于“认知—行为”计划效果的元分析，其中一个采用了相当宽泛的涵盖标准，包含了 68 个研究（见 Lipton et al.，2002b），另外一个则应用了非常严格的涵盖标准，只包括 14 个研究（见 Lipton et al.，2001）。此外，还有两个对家庭式干预措施的回顾研究（见 Woolfenden et al.，2002；Farrington and Welsh，2003）：一个是对学校式干预的回顾研究，另一个是关于物质滥用治疗对累犯率的影响效果的回顾研究（见 Pearson and Lipton，1999）。元分析还被用来从恢复性司法的评估中综合出各种结论（见 Andrews and Bonta，2003）。

到目前为止，运用元分析方法进行的最大回顾性研究是由美国国家发展和研究协会（NDRI）实施的被称之为“矫治毒品滥用的治疗评估”（CDATE）。该计划为期 4 年，在此期间从很多国家收集研究报告。研究者们总共收集的文献超过 10000 份。其中大约 1600 份文献是关于以累犯率为检验标准的干预性实验的报道（见 Lipton et al.，1997；Pearson et al.，1997）。然而，这些收集到的珍贵文献被保存在位于纽约世贸中心的 NDRI 总部办公室内，并在 2001 年 9 月 11 日随着双子塔被攻击摧毁而完全丢失了。

有几个评论曾经有计划地测试了一些特定的假设。比如像之前提到的，大多数的研究和评论都起源于北美洲，有三个相继开展的评论使用了一个逐渐扩大的数据库评估了在欧洲开展的研究（见 Redondo et al.，1997，1999，2002）。同样如前所述，针对男性犯罪人的研究占有优势，而一项回顾研究已经开始检验相似的效果模式是否会在女性犯罪人中观察到（见 Dowden and Andrews，1999a）。其他回顾研究则检验了对白色人种的犯罪人适用的“主流”干预模式是否对其他种族具有相同的效果（见 Wilson et al.，2002）。通过利用 CDATE 收集的研究中的一个分组，另一项回顾研究检验了效应量在依据年龄分组的研究参与者中是否不同（见 Cleland et al.，1997）。Izzo 和 Ross（1990）进行的回顾研究有计划地评估了包含“认知训练”活动的计划是否比没有这种元素的计划具有更高的效应量。

最后，可能在大多数有影响的回顾研究（见 Andrews et al.，1990b）中有一个检验了有关依据特定准则（依据风险水平和因素分配犯罪人，并采用挑选过的工作方法）的干预方式比其他类型的干预能产生更高效应量的假设。在这之后所引发的思考发展为三个阶段。首先，以犯罪学与心理学的文献为基础，Andrews 和他的同事们为那些侵犯行为创造了一个风险因素的理论模型。其次，他们利用这个模型探索性地阐述了一组有关干预要素很有可能对降低累犯率有效的假设。最后，他们根据所掌握的干预要素的程度把 154 项研究成果细分为四组。这四组分别被设计为“适当的矫治”、“未指明的矫治”、“不适当的矫治”以及“刑事制裁”。他们所观测到的效应量与模型所预测的顺序具有系统性差异。这些发现提供了一个强有力的证明，那就是有可能描绘出一组能增强成功降低累犯率的可能性的因素（见 Andrews et al.，1990a）。

回顾研究的局限性

元分析已在各种场合遭受了一些严厉的批评。如果最初的研究质量是不足的，即使通过对其进行再仔细的回顾，也不可能得出任何精确的结论（这让人想起了“无用输入，无用输出”的习语）。那些出现在法庭，被宣告有罪并判刑的犯罪人被刑事司法机构所控制。大多数研究是在这样的条件下进行的，所以针对它们设计的回顾性研究就会有局限性。对实验样本和对照样本进行随机分配是很困难的，而且这些样本内的成分往往不是十分匹配，同样研究员们对于谁被安排于哪种条件也不具有控制力。通常跟踪调查的时间都比较短，六个月绝非少见，尽管有许多研究进行了一年或两年的跟踪调查，还有少数研究的数据收集经历了长达四年到五年的时间。有时候样本大小在研究开始阶段就很小，又有被试者中途退出的问题（专业术语叫作“样本耗损”），使得它在实验的最后变得更小。也有争议认为所谓的正性结果完全是选择作用的产物：如果犯罪人参与了任何被叫作“矫治”改造的训练，那也主要是因为他们被要求这样去做（见 Simon，1998）。由 Andrews 和他的同事们（1990b）所广泛引用的回顾研究因为以循环或同意重复的论点为基础而备受抨击（见 Logan and Gaes，1993）。也就是说，首先需要确定能产生积极效果的特征，然后给他们贴上“适当的矫治”的标签，最后再假装去验证对这些确定的特征进行干预最可能起作用这个假设。

另外的一个问题被认为是“出版偏见”：那些刊登在印刷物上的研究论文并不能代表实际上所进行的研究。众所周知，研究发现的无效结果（统计学上非显著的结果）是不可能问世的。所以，如果我们把成果搁置在某本印刷物上的话，也许会产生被严重扭曲的景象。最后，当我们试图对那些研究进行评论时，没有比最“粗枝大叶”的结论更难描述的了。尽管在这个领域的研究输出量是十分巨大的，将近有 2000 个单独的重点研究，但只要更接近地看一看，在任何特定的范畴（或“单元”）内的研究数量就可能相当少（见 Lösel，2001）。

上述这些问题中有许多是可以通过元分析进行修正的，尽管能在多大程度上弥补那些完成得较差的重点研究受到条件所限。但是，大样本的研究可以得到更大的权重，而且可以分别评估设计较好和较差的实验，从而看它们能否得到广泛相似的效果。同样，当20世纪70年代的评论员们遗憾地表示对在此之前所进行的质量不尽如人意的许多研究可以理解时，有证据表明最近几年中完成的研究已经呈现出相当大的进步。

出版偏见是无法根除的，但是通过采取任何可能的努力去查找那些未出版的研究则可能削弱这种偏见，也可以通过估算所谓的“抽屉内档案数量”（也可以叫作失效安全数）进行考虑。假设你已经做了此类回顾研究并得到了一个正的平均效应量，但你怀疑或许有些未发表的研究已经发现了零或负效应量。抽屉内档案数量，就是那些未发表的具有零或负效应量的用来抵消你所观测到的效应量所需的研究数量。如果后者的数量很大，或者你收集到的研究数量很大（或二者都大），就需要许多未发表的零效应量来削弱它。你有权更加自信地认为你所获得的结论是“真实的”。但是，如果你只查找到了很少量的研究，并且你所得的效应量尽管是正的但很微弱，就很容易获得足够的未发表的研究去否定它。所以说，考虑“失效安全数”，并掌握它们所涉及的不同因素的强度，可以影响研究者们在发表他们结论时的自信程度。

Logan 和 Gaes（1993）对 Andrews 和其他人（1990b）共同完成的元分析所做的注解，显然是建立在对其逻辑的误解之上的。从一个数据子集（在一项研究或一组研究中）中提取一种模式，然后利用这个模式通过整个数据列去检验相关假设，这在研究中是一个公认的确定法则。这种批判同时也疏忽这一点，那就是 Andrews 等人的回顾研究拥有独立的理论依据来预测需要观测的模型。无论如何，自1990年以来积累的众多结论打破了有关这些结论是通过某种熟练的人为方式制造出来的说法。

一般影响

通过对所有元分析的审视，发现干预的平均效果是正的。也就是说，与对照组相比，实验组在累犯率上绝对降低。这与一般重复的“无效”断言具有尖锐的矛盾（见 Hollin，1999，2001a；Lösel，2001；McGuire，2002a）。

然而，在更大范围内采取不同类型的矫治或干预获得的平均效果是相当小的。若以相关系数来表示，那么平均水平估计大约为 0.1（见 Losel，1995）。这还可以用上文所描述的“二项分配效应量图表”描述为不同形式：在所有干预研究的实验组和对照组之间，把 0.1 的相关性转变为 10 个百分点的平均差异。BESD 对实验组和对照组的比较结果与假设的情景相反，即并非所有组的累犯率都如预期的那样为 50%。通过元分析得到的平均结果显示，实验组和控制组的累犯率分别为 45% 和 55%。这种情况已经在表 6.1 的中间部分展示过了。Cohen（1988）提出了一个效应量的粗分法，他建议把那些小于等于 0.2 的定为小，0.5 左右的定为中等，大于等于 0.8 的定为大。虽然这是一个很粗糙且简易的标准，但是一些研究者们把它看作一个有用的准绳。根据 Cohen 的这一标准，0.1 是一个相对较小的效应量。

但要记住，我们所讨论的效应量是所有干预类型的一个平均水平。在此类研究中实验性“矫治”可以包括极其多样的方法。其中包含的刑事判决（处罚），我们将在第七章中进行更详细的介绍，通常被发现具有零效应量，有时甚至是负效应量。如果此类效果被排除在全部考虑之外的话，剩余矫治效果的平均水平可能会大于 0.1。

既然所有的系数都不显著，那么就会不可避免地被问及这个结论是否能说明其对于实际或政策条款的意义。对此，一种看法是考虑 Rosenthal（1994）所要求的统计学的显著与实际效果的显著之间的差别。这里所获得的平均效应量尽管很小，但是具有统计学的显著，并且相对优于其他领域研究所得的平均效应量（见 Lipsey，1995）。很多一直被普遍认为具有相当益处的卫生保健干预措施只有较低的平均效应量。而其他具有稍微高点的平均效果的措施却消耗了过多的公众投资（见 Lipsey and Wilson，1993）。McGuire（2002a）把一系列不同来源的效应量编制成表，并发现阿斯匹林在降低心肌梗塞（一种心脏病发作的类型）风险的效果方面，效应量为0.034；化疗对于降低乳腺癌复发风险的效应量为0.08；搭桥手术对于降低冠心病风险的效应量为0.15。

但无论如何，就像所有的平均数一样，数字只是对图像进行了简单的讨论。就像古老的笑话所说，在平均仅6英寸深的池塘里也能淹死人。在所回顾的各个不同的研究中，所得的效应量存在相当大的差别。就像我们之后会看到的那样，这些差异被证实具有比总体平均水平更多的信息量。当然，在各项研究中观测到的变化有很多来源，但是当人为因素比如研究设计和其他的方法上的影响不断减少时，一些持续稳定的倾向仍然会显现出来。在接下来的章节中，我们将会检验这些倾向的一些细节。

效应量的模式

无论把我们讨论的研究形容得多么复杂也不足为奇，即使撇开方法的影响，依然有很多因素在起作用。最终所得的效果等级被多种变量所缓和；一些最重要的变量如下所示：

- 年龄差异。平均来说，青春期和成年犯罪人中的效应量要大于那些通常被称为“年轻的成年人”的年龄阶段的犯罪人。通过对659例累计样本157038人组成的一系列研究，Cleland等人（1997）分析了效应量中的年龄趋势。得到的所有效应量都是正性的和显著的，也就是说，干预使累犯率大体上降低了。平均效应量在低于15岁的犯罪人样本中是0.09，在15~18岁的犯罪人样本中是0.04，而在成年犯罪人样本中是0.05。依据 Andrews 等人（1990b）提出的指导方法进行定义，当“适当的矫治”效果被计算的时候，这三个年龄组的相对平均效应量分别是0.16、0.11和0.17。到目前为止，报道的最大单独效应量和对那些犯有严重罪行的年轻犯罪人所采取的强烈的多方面的干预措施有关（如下）。

• 相对于社区的公共机构。监禁在很多司法实践中经常被看成是中心所在，但有几项回顾研究指出，总的来说，基于社区的干预较那些公共机构的干预具有更大的效应量（比如，Andrews et al.，1990b；Redondo et al.，1997；Lipsey and Wilson，1998）。当通过相似的程序来比较公共机构和社区干预的相对效果时，在降低累犯率方面，后者的表现要强于前者。获得的相对效应量的比值范围从大约1.33:1到高达1.75:1。但是，在进行干预的时候，在应用的方式类型、“操作的质量”或者起作用的途径之间会有很复杂的相互作用。设计最好的矫治措施即使在没有监护的背景下也具有最大的帮助作用。与此相反，不论背景如何，设计不好的、形式不适合的干预则可能没有效果（比如，相对于社区的公共机构）。但是，假如操作的质量很差，那么即便是良好设计的干预程序也可能得到零甚至是负的效果。

• 犯罪类型。一些元分析还注意到另外的趋势，即财产犯罪（偷窃、入室行窃、抢劫）或者涉毒犯罪的效应量显著低于那些人身犯罪（暴力、强奸）所得到的效应量（比如，Redondo et al.，1999）。但是，能够进行此类比较的研究数量还是相对较少的。如果能够得到更多这样的结论，我们就可以推测财产犯罪发生时的社会和环境因素发挥了较大的潜在作用。这一观点在第三章中已经得到了一定程度的讨论，在彻底弄清楚之前还需要进行更多的研究（见 McGuire，2001a）。

有效的因素

我们已经看到涵盖了所有干预的平均效应量并不是特别大。那也许使我们感到失望——尽管这种情况与在其他一些领域中所发现的并无相同。但我们也发现，一些十分差的结果降低了所观测的平均效果。这显示出结果中潜在的最显著的方面，在某些方面也是最有启迪的：所得效应量的异质。这种异质有许多来源，由于原始研究所采用的方法不同，元分析家们消耗了相当大的精力去分离它们，由此也让我们知道了一些正在研究中的领域。

一旦发现不同研究之间的误差和其他变量类型的离散源，其余的效应量模式就能够让我们得出不同于干预本身的结论。然后那些被描述为最有效的干预形式，将会是指那些具有最佳一致性和最大效应量的措施。

目前有一个广泛的认同，那就是通过把犯罪人干预程序中的许多元素结合起来就有可能使得效应量最大化（见 Andrews，1995，2001；Gendreau，1996a；Holllin，1999）。有效的干预被认为拥有某些共同的特征，Andrews 和他的同事们（1990b）称那些特征为“人性化矫治准则”。更进一步来讲，如果我们能够凭经验从之前的研究结果中确定出那些特征，那么就有可能设计出在未来的研究中能够进行检验的干预方式。如果结果同之前发现的模式是一致的，那就证实了这一方法的价值所在，并且增强了对所使用的方法和支撑这些方法的理论模型的自信。当 Andrews 和他的同事们查明了那些能分别提高效应量的特征时，他们也发现将那些特征合并能产生相加效果，即累犯率相应地降低了 53%。图 6.1 显示了针对各种干预类型的元分析所得的结果范围。

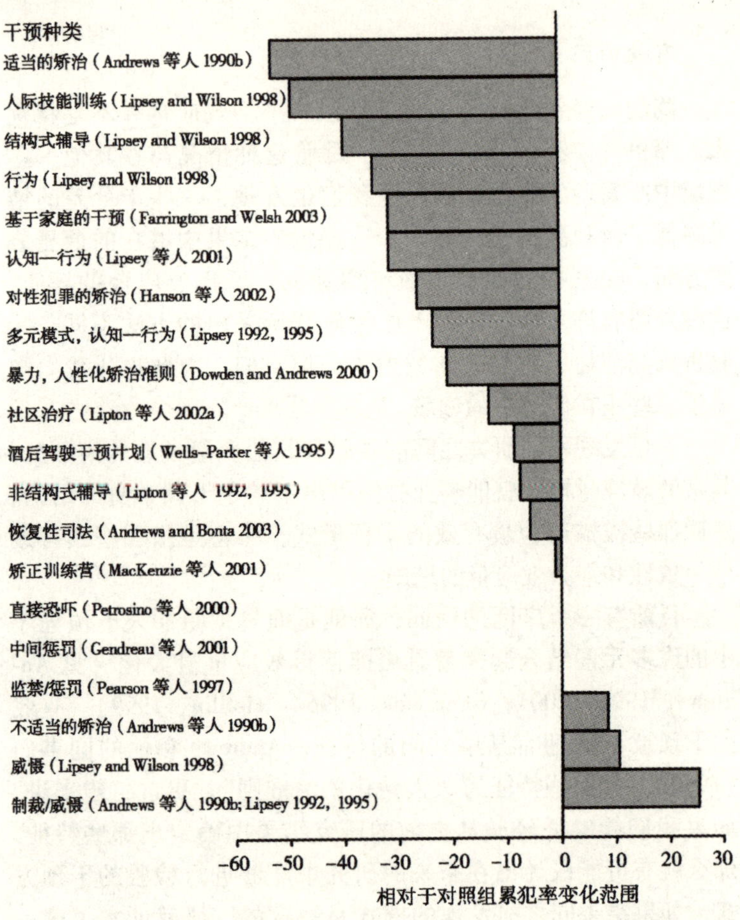

图 6.1 效应量变化图

首先是不利的一面

但是，在我们研究更多积极的结论之前，元分析也指出了一些不起作用的干预措施。与一些人预料的相反，其中一个是惩罚或威慑，这是我们将在下一章进行更充分探索的问题。还有一些其他的干预方法，同样只有很少甚至没有证据表明他们是起作用的。这些方式主要包括：

• 专业训练活动在应用中并没有得到真正期待的结果。换句话说，人们已经为工作做好了准备，或者被指导如何找工作，包括面试技巧等，但是到最后却没有真正获得工作。这似乎导致了累犯率的增加，虽然与此有关的研究数量相当少（见 Lipsey，1992，1995；Lipsey and Wilson，1998）。

• 户外追击或“野外挑战”计划。除非这些程序伴有高质量的训练或者矫治元素，否则它们只能产生微弱的效果或者根本没有效果（见 Lipsey，1992，1995；Lipsey and Wilson，1998；Wilson and Lipsey，2000）。

• 所谓的“直接恐吓”计划。在这里，年轻人或初犯被带去高警戒度监狱，与那里面的重刑犯见面。一般说来，这样将导致累犯率轻微的上升（见 Gendreau et al.，2001），一些研究者们已经指出这样做具有潜在的破坏性（见 Petrosino et al.，2000）。

• 基于精神动力学方法或者类似的模型、非结构式辅导、环境治疗或者假定可以提高认识的其他方法之上的干预。目前，只有非常少的证据显示这些方式在降低重新犯罪方面具有正效果。每一种方式在其他治疗用途中可能是有价值的，但是在降低犯罪行为方面，他们几乎没有得到任何证据支持。

最后，既然在药物滥用和犯罪之间具有完全确定的联系，那么我们也许能够期待对物质滥用的矫治可以对累犯率产生间接的影响。但事实并非如此，只有出乎意料的微弱证据支持物质滥用矫治计划或者戒毒计划可以作为降低年轻犯罪人重复犯罪的方法。有两个元分析已经从事于这项研究，但是得到的效果只有很少是正性的或者没有任何效果（见 Lipsey and Wilson，1998；Dowden and Andrews，1999b）。

结构化程序

再回到积极的方面来，大概从之前的结论中产生的分布最广泛的创新是把方法和材料综合成大量预先安排好的被称之为程序的形式。对于一些个体来讲，“程序”这个词听起来有些恶意。或许这个词唤起了人们对严格的、高度规范的工作方式，或者蕴涵着独裁主义，以严格统治干涉人们的生活，并通过影响人们的思想而将他们置于统治之下的想象。

为了消除人们的这些猜疑，首先说明“程序”这个词的几个相关含义也许会有点帮助。McGuire（2001c）已经区分出了三种含义。第一种，严格理解的话，程序可以被简单地定义为“学习机会的有计划的序列”。应用在刑事司法环境中，它的目的一般表现为降低参与者在随后出现重复犯罪的可能。根据上下文的关系，典型的程序是一系列限制性的活动，它们具有指定的目标，并包含一些依照计划设计好的相互联系的要素。在其他环境中与其最接近、相似的是在学院或学校中的课程。基本说来，这是一种用心理学方法教育或训练的计划，强调通过积极的正强化而不是惩罚来达到转变的目的。比如，Gendreau（1996b）指出，在一个刑事司法程序中，正强化应该比惩罚多很多，其比例不应低于4:1。

然而，在刑事司法中，“程序”这个词还有第二种更广泛和更灵活的含义。比如，对年轻犯罪人的督导计划，或为物质滥用犯罪人安排的社区治疗，这些也同样被称作程序。根据对前述解释的核心意义的理解，用这个术语是不恰当的。但它不仅能够详细说明所有这些过程的目的，而且还能对想要在其中发生的事情进行操作性定义。

MacKenzie（1997）采用一种依然十分广泛的观点使所有的刑事司法干预都概念化为程序，共分六个互相重叠的组：剥夺犯罪能力、威慑、改造、社区约束、结构、纪律和挑战，并将改造和约束相结合。这些内容潜在的组成了“程序”的第三种定义，即包含了社会对那些触犯法律的个体所采取的反应的全部范围。

心理学所涉及的最大单独部分已经被设计成了符合第一种含义的结构式程序。大部分这样的程序普遍存在于刑事司法系统中，所用方式来自认知社会学习理论（这是它处在本书中心地位的一个原因）。来源于此的程序带有“认知—行为”的标签。虽然这并非是唯一可用的理论选项，但是目前它已经被证实在形成干预计划方面具有独特的价值。这种类型的程序通常由手册来支撑。这样既提供了使用方法的详细资料，也提供了每个阶段的内容。

“可能成功”措施的特征

关于程序的效果，对那些在降低犯罪行为方面具有最大效应量的方法的元分析，取得了一些提供非常可靠信息的模式。对这些发现所作的最有影响力的解释大概是由卡尔顿/新不伦瑞克团体的研究员们所给出的，我们在以前的章节中谈到过他们的研究（见 Andrews et al.，1990a，b；Gendreau and Anderws，1990；Andrews，2001；Gendreau et al.，2002a；Andrews and Bonta，2003）。第二个具有重要影响的是以美国的马里兰大学和英国的剑桥大学为基础组成的研究员团队所作的研究（见 Sherman et al.，1997，2002）。之后的部分研究工作由美国国家司法协会代理完成。其元分析结论或对重点研究的解释性说明在其他一些书籍中有详细论述（见 McGuire，1995a，2002b；Ross et al.，1995；Harland，1996；Bernfeld et al.，2001；Crow，2001；Hollin，2001b）。

一致的结论是刑事司法干预确实具有某些特征，这些特征能够在减少重新犯罪方面确保实际而有效的影响得以最大化。主要结论如下：

- 理论和证据基础。如果干预努力是以犯罪行为理论为基础，而且理论听起来很有道理并有坚实的实验证据支持，那么它很有可能取得成功。它为正在使用的方法和假设个体参与到程序中时会发挥作用的“转变媒介”提供了一个基本原理。例如，这可以通过学习新技能、改变态度、改进沟通能力、提高自我洞察、解决问题、克服坏情绪等得到实现。

•危险等级。人们普遍认为评估危险等级，并据此给个体提供不同水平的矫治帮助是很好的实践。风险评价常以个体的犯罪历史资料为基础，采用之前评价“静态风险因素”的章节中所描述的那类方法来进行。最有力的干预类型应该提供给那些被评定为具有重复犯罪最高危险性的犯罪人，而对再次犯罪风险性很低的犯罪人则不应该分派这种矫治帮助。这叫作“风险法则”（见 Andrews and Bonta，2003），对年轻的和成年的犯罪人都显得十分适用。但是，当大部分资料涌向这个方向时，并不是所有的回顾研究都能得出这种模式（见 Antonowicz and Ross，1994）。

•风险因素作为转变的目标。在之前的章节中我们发现，社会干预的特定模式、社交或认知技能、态度以及一些其他因素与提高卷入犯罪的风险有关。如果同犯罪人合作是为了改变他们重新犯罪的前景，那么最好关注那些因素，其中许多因素会得到转变。正因为如此，这些因素被叫作“动态风险因素”，这也是在矫治帮助中优先考虑它们的明确原因。这些因素也被认为是犯因性需要，意味着改变它们是进行全面行为改变的前提条件（正如我们将在第八章中看到的，有关这方面的解释已经成为一些争论的主题）。这样，在我们的干预努力下，这些因素变成了中介“目标”，这将有益于减少重新犯罪的长期矫治目标。

•宽度。影响犯罪行为的因素具有多样性，事实上研究者们一致认为更有效的干预将包含许多内容，致力于前述的一系列风险因素。成功做到这点的干预措施称作多元干预模式。例如，同一群年轻人合作可能要忙于训练社交技能、学习对冲动的自我控制，并且通过督导方案对这些改变给予支持。Palmer（1992）称这种观点为“宽泛法则”。

•对应性。这涉及一个结论，即确实有某些方法或途径在吸引、激发和帮助那些刑事司法干预中的参与者们发生转变方面具有很高的有效性（见 Gendreau and Andrews，1990；

Andrews，2001)。对应性包含两个方面，其中一个是一般的对应性。如果改造活动具有明确具体的目标，其内容结构化，主要集中在技能的操作和获取上，那么矫治效果就会更好(比如，在一个训练教程中学习一项职业技能或一门外语)。有关提供这种改造活动的人员应该具有很高的人际沟通技能和鼓励的热情，以及具有明确界限的合作关系。另外一个是特殊的对应性。这涉及使干预策略适和参与者当中的不同和差异（有关年龄、性别、种族、性特征、语言、学习风格)。

• 完整性。Lipsey（1995）和一些其他的元分析家发现，当干预措施在“研究人员的控制”下时其效果会更好。人们有一种讥讽的看法，认为之所以会这样，是因为据说研究人员伪造了结果。这种低级的诋毁已无人理睬，研究发现最好的解释是在干预进行中保持明确目标和坚持使用预先制定的方法，并且正规地收集数据。这个特征称作干预的完整性或忠诚度（见 Hollin，1995；Bernfeld，2001)。有时这个特征被分成两种亚类型：一是程序完整性，在提供改造服务时，如果机构的管理人能保证有足够的可供利用的资源，职员受过适当的培训，享有适当的住所，充足的时间，监督管理和其他一些支持系统时，程序的完整性就能得到保证。二是矫治完整性，这涉及程序操作阶段的质量或职员与犯罪人之间其他直接接触的质量，应用正确的理论模型，以及根据设计者所提出的规范去训练人际交往的技巧。

• 社区基础。基于频繁的获得以社区为基础的干预具有很高效应量的结论，Andrews（2001）和其他人推荐了可以使用以社区为基础的矫治服务的场所，如类似家庭这样的自然机构。由于其他一些原因那里需要有监管设施，首先要抑制那些想威胁他人的想法，使它们尽可能地合乎社会导向。

为了使上述各种矫治帮助得到最优化，许多其他的因素也应当适当。所有的评估和对其结果进行合并的程序，都应该以目前可用的最有效的方法为基础。这将均等地应用于所用监控的完整性、连续性和对结果的评估。这种方式还被应用到战略水平上，如管理和协调一系列的程序以及刑事司法机构寻求提供的相关服务组合（见 Andrews，2001）。

工作方法

本章剩余部分将致力于对那些能减少犯罪率的方法进行更详细的调查研究。到底哪些方法可行则要基于元分析的结果，但是，有时一些重点研究的细节将被用来解释所做的工作。到处都缺乏大规模的系统性评估，所以我们引用小规模研究的结果，甚至偶尔还会引用单个的案例报告。我们将简要地观察那些最有希望减少犯罪率的程序的内容及结果。

犯罪人改造领域的许多研究都报告过混合案例，这意味着程序参与者们有代表性地制造了一系列的犯罪行为。当人们关注于把全部的累犯看作是一种结果变量时，就会忽视那些不同类型的犯罪行为重复出现的更详细的报告。这可能也反映了一个从纵向研究中获得的发现，就结果而言，大多数犯罪人具有“多面性”的特点，或者说那些制造了各种不同犯罪类型的犯罪人是“多面手”（见 Farrington，1996）。比如，即使在那些已经成立的犯罪袭击中，大多数只有这一种类型的行为被定罪；而犯罪记录中的其他部分则由另外各种不同的犯罪行为所组成（见 Levi and Maguire，2002）。同样，在 1087 名蓄意制造汽车抢劫案的犯罪人中，有 75% 的人在之前因偷窃被宣判有罪，有 60% 的人因为入室行窃被定罪，还有 30% 的人因为对他人实施暴力被定罪（见 Sugg，1998）。

文献的数量和种类就是这样，可以用很多种方式进行组织。首先，让我们大体看一下目前分别针对年轻犯罪人和成年犯罪人被证明为最有效果的工作方式。之后，我们将更仔细地观察那些针对特定犯罪类型（如财产、与驾驶有关、暴力、滥用毒品和性伤害）的工作方式。本章的最后部分，将会把注意力转向那些具有精神障碍的犯罪人的问题。

年轻犯罪人

对于那些曾经制造过严重暴力犯罪或性侵害的年轻犯罪人来说，“最一贯有效的”干预已经在降低累犯率方面显示出了影响力，在社区机构中平均降低了40%，在监督机构中平均为30%（见Lipsey and Wilson，1998）。Lipsey（1995）建议，对比较严重的年轻犯罪人要提供不少于六个月的干预程序，以及至少每周两次的直接接触。

成功的程序大都采用了如下所示的各类方法（见Lipsey and Wilson，1998；Dowden and Andrews，1999b）：

- 人际交流技能训练。这种训练包括一系列为提高参与者与他人合作的能力而设计的练习。一些在小团队中工作的个体发现，在有些环境中他们不知道如何表现，甚至有时候粗鲁地对待他人，比如在感觉到别人施加的压力时。在这种环境中，合适的行为表现是与别人讨论，然后练习使用角色扮演，再加上练习和反馈。

- 行为干预。很多不同分类的方式可以归于此标题之下（见McGuire，2000b）。在对犯罪人干预的过程中会有一个相倚合同，合同中犯罪人个体和他们的监管人会一起列出问题行为，以及在矫治取得进步后给予奖励的机制。像模仿和渐进练习这样的行为训练程序，部分来自于许多其他类型的干预方式。

- 认知技能训练。这类训练类型中有数个训练程序，每个程序大多数有这样几个结构化的阶段，每个阶段包含一些设计好的帮助参与者，获得和发展他们思考与解决日常问题（通常关于人际互动）能力的训练。典型材料包括表述问题、收集信息、产生想法、关联方法、最后预期结果、展望远景和作出决定。尽管这些材料和方法听起来很抽象，但是它们都直接来自于参与者在真实生活中面临的具体问题。

- 结构化的个体辅导。咨询服务采取许多形式并应用于很多机构中，如教育机构、就业机构、卫生保健机构以及个体发展机构。可能这些机构中最常见的形式是一种相对非结构性活动，督导者采取以人为中心，非指导性的态度，并允许来访者处于主动地位。但是，对许多目的来说这种方法并无价值，就像我们之前看到的，它也未能成为一种有效降低犯罪人累犯率的方法。鉴于它所应用的背景，研究认为个体辅导需要更多的指导和结构化，并建立在“真实治疗”或“解决问题”的框架之上。

- 教学家庭。在某些住宅单元或住宅区中，一些经过特殊训练并成对工作的成年人被叫作“教学家长”。他们的任务是和居民一起发展积极的工作联盟、传授一系列互动或自我管理的技能、提供咨询服务以及辩护服务。年轻人可以继续上学，周末再回到他们自己的家中。

Lipsey 和 Wilson 发现了一份关于最有效干预方法的更全面的目录，它们与效应量一起显示在表 6.3 中。一项由“美国人类健康服务部”特别针对青少年暴力提出的一项大范围的报道，对降低其发生的最有效方法给予了广泛的证据支持（见 Surgeon General，2001）。

表 6.3　对非专门机构和专门机构研究的年轻的严重犯罪人效应量模式的总结（见 Lipsey and Wilson，1998）

非专门机构研究的犯罪人（117 项研究）		专门机构研究的犯罪人（83 项研究）	
矫治类型	评估效应量的中点	矫治类型	评估效应量的中点
肯定的结果，有一致的证据			
个别咨询	0.46	人际技巧	0.39
人际技巧	0.44	家庭式教育	0.34
行为计划	0.42		
肯定的结果，缺乏一致的证据			
综合性服务	0.29	行为计划	0.33
赔偿，缓刑/假释	0.15	社区居住	0.28
		多元服务	0.20

最早使用结构化技能训练程序的研究，是由 Chandler（1973）开展的，他在一群 11～13 岁大的持久型年轻犯罪人中调查了有关他们观点形成的社会认知技能。他通过使用特别设计的角色扮演和讲故事的技术，首先发现了年轻犯罪人群是更显著的“利己主义者”。这就是他们与对照组的非犯罪人相比，表现得更不容易接受他人观点的原因。于是，45 名年轻人被分别随机分配到三种情景中。“实验”组接受了一系列训练，包括被录制角色转换和观点形成练习的录像。“关注安慰剂”组用录像机拍摄其他人活动时的录像带，而“未矫治”组既没有被干预，又没有被关注。这些训练完成后，结果评价显示，被干预组在他们的角色扮演和观点形成能力方面有显著的改善。而且，通过 18 个月的追踪调查，发现只有实验组的累犯率有显著降低。

Chandler 对他所使用的干预方法提供了十分明确的说明。其他类型的干预则比较难以定义，但是已显示出一定的效果。在对年轻犯罪人进行干预的过程中，支撑了一系列可以被大体称为“多项服务”或服务经纪公司的活动，尽管它们并没有像之前提到的方法所具有的那么高或持续的效应量。在这些程序中，项目管理者组织为根据年轻人的个体需要而设计的社区服务提供了一系列不同类型的获得渠道。这些服务包括一系列有利的机会，如学术、工作、行为、治疗或其他因素（见 Lipsey and Wilson，1998）。

很多研究已经发现，“良师计划”是一种既有效果又非常有益的干预模式。指导者自愿地被指派给年轻人进行单独的合作，指导者在帮助他们获得其他社区服务的过程中，向他们提供支持、建议或实践帮助。在年轻人和指导者之间进行关键的背景变量的仔细匹配是很重要的。然而，由此得出的积极成果却不能总是很容易地解释清楚。原因有两个：第一，“指导”一词的定义很广泛，并且应用于指导方面的行动和任务变化相当广泛（见 Thornton et al.，2000）。第二，作为一种过程，“指导”常常是干预的主要方面，但是偶尔也与一些其他因素结合，伴随着结构化程序的参与者，在减少累犯率方面可能具有相当大的“附加价值”。

人际关系背景

之前所讲述的干预类型最主要的目的是帮助犯罪人解决各种困难，如有关态度、同龄人的影响、行为或认知技巧、获得的教育和雇佣。所有这些听起来很有些“个人主义”的味道，正如我们所看到的，这是心理学和犯罪学之间最尖锐的争执之一。使用以这种模式为基础的干预，会使人们看起来好像有些脱离他们的自然环境，所有影响他们犯罪行为的因素都是他们自身寻找的。

这个观点被应用于许多更复杂的干预模型中。当这个结论还没有从任何单个元分析中得出时，就有一种普遍的倾向认为，矫治帮助对个体生活的影响范围越来越大，所以使犯罪人变得安全稳定的可能性也会相应增加。

最初实现这个想法的途径是，让一个在年轻犯罪人的生活中很重要的人与其一起进行工作；那个人也需要参与到前述某类型的个人程序中。第三方也许与他们之间也有紧密的联系，或者是对程序比较了解的指导者。这种创新方法得到的效应量比犯罪人单独参与程序提高了很多（见 Goldstein et al.，1994，Goldstein and Glick，2001）。

通过“功能性家庭疗法”、“理性抚育”和对年轻犯罪人及他们的家属采取家庭授权和参与性治疗的方法，获得了使累犯率减少 60% 的效应量。在很大程度上，这种程序已经应用于帮助那些曾经制造过非常严重的犯罪行为的年轻人。一些程序已经被追踪调查了相当长的一段时期（见 Gordon et al.，1995；Dembo et al.，2000；Gordon，2002）。采用“功能性家庭疗法”后，在为期两年半到三年半的追踪调查周期中发现，不但参与其中的年轻人本身的犯罪率降低，而且他们的兄弟姐妹也是如此（见 Klein et al.，1977）。对高风险的年轻犯罪人采取的“寄养照管式多维度治疗方法”的有效性进行评价，也发现了积极的效果。

针对年轻犯罪人和他们的家庭采取的有效程序常常需要特别关注家庭功能的某些方面的问题，特别诸如父母的监管、沟通练习、解决冲突的技巧以及情感的维系（见 Dowden and Andrews，1999b）。有些明显的迹象表明，如果这种类型的帮助仅仅围绕着满足一般家庭的需要，那么将不会有效果。那些包含分散的、没有明确界定的工作的干预方法已经被认为与累犯率的增加有关。

元分析回顾研究发现，家庭、抚育以及相关的干预能产生积极而显著的效果。Woolfenden 等人（2002）只把对 10 ~ 17 岁孩子进行干预的随机控制的试验纳入回顾研究。Farrington 和 Welsh（2003）整合了 40 个设计良好的研究结论，其中有 30 个研究进行了随机分配设计。一些研究把注意力放在了年龄十分小的孩子们身上，他们的目的与其说是为了减少重犯的行为，不如说是想减少问题行为。对于减少犯罪行为方面，已发现的效果的总体平均数用累犯率来表示为实验组 34%，控制组 50%。

当然，家庭并不是年轻人生活中唯一的社会关系背景。我们在与同龄犯罪人群体进行直接合作的过程中获得了让人振奋的结果。这是在一个经特殊设计的叫作“青少年互助训练”或“EQUIP ”的程序中完成的（见 Leeman et al.，1993）。首先，在一个年轻犯罪人机构的某个住宿单位内的所有成员要学会培养一种相互支持的风气，即“积极同伴文化”。另外，所有成员参加一个由 30 个阶段组成的“攻击替代训练”。该训练是由各种插入的模块组成的，如社交技能、自我控制和道德推理等。经过一年的追踪调查，EQUIP 参与者与对照组成员的累犯率分别为 15% 和 40. 5%。

当涉及多方面的干预程序深入到年轻犯罪人生活中的不同领域时，我们可以得到更高的效应量。也许最值得去关注的是来自于对“多元系统矫治”（MST）的评价，它包括与年轻人、他或她的家庭、学校成员等的合作（见 Borduin et al., 1995; Henggeler et al., 1998）。经过了 4 年的追踪，严重/暴力犯罪的累犯率降低了 72%，尽管当这种程序在别处使用时，并没有得到相似的效果。可以理解的是，这种类型的矫治是相对资源密集型的。正如我们在第八章中看到的，这类程序所需的巨大投入要比随后得到的效益多得多，以至于相应地消减了从犯罪预防（随后预防效果降低）到刑事司法、卫生保健和社会服务的投入。

成年犯罪人

正如我们一开始看到的，成年犯罪人的平均效应量与那些年轻的群体相比普遍较低。然而，实际中的效果却比较有意义，与最可能有效的干预类型相似的模式出现了。在这个年龄组，涉及家庭的干预很少被使用（这是可以理解的）。在个体水平，往往能最大限度地减少累犯率的有关方法如下所示：

- 结构化的认知—行为程序，关注有关犯罪人累犯率的风险因素（见 Andrews et al., 1990a; Lipsey et al., 2001; Lipton et al., 2002b）。各种方式主要对那些有暴力、性侵犯和物质滥用等犯罪行为的个体具有明确的效果（见 Hollin, 2001b; Motiuk and Serin, 2001; McGuire, 2002b）。
- 针对制造过暴力犯罪的成年人，专门设计出带有其他内容的干预方法。这个程序的关注点在于控制愤怒、情绪调节及对风险的认知和自我管理方面。对于制造过家庭暴力的个体，更进一步的干预阶段包括检查他对男女性别角色、行为责任及大男子主义的理解（见 Russell, 1995, 2002; Dobash and Dobash, 2000）。
- 针对制造过性犯罪的个体（绝大部分都是男性），在干预方法中加入了更多内容。除了认知和社会技能训练及相似的活动以外，这些干预方法通常还关注不正常的性取向、认知异常、移情训练以及根据这类犯罪行为的风险因素而设计的其他干预阶段。干预方法的更精确内容依据特定的性犯罪类型，比如主要以受害人是儿童或成年女性进行区分，可能会有更多变化（见 Marshall et al.，1999；Marshall，2001）。

- 对于具有长期物质滥用史的犯罪人，社区治疗已经显示出其有效性。这些可能依托于某些机构或者更广泛的社区，而且还有许多不同类型的模式可作为其基础（见 Lipton et al.，2002a）。

- 教育和职业培训与积极的结果同样有关。Wilson 等人（2000）报告了一个包含 33 项研究的元分析，即分别对教育、职业培训及与此相关的针对成年犯罪人的干预程序进行的 53 项检验。平均效应量以让步比（OR）表示为 1.52，相应的累犯率，干预组和对照组分别为 37% 和 50%，二次教育程序后效应量最高（OR = 1.74），多成分研究的混合组效应量最低（OR = 1.33）。

目前被描述成“原型”的这类程序正被广泛应用于 Platt 等人（1980）描述的基于 45 个床位和开放式监狱卫星小组的“沃顿地区计划”（Wharton Tract Program）。小组里面的居民正处于由监狱向社区过渡的阶段，所有的参与者都是具有长期犯罪史和吸毒史的成年男性犯罪人。Platt 和他的同事们把两个元素结合成一个结构化小组的干预程序。第一个是“指导下的小组互动”形式，即一种特殊的活动模式，其中团队的领导者在强调团队的发展和创造一种相互支持的氛围方面担任着积极的角色。成员们被要求把自己看成是他人的转变代理人。第二个是关注于学习一系列沟通和问题解决的技能，包括认识问题、产生可选择的想法、对结果的思考、最终方法的思考、作出决定以及展望远景。在经过两年的追踪后，假释官们报告说小组参与者比对照组成员调整得更好：参与者们的再次被捕率显著降低（49% 比 66%）；他们再次被官方监禁的次数少于再次被判决的次数，意味着他们再次犯罪的性质并不严重；同样，他们再次被捕的平均“释放—被捕”周期比控制组的成员更长（238 天比 168 天）。

驾驶犯罪

有一个元分析是针对酒后驾驶犯罪人的矫治干预进行的（见 Wells - Parker et al.，1995）。该分析把从 215 项研究中得到的结论进行了组合，并报告累犯率平均减少了 8% ~9%。对结合教育与精神疗法或心理咨询的多重模式的干预方法进行观察和追踪发现，这对减少醉酒驾驶的累犯率以及与酒精有关的事故具有很积极的效果。另外，当一些单一的形式（对匿名酗酒者的精神疗法和照料）单独使用时具有负的效应量，尽管在这方面的研究数量非常少。

研究人员也报告了对其他驾驶犯罪进行干预的研究，如无照驾驶。在新西兰的一个监狱中，Bakker 等人（2000）描述了对认知行为组合的多重模式进行的评价（驾驶罪犯矫治计划，见 Bakker et al.，1997）。参与者们（n = 144）在释放后与相匹配的对照组被追踪调查了 3 年。吊销执照类轻罪和普通的犯罪行为明显减少了，但是酒后驾驶犯罪率并没有什么不同。

财产犯罪

能够找到的专门致力于财产犯罪的研究在范围和设计方面都十分有限。他们中大部分是小规模的或者以个案为基础，尽管只是了解该类犯罪人的一种手段，但这些研究是十分有用的。有一些研究是针对个别年轻犯罪人或系列案件的，运用了诸如联列合同、训练父母的行为改变以及自我控制训练等方法（见 Stumphauzer，1976；Reid and Patterson，1977；Hollin，1990）。Henderson（1981）总结了对 10 个儿童的工作，给儿童每人提供单独适用的自我控制综合方式，外加一个参与其中的重要的成年人。在二到五年的追踪调查中发现，在这些儿童中只有两个孩子再次盗窃。

对于成年人入店行窃有稍多一些的研究，尽管大部分是针对初犯或那些犯罪中带有冲动性因素的犯罪人进行的。与针对儿童的干预一样，大部分干预措施都使用了基于行为的方法，如联列合同、活动进度表或脱敏（见 Marzagao，1972；Guidry，1975；Gauthier and Pellegrin，1982；Glover，1985；Aust，1987）。所有这些研究都使用了个案设计，并且在每个案例中都出现了成功的结论。但是此外，其他的一些研究则使用了为小组设置提供的认知疗法或者半结构式咨询等不同方法（见 Edwards and Roundtree，1982；Solomon and Ray，1984；MacDevitt and Kedzierzawski，1990；Kolman and Wasserman，1991）。有两项研究评估了针对入店行窃初犯者的矫治程序（见 Casey and Shulman，1979；Royse and Buck，1991）。所有研究的成果又一次都是肯定的，但是设计的局限性会导致它们所包含的内容在元分析中被消除。

对于车辆盗窃依然只有很少的评估性工作，而且结果模式很不一样。20 世纪 90 年代前期出现的一些评价认为，专门设计的“机车计划”降低了有反复偷窃交通工具犯罪史的人再犯的可能。例如，80% 在两年内再次因偷盗汽车而被关入监狱的那些人，在坚持参加“机车计划”3 个月后比例降为相应的 30%（见 McGillivray，1993）。在中西部地区，由假释机构监督完成了这项计划的犯罪人与没有参与这项计划的个体相比，重新判罪率分别为 54% 和 100%；相应的因违章驾车被再次判罪的比率分别为 27% 和 61%（见 Davies，1993）。然而，所有这些研究中没有一项研究能具有完全匹配的对照样本。后来，由内政部对 42 项这类研究计划进行的评论认为，它们是无效的，对于像由“破旧车”比赛等活动组成的那部分来说结果最差（见 Sugg，1998）。

稍微有说服力的评价来自于伦敦的 Ilderton 汽车计划，对该计划的追踪评论证明，其在降低再次犯罪方面具有显著的效果（见 Wilkinson，1997）。在为期 3 年的追踪调查中，程序参与者的再犯率为 62%，对照组中参与者的再犯率为 100%。在受到监禁刑罚比例上也存在明显的差异（15% 比 46%），尽管样本量相对较小。

物质滥用

针对此类犯罪人的社区治疗主要在两个划分不那么严格的小组中进行：（1）具有长期物质滥用史的犯罪人；（2）被评定为“高度危险”，并且被宣判犯有严重的罪行，同时服刑时间很长的犯罪人。由于犯罪人具有物质滥用的问题，许多设计良好的研究已经显示，基于监狱的社区治疗在物质滥用和累犯率方面都显示出了积极的效果（见 MacKenzie，2002）。随着社区治疗和支持的持续，这些积极效果将更进一步加强。

通过利用 CDATE 元分析中的研究，Lipton 等人（2002a；见 Pearson and Lipton，1999）对 42 个针对犯罪人的社区治疗干预进行了元分析评论，其中有 35 个针对成年人，7 个针对青少年。获得的效应量是肯定的，尽管不是很大（累犯减少了 10% ~18%），但值得记住的是，这些矫治措施直接有效地针对那些持续高风险，并伴有物质滥用问题的一群犯罪人，他们中的很多人都非常顽固。

通过一批单独的 CDATE 研究，Lipton 和他的同事们（2002b）也得到了有效的证据，证明认知行为疗法对于物质滥用治疗后的复发预防具有价值。一种设计用来增强个体转变动机的新的面谈技术在减少酒精和毒品滥用方面所表现出的有效性使它与认知行为疗法结合后具有特殊的价值（见 Burke et al.，2002）。Springer 等人（2002）提供了对物质滥用犯罪人实施的一系列其他的个体、家庭和团体干预方法的实践细节。

虽然对于控制药物的滥用被定义为一种法律问题，但是，在很多方面，尤其就其结果来讲，它主要还是一个卫生保健问题。在这个领域的有效干预可能需要医学与社会心理学方法的结合（见 J. Brown，2001）。这一点已经在英国进行的“全国治疗结果调查研究”中表现出来。该研究对其中一个样本的418 名使用了包括海洛因、非处方美沙酮（镇静剂）、可卡因和苯（并）二氮（用于制造各种作抗忧虑剂、肌肉放松剂、镇静剂和催眠剂）在内的一系列控制药品的使用者平均追踪调查了 4.4 年（见 Gossop et al.，2003）。研究中所评估的居住式和社区性矫治服务，不但可以减少物质滥用，最显著的是减少海洛因滥用，在平均摄取水平方面分别降低到36%和23%，而且对于降低获取性犯罪率同样有效。

暴力犯罪

两项元分析有助于减少那些能有效降低暴力犯罪再犯率的特征。其中一项是由 Lipsey 和 Wilson（1998）开展的对实施于严重而持续犯罪的年轻犯罪人的干预措施的回顾研究，在之前已经有详细的论述。另一项是由 Dowden 和 Andrews（2000）开展的回顾研究，综合了由 34 项针对减少暴力的干预措施组成的一系列评估，得出了对 52 个效应量的检验。针对的犯罪行为包括普通暴力、性暴力，以及家庭暴力。大部分研究（70%）主要集中于对成年人的研究，其总体平均效应量为 +0.07，尽管效应量之间又有巨大的差异，由最低值 -0.22到最高值 +0.63。其中，基于惩罚的干预方法的效应量刚刚低于零（-0.01）。相比较而言，基于 Gendreau 和 Andrews（1990）定义的准则，相应得到的“公共服务干预”的效应量是 +0.12。利用 BESD 所得到的相应的累犯率分别为，实验组44%，控制组56%。

愤怒管理

在第三章中所描述的 Novaco 的愤怒模型，或者说它的变化模型已经被应用于一个广泛的群体，而不单独应用于刑事司法环境。它已经被应用于青少年犯罪人和精神病病人（见 Feindler and Ecton，1986），以及成年犯罪人（见 Howells et al.，1997；Novaco，1997）。

Tafrate（1995）对一系列应用不同方式进行愤怒管理的 30 个研究进行了回顾研究。大部分管理方法的效果是非常肯定的；然而，多数研究并没有使用犯罪人做样本。在进行更详细的评论，并全面考虑各种方法的差异之后，Edmondson 和 Conger（1996）对 18 项研究进行了综合。大部分研究的样本量很小，而且历时有限（周期长度由各段时间组成），通常只有 6～8 个小时的接触。研究得到的效应量非常高，虽然这些效应量会因为目标结果而发生变化。作者建议对愤怒管理方式的选择应该以参与者所经历的特殊愤怒问题为依据。最近，DiGuiseppe 和 Tafrate（2003）报告了一份对 50 项研究的元分析（总的样本量为 1841 个参与者）。报告称，对于愤怒表达和攻击行为的干预效果都是肯定的；而且，随着时间流逝，其效果会一直持续。另外两项由 Sukhodolsky 等人（2004）及 Del Vecchio 和 O’Leary（2004）开展的回顾研究对于儿童、青少年以及成年人都分别发现了相似的令人鼓舞的结果。

在刑罚机构中，一种被广泛采用的愤怒控制计划已经在加拿大的监狱中开始实行。这个计划有 25 个训练阶段，每个训练阶段持续 2 个小时，每周进行 2～5 次训练，每组参训者由 4～10 个囚犯组成。Dowden 等人（1999）报告了一例历时 3 年，对 110 个程序参与者和匹配控制组的追踪调查。调查发现，对于低风险案例的重新犯罪水平没有影响；对于高风险案例，一般性重新犯罪（非暴力的）减少了 69%，而暴力性重新犯罪减少了 86%。Hollenhorst（1998）对美国矫正署矫治方法的应用情况进行了论述。Serin 和 Preston（2000）则回顾了在加拿大对暴力型犯罪人使用特殊发展计划显示出积极效果的其他研究。

然而，并非这一领域所有的评估都是成功的，在一些案例中治疗效果非常小。Howells 等人（2002）对澳大利亚的一些监狱所使用的愤怒管理计划进行了大规模的评论。在这些结论的基础上，他们提出了大量的建议。他们认为对控制愤怒的干预措施应该持续进行，但提倡应该从“普遍采用”的计划中分离出来，他们还关注到在将犯罪人分配到控制愤怒训练的不同阶段时“灵活应变”的重要性。

认知技能计划

之所以称之为“认知技能计划”，是因为其目的和采用的方法直接面向帮助参与者获得新的能力去思考和解决他们的问题，尤其是人际关系方面的问题。他们借鉴了之前提到 Chandler（1973）和 Platt（1980）等人的早期工作。

此类计划起源于 Ross 和 Fabiano（1985）提议的“犯罪人改造的认知模型”，这是一种特别重视认知技能的社会学习理论的变形。要解决现实生活中的问题，就需要一些思考的特殊技能或习惯（见 McGuire，2002c），比如当人们面对个人困难时所需要的能力：

- 明确并告诉自己这个问题到底是什么；
- 控制最初进入你头脑中的冲动性举动意图；
- 生成可供选择的解决方案——想想你还能做的其他事情；
- 思考问题多点灵活性而不要钻死胡同；
- 多向前看并对自己行为的可能后果有所预见；
- 了解其他人面对这种问题时的观点。

人们往往在发展的过程中自然而然地学习到这类技能（见 Spivack et al.，1976）。它不能直接通过指导而获得，而是得自于社会学习的潜移默化（就如我们在学习游泳或学骑自行车的时候，即便没有正规的教练也能学会）。但是，人们必须有机会去观察和学习，否则他们是不大可能获得这些技巧的。他们甚至学会可能引起麻烦的方法，比如诉诸暴力。

Ross 和 Fabiano 指出，那些缺乏或者不会使用问题解决技能的人具有引发犯罪的风险，他们会利用一贯采用的方式去解决日常遇到的任何困难。在第三章和第四章中已经描述过这种情况发生的一些过程。这种认知技能的“缺陷”并不是导致他们犯罪的直接原因。然而，它们会与其他的危险因素相互影响，并在适合的环境条件下增加犯罪行为出现的可能。

或许传播最广泛的计划是以推理和改造为基础的，该计划由每次 2 个小时，共 36 次的团体治疗组成，并由经过特殊训练的辅导教师所带领。它的构成元素被组织成一串连续的模块，分别针对问题解决、社会互动、自我管理、沟通和冲突解决、批判性思维，以及相关的各种技能。这个计划最初由缓刑管理局所采用，并得到了非常肯定的短期效果（见 Ross et al.，1988）。

在加拿大矫正署进行的大规模评价中，有相当大的被联邦政府判决的犯罪人样本（n = 1，444），那些完成矫治计划的犯罪人与控制组相比，重新犯罪率降低了 36.4%（见 Robinson，1995；Robinson and Porporino，2001）。然而，效果被犯罪类型所缓和：具有暴力、性侵犯和物质滥用等犯罪记录的犯罪人与那些具有财产犯罪记录的犯罪人相比，较少出现再次判决。从那时起，该计划被广泛适用于英国及其他国家的监狱和缓刑管理局（见 McGuire，1995b；Williams，1995；Raynor and Vanstone，1996）。但是，对该计划在英格兰和威尔士的监狱使用后的三个近期评价结果进行混合之后，其主要的结果是否定的（见 Friendship et al.，2002；Cann et al.，2003；Falshaw et al.，2003）。

其他多元模式的认知技能团体计划也被证实能够成功的降低暴力犯罪率，这些计划包括在新西兰进行的“蒙哥马利家庭暴力预防计划”（见 Polaschek and Reynolds，2001）和在英国的由缓刑机构人员进行的“控制攻击计划”（见 McGuire et al.，提交）。

认知的自我改变

认知技能计划被设计成能传授参与者一系列认知、人际的和自我管理方面的技能，这些技能的缺失和缺陷被认为会对犯罪行为的发生起作用。另一种说法是把犯罪行为看作是由犯罪人具有的“认知扭曲”所产生的：相信或假定这种歪曲的认知能直接导致反社会行为。

在美国的佛蒙特州矫正局的一个成年人监狱机构内，此类计划得到了发展。Buss（1995）描绘了这个计划的原理以及运行模式。各个阶段都是在监狱内独立的单位进行的；每组由 5 ~ 10 名犯罪人组成，每周会见 3 ~ 5 次。在每次的团体会议中，要求一名犯罪人描述一件曾经困扰他的事件，并提供一份思想汇报。这是一份有关对犯罪行为发生之前、发生过程中和发生之后的思考与感受的详细报告。团体成员会合作去确定其中的犯因性思考模式，并且产生新的思考模式，或者去练习一些能够减少犯罪行为的技能。

Henning 和 Frueh（1996）曾经报告了一例持续两年的研究，有 55 名犯罪人参与了这项计划，平均持续了 9.8 个月，他们同 141 名未参与计划的犯罪人组成的适当匹配的对照组进行了比较。这两个组各自的累犯率具有明显的差异（50% 比 71%）。追踪研究还显示实验组成员再次制造犯罪行为之前的社区生活时间显著长于参照组成员。

有学者认为，关于家庭成员关系、能力和责任的特殊思维模式与家庭暴力行为之间存在着联系，而利用一种联合的方式进行团体式干预来降低家庭暴力的发生率也得到了肯定的报道。它的中心元素包括定位虐待的信念。Dobash 等人（1996）描述了有关“转变计划”和苏格兰的“洛锡安区家庭暴力计划”的工作。在持续一年的追踪调查中，报道显示参与这些计划的人员比接受其他刑事司法处置的人员出现新的暴力事件的比例要低很多（7% 比 37%）。

性犯罪

针对制造过性犯罪的犯罪人（绝大多数是男性）设计了大量的干预计划，干预的重点会因为性犯罪精确类型的不同（比如犯罪人的年龄和受害者的年龄）而有所不同。关于对儿童的性虐待，Ward 等人（2001）指出，干预的主要组成应该包含标准的结构；通过认知重构理解犯罪、激励重建条件反射（基于行为改变以修正性偏好的方法）、理解受害者受到的影响并发展移情、情绪管理、训练人际关系技能、通过预防复发来“打破（犯罪）链条”。由于犯罪人大多针对成年女性实施犯罪，于是大量相似的干预要素被提及：Marshall（2001）认为必要的治疗日标包括增加自尊、减少认知歪曲和对犯罪的合理化、改善社交技能（特别是处理移情和亲密行为的能力）、改变异常的性行为、防止复发。但是，新结论的出现总是伴随着关于这些干预所需要的确切元素的不断争论。比如，Marshall 等人（1999）提出疑问，在对那些曾经犯过强奸罪的男性所采取的治疗方案中，改变性偏好是否是一个必须的要素。

尽管在这个领域已有不少于五个元分析，但是却因为方法上的不足而被批评（见 Marshall and McGuire，2003）。其中，分析最彻底的是 Hanson 等人（2002）的研究（见表 6.2），分别显示了性犯罪的累犯和普通犯罪的累犯各自的效应量。Hanson 和他的同事们发现“认知—行为”干预方法使性犯罪的累犯率从 17.4% 降到了 9.9%，使普通犯罪的累犯率从 51% 降到了 32%。一些英国的研究指出，尽管对于那些被评定为高度危险并表现出高度性异常的犯罪人的效果不那么明显，但在监狱（见 Friendship et al.，2003）和缓刑机构（见 Beech et al.，2001）中对性犯罪人采用的干预计划都取得了积极的长期效果。Beech 和 Mann（2002）认为其中一些观点来源于从这个领域中所获得的结论模式。

对精神障碍犯罪人的矫治方法

对诊断患有严重心理健康问题的人们的主要治疗方式是医学治疗。这由各种药理学疗法组成。例如，为诊断有心理问题的人提供管制性药物，如镇静剂或者是用于降低性冲动的抗雄激素药物（见 Hodgins and Muller – Isberner，2000）。然而，各种社会心理的治疗方法也被使用，而且偶尔会有直接取得成功的方法。通常，人们选择心理治疗的原因是由于这些方法没有多余的副作用，能避免产生依赖并且能够进入更加合作的氛围中。不过，对于大多数具有精神障碍的犯罪人来说，最常用的还是药物、心理和社会干预混合的方法。

虽然目前还在进行研究，但是心理学方法已经在治疗妄想症方面显示出有效的价值。在第五章中我们发现，精神错乱的特定阳性症状，比如类似威胁/控制—重叠综合妄想症（TCO）就被认为与暴力行为有关，一些研究已经证实心理干预比如认知疗法能够有效地降低妄想症信念的强度和频度。单独的个案研究和在小组中使用该方式都有成功结果的报道（见 Fowler et al.，1995；Chadwick et al.，1996）。

社区管理

一般来说，与在刑事司法机构完成的工作相比，有关精神障碍的犯罪人可借鉴的研究结果还非常少。所以，除了可以提供那些可能有助于“成就”这一群体的初步指示之外，很难再有其他。处理此类犯罪人的累犯问题，已有研究显示最有可能成功的干预方式将与其他犯罪人群体的干预方式具有最广泛的相似之处。

目前，社区服务提供给那些被认为具有反社会行为危险的来访者最有效的方法就是“对过于自信情景的管理”或者“对过于自信的超越”。关于其有效性的证据，来源于对住院病人出院后进入社区的追踪调查，并成为不同强度的监督管理主题（例如，Bloom et al.，1988；Tellefsen et al.，1992；

Wiederanders et al., 1997)。但是，这样获得的成果常常很难解释，因为很多研究是在不同的司法管辖权下进行的（美国各州），在不同管辖之下关于人们已经治愈或者仍需返回医院的规定可能有不同的适用条件。然而，之前得到的一般性结论是“降低社区内精神障碍人员暴力风险的关键是对攻击性案例的管理和全面的支持服务系统”（见 Dvoskin and Steadman，1994：684）。

所提供的支持服务应该具备两个特征。首先，他们需要非常好的调整；其次，该支持系统内的每个元素在本质上都必须是高质量的。有很多详细记载的案例研究，在这些案例中有相当多的额外资源被投入到这些服务中，其主要目的是提高他们之间的整合水平（见 Lehman et al., 1994；Morrissey et al., 1994；Bickman，1996）。但是，这并没有使服务的使用者们必然得到更好的结果。在对这些新方法进行分析之后，Morrissey（1999）认为，提高案例管理并改善相关服务“对来访者的积极效果是必要但非充分条件”（p. 462）。

在对描述这一领域内的干预计划缺乏清晰可靠的研究结论的情况下，Heilbrun 和 Peters（2000）为有效的以社区为基础的法庭服务提供了一系列的原则。这些原则综合了由合理的道德惯例构成的指导方针和从有限的证据基础上提取出来的建议，包括：

- 强调机构之间沟通的重要性；
- 在个人权利、治疗需要和公共安全之间的一个清晰的平衡；
- 来访者对治疗范围的知情权；
- 使用实证模型评估伤害风险和可治疗性时；
- 明确法律要求，如机密性和保护的责任；
- 采用合理的风险管理程序；
- 践行促进健康护理的准则。

人格障碍

直到如今，依然有一个被广泛接受的观点，那就是被确定具有人格障碍的个体对改变具有阻抗，甚至是“无法治愈的”。这一点被认为可以特别应用到那一串用来诊断或区分具有“精神病态”的惯犯的指标中。一些近来的研究已经开始转变关于对这个群体所能达到的期望的天平。

Serin（1995）质疑了“治疗阻抗”观点的正确性。对“精神病态犯罪人”长期的追踪调查显示，随着时间的流逝，被诊断（根据保留的障碍特征）为此类的个体比例不断降低。Sanislow 和 McGlashan（1998）回顾了 44 项关于人格障碍者的“自然进程”的研究，也补充说明了这一观点。与其说这项回顾就像事实上每个人所期望的一样发现了一种固定不变的模式，不如说它展现了一种随时间而变动的模式。

其他研究比较了可用的关于对这个群体进行有效治疗的可能性的证据（见 Perry et al.，1999；Bateman and Fonagy，2000）。大多数研究专注于边缘型或回避型人格障碍，它们的平均治疗效应量要比预期高很多。但涉及反社会型人格障碍时，由于这一诊断类别最靠近精神病态，几乎没有进行过任何检验性评估。

然而，从这些最初的回顾研究中依然得到了一些尝试性的建议，即一些行为计划、认知—行为计划和社区治疗计划有可能会成功地降低那些被归于人格障碍的个体的反社会行为。虽然迄今为止还没有得到积极的结果，但是缺乏证据总好过一个牢靠却无用的发现。因此，Lösel（1998）推荐，为这一群体提供的服务应该具有与通常指导犯罪人服务相类似的准则。无独有偶，Blackburn（2000b）回顾了一些研究，认为那些被确定为精神病态的个体有能力形成治疗联盟，而且服从许多社会心理干预，这样就得到了心理健康状况的短期改善。

Salekin（2002）报道了一项对 42 份研究结果进行的元分

析。这其中只有 8 项具有控制组，大多是个案，所以就目前来看，任何结论都依然是暂时的。但是，仍然有少部分的结论还是有生命力的。例如，5 项认知—行为疗法研究合并组成了一个含有 246 个个体的累计样本。有几个治疗方法取得了较高的效应量，包括认知—行为疗法和个人构建疗法，以及“致力于患者对自己、他人和社会的思考，从而趋向于直接治疗一些精神病的特性”的其他方法（见 Salekin，2002：93）。Salekin 还观察到在效应量和治疗时间之间具有很强的相关性：持续时间少于 6 个月的干预与更长时间的干预相比，很少能取得更好的效果。持续时间超过一年，样本中一小部分个体的得益会更高。因此，与那些“治疗怀疑论”（见 Reid and Gacono，2000）相反，有证据显示对于那些被普遍认为具有高度危险的犯罪人总体以及那些具有一直被认为难以处理的反社会行为问题的犯罪人总体，是能够取得治疗效果的。

扩展阅读

最近出版的两本书提供了本章述及的干预方法的细节，以及其他的背景资料：Lawrence W. Sherman，David P. Farrington，Brandon C. Welsh 和 Doris L. Mackenzie（eds.，2002）的《基于证据的犯罪预防》（London：Routledge），James McGuire（ed.，2002）的《犯罪人改造和矫治：有效减少再次犯罪的程序和方针》（Chichester：Wiley）。其他有价值的资料是 Clive Hollin（2001）的《犯罪人评估和矫治手册》（Chichester：Wiley），最近（2004）又以大纲形式出版并包含了关键的章节，名为《犯罪人评估和治疗基础手册》（Chichester，Wiley）。

关于年轻人陷入持续而严重的犯罪行为的研究，详细资料见 Rolf Loeber 和 David P. Farrington（eds.，1998）的《严重和暴力的青少年犯罪人：风险因素和成功的干预》（Thousand Oaks，CA：Sage Publications）。同样有价值的是 Clive R.

Hollin（ed.，1996）的《与犯罪人一起工作：犯罪人改造中的心理学方法》（Chichester：Wiley）和 James McGuire（ed.，1995）的《什么工作：减少再次犯罪——来自研究和实践的方针》（Chichester：Wiley）。对于与这些结论有关的刑事背景的讨论，见 Ian Crow（2001）的《对犯罪人的矫治和改造》（London：Sage Publications）。

针对涉毒问题犯罪人的综合干预方法的概述，见 David W. Springer，C. Aaron McNeece 和 Elizabeth Mayfield 的《对犯罪人物质滥用的矫治：基于证据的从业者指南》（Washington，DC：American Psychological Association）。针对性犯罪人的工作，见 William L. Marshall，Dan Anderson 和 Yolanda Fernandez（1999）的《对性犯罪人的认知行为矫治》（Chichester：Wiley）。针对具有精神障碍的犯罪人的工作方法主要见 Sheilagh Hodgins 和 Rüdiger Müller－Isberner（eds.，2000）的《暴力、犯罪和精神障碍犯罪人：有效矫治和预防的概念和方法》（Chichester：Wiley）。关注长期发展性预防的文献，见 David P. Farrington and Jeremy W. Coid（eds.，2003）《成年人反社会行为的早期预防》（Cambridge：Cambridge University Press）。

第七章

犯罪与惩罚：一种心理学的观点

前一章调查的证据显示，基于心理学的干预在减少刑事累犯方面所显示的有效性，可能是当前刑事司法系统对心理学的兴趣复活的唯一最重要的原因。在上一章我们也看到了，惩罚是最频繁使用的对犯罪分子进行反应的策略，这些策略如此广泛和稳固，以至于它被称为针对犯罪行为的标准或主流的方法。然而，使用惩罚的结果远远不能令人满意。仅有少数几个例子显示，惩罚在保证犯有某种罪行的人没有再犯同样的罪行时“起作用”。几乎可以肯定，工作在各种刑事司法环境中的专门人员也许能引证几例这样的逸事，但是它们几乎都是例外。大部分惩罚没有达到舆论指向的目标。大量研究发现，惩罚的效果实际上是不存在的，而且在某些情况下它也许起着更糟的作用。换句话说，总体上它是无用的，而且常常会起反作用。

在本章中，我们将更详细地探讨这一问题。为此，本章分成四个部分。首先，对某些概念作出区分，因为有不同的理性支撑着惩罚的基础，若将它们彼此混淆可能会难以决断论点和证据。其次，我们将观察和仔细的审视一些研究，它们质疑惩罚作为一种市民期望而法律声称有效的方式的价值所在。再次，惩罚应该起作用的假设深深地植根于许多人的观念之中，它几乎被想当然地认为是社会生活结构的一部分。于是，解释为什么人们对惩罚效果的期望只是一种幻觉就显得相当重要。这将借鉴心理学的相关研究。最后，我们将简短地讨论作为在“针对犯罪的战争”中社会的主要武器之一，为什么虽然有证据显示惩罚已经不幸地失去了它预期的作用，却还在继续被使用。

我们的习惯思绪根深蒂固地把惩罚当做对犯罪的应答，以至于无论何时有关犯罪的坏消息进入这一认识范围（而且大多数涉及犯罪的新闻倾向于是坏的），总是会有普遍存在的，甚至更严厉的惩罚要求。例如，2002 年度《犯罪统计》显示出犯罪率的增长（见 Home Office，2003），紧随其后再次出现对犯罪分子使用更严厉制裁的呼吁，使用的措辞更是熟悉而陈腐：有力打击、更加强硬、不要宽容、给犯人一个教训、增加压力。涉及“法律与秩序”的辩论似乎存在单一的维度，所有观点都只能沿着这一维度表达。语言把问题典型地投向了我们对待犯罪和犯罪分子的基本倾向的两极：宽或严。

“严”的一端据称更具有人们喜欢的现实主义风格。犯罪的人是坏的，他们不可能改变，除非被强迫去做。他们需要更严格的处理，而且唯一的办法就是提高犯罪的代价，或施加尽可能不愉快的结果。而“宽”的一端，也许有一种信念，即犯罪的人与其他的人是没有什么差别的，他们有能力过正当的生活和改过自新，但是，他们成长在不利的环境中，而且需要得到更多的机会。当发现某些犯罪分子被报道因为对他们的处理方式过于宽大而逃之夭夭时，自由主义就名誉扫地了。甚至监狱服刑也没能阻止犯罪，这被许多人解释为，监狱更像是“度假营地”，而惩罚应该更严酷。事实上更糟的是，有些罪犯似乎因为他们犯的罪而受到了奖赏。例如，在海外一个声名狼藉的例子中，他们被带领参加户外追踪旅行。在这场辩论中，虽然准确的措辞随时间而有微小的变化，但基本的争论始终相同。

判决与惩罚中的主要概念

主持正义的关键机构是刑事法庭，而其主要的手段是能够给予强制的判决。判决是一个复杂的过程，涉及几个相互联系的目标（见 Walker and Padfield，1996）。这项工作属于刑罚学领域，而且在传统上这一领域与心理学没有什么联系。要惩罚罪犯有几种原因（见 Hudson，1996），但通常根据使用情况把它精减为三种主要原因：报应、剥夺和威慑。

报应

报应也是一个复杂的概念，不同的研究强调不同的要素。基本的原则是，当个体因为违法冒犯了社会，造成了对社会的伤害，就赋予我们一种自动的权利，甚至是一种责任，对犯罪者施加痛苦作为他冒犯社会的后果。这一原则的基础来自哲学传统中的“道义论”，一种在18世纪德国哲学家伊曼纽尔·康德（1724～1804）的思想中获得了全盛发展的理论框架。在这一框架内，道德是整理好的一组规则，它来自被视为公理的更高秩序的抽象规则。这不涉及个体水平上的结果，而是涉及原则性的司法管理。它的一个方面是非难的观念，社会通过法庭机构发表不赞同的宣言，并且通过对罪犯的处理起作用。这就是流行观念里的“正义的惩罚”。它采取了最天然的“以眼还眼，以牙还牙”的形式，即报复的法律，惩罚与所犯罪行相当。一个精致的更具分析性的版本被包含在“相称”的概念中（见 von Hirsch and Ashworth，1998）。这一方法根本不涉及工具性的效果或结果，犯罪与社会报应的循环，正如它过去那样，在它自身内完成。

剥夺

剥夺，是指通过去掉犯罪者实施犯罪的能力达到犯罪控制的可能。这需要对他们行动的自由给予强行限制来惩罚它们。最明显的方式就是禁闭在监狱中，或其他保险的居住环境（从儿童的家到有高度安全防卫措施的医院）。由此，犯罪者就被从社会和他们有机会偷汽车、闯民宅或发动攻击的环境中去掉了。社区处罚中，自由也受到不同程度的限制，如禁止个体到足球场看比赛，或将他们置于有电子标签监控的家中宵禁。当然，这些措施几乎预防了那些个体在短期内的犯罪。毫无疑问，有理由对那些给他人（或在某些例子中，是他们自身）造成严重或反复伤害的人进行限制和剥夺。然而，剥夺效果是有限的。经常被忽略的是，许多犯罪被“转移”到了监狱，在那里诸如物质滥用或攻击决不是少见的。

考虑到剥夺对预防犯罪的效果，犯罪学家们构建了精心的评价模式。例如，需要来自数据的设计，即根据某年夜贼平均入室行窃的数字估计犯罪数，然后将大量的夜贼判处监禁来预防。这一逻辑显然是直截了当的，它被证明是成比例的、非常昂贵的减少犯罪的方法。例如，在英格兰和威尔士应用这一模型，Tarling（1993）得出结论，既使监狱人口增加25%，犯罪率的净效果才减少仅1%。

威慑

第三个支持判决作用的目的，也是我们主要的关注点，是应该通过努力操纵结果来改变犯罪行为。这是将惩罚当成对犯罪的一种反应的所谓“功利主义推理”或“后果推理”的核心。在观念上，法律的制裁将会影响那些被施于制裁的人。惩罚被认为是对犯罪人矫治的一种方法，这种期望有时被称为威慑理论。

威慑的效果可被进一步分为不同种类的预期结果。Gibbs（1986）界定并澄清了用于这一领域的术语，并首先注意到特殊威慑与一般威慑的传统区别。前者是指惩罚对被施于的个体的影响，即如果你由于犯罪而受到惩罚，你将不太可能再犯。后者是指更广泛地对他人和对整个社会的影响，即如果你由于犯罪而受到惩罚，其他许多人不太可能再犯，因为不希望同样的事情发生在自己身上。Stafford 和 Warr（1993）争辩说，特殊威慑与一般威慑只能在广泛而抽象的术语中才得以区分。在每天的现实生活中，对于大多数实际的或潜在的犯罪者来说，个体与一般的威慑效果间有可能有复杂的相互影响。被判决的囚犯可能同时意识到判决对他或她的影响，以及这些刑罚可能被犯有同样罪行的他人所获得。然而从理论上说，在分析威慑的效果时，将这些预期的结果在一个人的观念中分开可能是有用的。

第二个不太熟知的，由 Gibbs（1986）提出的区分类型是绝对威慑与有限威慑。前者是指个体意图犯罪，但却由于害怕被惩罚而没有实际去做的情形。请注意，这里所指的是没有事实犯罪发生，即对于确实起作用的威慑而言，个体必须考虑过犯罪但却没有实施。后者是指高度主动的犯罪者，为了降低被捉到的风险而减少了犯罪的频率或严重的程度。Gibbs 举了一个司机超速的例子，但仅限于试图将被查到的风险保持在最低限度的那些情形。Wright 和 Decker（1994）开展了一项对高度主动的住宅夜贼的人种学研究。他们发现，威慑并不能使他们的被试者完全不犯此类罪行，但是有时候他们没有拿很多就离开了，牺牲了更大的利益是为了缩短作案时间以避免被发现的风险。在夜盗的过程中“变得贪婪”和试图待得更久会让他们感到焦虑。相似的情形也发生在酒后驾车的违法行为中，在那种情况下，许多司机超过了法律规定的饮酒限度，但也许只是刚刚超过。这也有助于解释在大楼办公室武装抢劫的人，每个地点只选择一个目标，然后就转移到别的地方；或者有些类型的性犯罪，无论犯罪的冲动有多强，犯罪分子能够控制自身，到他们能够最好的控制局面并接近被害的场所。

Gibbs（1986）也详细地说明了其威慑理论中判刑的“客观”特性与“主观的”或“知觉到的”特性之间的假定联系，以及它们与犯罪率之间假定的因果联系。客观特性，是那些可以被官方的统计学家或犯罪学家所测量的，显示不同罪案的侦办率与逮捕率，或者被成功起诉并被关进监狱的犯罪者的数量。主观的或知觉到的特性，则是个体犯罪人可以观察到的，他也许意识不到警察侦办率的统计数字，但他很清楚地知道逃跑了的朋友因某一轻罪而被捕。影响准罪犯下定决心的真正因素更可能是后者而不是前者。

威慑的测量特征包括确定性、迅速程度、严酷性和范围。确定性，是指法律惩罚作为犯罪结果的可能性；迅速程度，是指在犯罪行为与官方给出惩罚之间间隔时间的长短；严酷性，是指惩罚的轻重，或被判决的罪犯估计要忍受的痛苦与不适的数量；范围，是指法律条文规定的犯罪类型与法庭实际给出惩罚的犯罪类型之间的关系。在每起个案中，这些特性可能是客观的、确定的。比如，正式惩罚中某一具体犯罪类型的比例、由罚款的数量或监狱服刑时间的长短来表示的严酷性。另外，这些特性也可能是知觉到的，反映为个体违法者对被捕的可能性或被捕后情形会有多糟的估计。

威慑效果的证据

回到我们的中心议题。一般来说，判刑的传统预期能够抑制个体的犯罪。在刑罚学和法哲学以外，这也是市民普遍的期望。至于在公众心目中法庭是过于仁慈还是太过严酷，普遍的观点认为，新闻媒体在形成这样的认识时起到了至关重要的作用。例如，向公众提供更多被认为是仁慈的而不是看似过分严厉的个案，即可以做到这一点。对这种影响所做的比较冷静的意见调查显示，公众并非是通常宣称的那样更具惩罚性或报复性（见 Cullen et al.，1988），相反，他们通常都坚定地支持对罪犯的改造（见 Moon et al.，2000）。然而，有一个流行的假设，即公众基本上广泛地相信犯罪与惩罚是连在一起的，后者使个体认识到他或她的所作所为以及因此产生的相称的改造。如果此预期确实众所周知，那么有何事实依据呢？

有 7 种潜在的关于刑事司法中的威慑措施是否对再犯起作用的证据，下面我们将逐个详细检验它们：

- 由刑事统计所推断的判刑的效果；
- 监禁与犯罪率之间的关系；
- 增强惩罚的效果；

- 对结果研究的元分析回顾；
- 威慑措施支配下的审判；
- 自我报告的调查；
- 死刑研究。

判决的影响

第一个疑点来自官方对罪犯再判率的统计。在英国，判决的有效性传统上来自对不同法庭处置结果的大规模的犯罪学数据。在20世纪90年代，由于使用了统计预测工具，这项工作达到了较高的精确水平。罪犯人群中的刑事累犯率，可以通过几个关键变量的联合，预测得相当准确，这一点在犯罪学中已经得到确立。这些变量包括性别、首次犯罪年龄、现在年龄、以前被判刑次数、以前入狱的次数（包括所有青少年时期被拘留的次数）和现在犯罪类型。这一预测过程只限于总体的数据，不能用于个体水平的推断。在英国，内政部通过下设的“研究发展与统计署”（RDS）开发了这样一款工具，叫“罪犯人群再判量表”（OGRS）。这一量表最初的版本（见 Copas，1995；Copas et al.，1996）用于预测可自由决定的有条件的释放，并且能够在不同类型的法庭宣判之间作出比较。第二个修订的版本（OGRS－2）自制定以来,被允许预测更大的年龄范围和特定的犯罪类型(暴力犯罪和性犯罪)，尽管只是用在非常概括的分类术语中。

这一方法的出现允许在监禁与社区的刑罚之间各自进行比较。一个长期存在的问题是，由于群体间以前就有的风险水平的差别，紧跟在不同类型法庭处置后的再判率的简单比较是无效或无意义的。例如，如果人们规律性地发现被送进监狱的人有着更多再判的风险，那么随后在这些人中有更多人被再判，就一点也不让人感到意外。于是，任何通过简单的比较再判率，来比较判刑的有效性的企图，都有可能产生严重误导的结果（见 Lloyd et al.，1994：43）。Lloyd 和他的同事们解决了这一困难，对刑事法庭所使用的针对严重犯罪的四种主要判决类型，他们报告了在小心地控制下获得的比较结果。在进行这项研究时，英格兰和威尔士的判决类型是监禁、社区服务令、保释和带附加条件的保释。研究比较了罪犯从监狱释放或从社区刑罚解脱之后两年内的实际再判率与基于其以前犯罪史所做的预期再判率。

Lloyd 和他同事们发现，在不同判决类型的群体间存在一些值得注意的差异。他们的真实数据来自对各类判决的预期和实际再判率的比较。没有一种情况下这种差异大于 3%。“考虑到背景变量和伪再判的情况后，大多数不同判决群体之间的差异消失了。”（见 Lloyd et al.，1994：43）换句话说，个体再犯的比率非常接近原先预期的再犯比率，且与对他们的判决类型没有关系。法庭判决对结果的影响完全没有可辨别差异。二者是否事实上不相干还可以讨论。Walker 和 Padfield（1996）对此结果表示了相似的沮丧，“在期望的与实际的百分比之间的差别小得令人失望”（p. 93）。

当相似的分析持续地做过多年之后，相当一致的模式出现了。图 7. 1 显示了一组基于大样本的、正式出版的数据。这强有力地证实了最初由 Lloyd 和他的同事们发现的趋势。Kershaw（1999）在概括这些趋势时得出结论：“在考虑所有的相关因素之后，监禁和社区刑罚对再判率的直接影响不存在可辨别的差异。”（p. 1）我们可以合理地预期，基于这些数字，将会出现更具遏制作用的惩罚性的裁决和监禁，特别是基于几乎全体一致接受犯罪与惩罚之间存在必然与合乎需要的联系的前提下。与此相反，就功利主义的司法观而言，该项发现意味着审判系统对犯罪行为的影响实际上可以忽略。

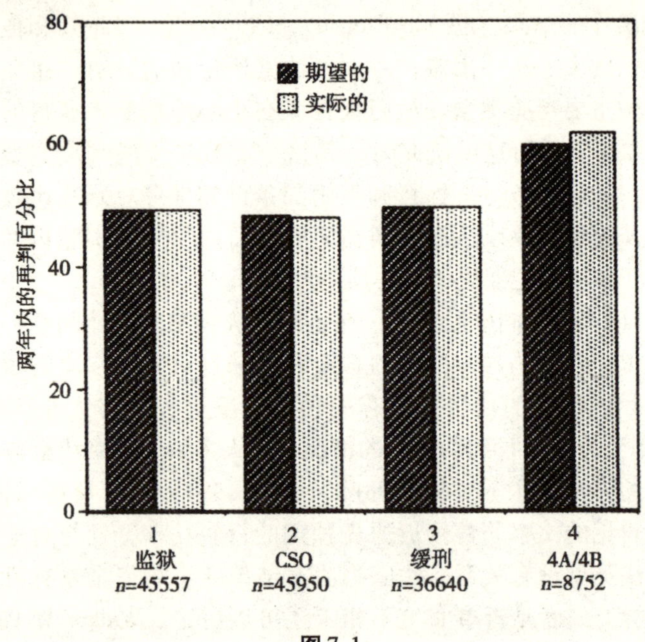

图 7.1

监禁与犯罪率

在任何时候，社会中只有一小部分犯罪的人被捕并受到惩罚。公开可见的逮捕和惩罚会引起对人群中其他人的一般威慑，包括那些可能犯罪的人。如果一般威慑在某种程度上证明它在社会中的中心位置，那么刑事司法系统的活动与整体的犯罪数量间就应该存在某种联系。

适合这一主题的最广泛的（尽管可能是最无力的）证据来自对社会中被监禁者的数量与记录在案的总犯罪率之间关系的研究。例如，在监禁率稳定变化的时期，有机会监测记录在案的犯罪数量，然而无论是时间间隔长短，都没有能发现清晰具体的关系（见 Zimring and Hawkins，1994，1995）。这一点特别体现在基于美国部分地区增加监禁使用率而设计的研究中（见 Greenwood et al.，1996）。Nagin（1998）回顾了直到1997年与这一观点有关的证据，描述了在研究这一问题时提出的概念上的和其他方面的困难，即便如此，也未发现能切实证明监禁效果对总的犯罪率有影响的研究。

而且，最近在威慑理论所预测的方向上的研究，也未能在刑期长短与再犯率之间建立起任何联系。Gendreau 等人（1999a）在给加拿大首席大法官（the Solicitor General of Canada）的一份报告中，系统地回顾了这一领域。该研究组回顾的23项研究，在服刑较长（平均30个月）与服刑较短（平均17个月）的罪犯组之间进行了222次比较（总样本为68248个）。这些组在5个风险因素上是相似的。与威慑理论预测的相反，被判较长刑期的罪犯，在再犯率仅在2%～3%之间有轻微的增长，刑期长短与随后的再判率只有很小的正相关。附带说一句，Robert Martinson（1974）的一篇被广泛引用并且具有高度影响的论文曾经提出“事实上我们几乎没有理由期望找到通过改造来减少再犯的确定方法”（p. 49），即便是他，也在这篇论文中得出结论说，没有证据表明再犯与刑期长短之间存在联系。

前述回顾大规模地整合了许多渠道的信息。然而，小规模的研究，如比较罚款与短期服刑对酒后驾驶率的影响，也没有明确显示后者的威慑效果必然比前者的更有力（见 Evans et al.，1991；Martin et al.，1993）。另外一种经常听到的关于威慑的说法是，它更有可能对主要发生在中流或上流社会的“白领犯罪”起作用。Weisburd 和 Chayet（1995）追踪了742名被判有此类罪名的罪犯的犯罪生涯，样本被分为受到监禁和未受到监禁两组，而且总的跟踪年限超过10年，结果发现没有能够归因于特殊威慑的可观察到的影响。

增强的惩罚

在20世纪70年代，随着教育、训练或心理治疗对累犯施加影响的计划失败，在立法机构中出现了许多朝向更具惩罚性的立场。特别是在美国，近10年来，对犯罪人有一种逐步朝向更加严厉惩罚的倾向（见Byrne et al.，1992；Shichor and Sechrest，1996）。在机构的水平上，这样的判决包括训练营和震撼监禁的使用；在社区中，则包括增强的监管、电子监控、随机毒品测试、宵禁和其他多种尝试。

20世纪八九十年代，随着这些制裁的使用越来越广泛，对增强的和中级的惩罚进行的初步研究和评价变得繁荣起来。这为对照试验创造了机会，更严酷的惩罚被拿来和刑事司法系统中的标准惩罚或通常的惩罚相比较。参与者在更严格的处理形式中有时是随机分配的，而在其他情况下可能是在自愿基础上选择的。对这些研究的结果进行分析变得异常困难，因为尽管惩罚的严厉程度增加了，但在许多个案中，也引进了额外的教育、咨询和其他类型的改造活动。

Petersilia和Turner（1993）报告了一项在美国14个州对缓刑和假释的严密监管的评估。一个样本中大约2000个不同地点的个体，被随机分配到实验组和控制组。对累犯的跟踪评估没有发现更严厉和更限制性的监管影响，这些监管包括在一些机构中对累犯的近距离监控、电子监视、随机毒品测试和其他的一些新方法。唯一显现的积极结果是被试者对毒品与酒精咨询的参与和再犯率减少了10%～20%之间的关系。然而，不能排除选择效应造成这种结果的可能（见Petersilia and Turner，1993）。而Petersilia（1998）的结论是，关于中级制裁的实验证据毫无疑问地说明了：没有改造的成分，累犯的减少是难以捉摸的（p.6）。考察这个和其他中级惩罚的评估，Gendreau等人（1993）得出结论，这些计划并没有在减少监狱数量、降低费用、减少累犯诸方面给出希望的目标。一项近期在加拿大所做的对电子监控有效性的评估（见Bonta et al.，2000）解释了参与者的风险水平，也得出了否定的结果。Bonta和他的同事们断定电子监控“作为对监禁的真正替代及对减少惯犯的效果仍需证明……如果人们对减少再犯感兴趣，然后是罪犯矫治，而不是制裁，那将是最有前途的方法”（见 Bonta et al.，2000：71，72）。

对于制度化的制裁，一项相似的大规模的关于震撼监禁或训练营效果的评估被提交给美国国家司法协会。训练营里的狱犯被拿来与八个州许多地区的其他囚犯、假释犯、缓刑犯相比较，然而结果再次不支持威慑理论。对再犯的影响被认为“最好忽略不计……基于全部的证据，训练营计划没有减少罪犯的再犯率”（见 MacKenzie and Souryal，1994：28，41）。这所有的发现非常接近于 20 世纪 80 年代早期在英国对设计用来给予“短期而强烈冲击”的拘留中心的评估结果。这一评估率先得出结论认为，“考虑到许多掩饰再犯结果的方式，采用小规模试验计划体制，对受训者的再犯率没有产生可辨别的效果”（见 Thornton et al.，1984：243）。

对威慑效果的进一步测试，Mackenzie 等人（2001）最近回顾了 29 项矫治训练营评估研究发现，“在训练营和对照组之间存在几乎相等的再犯率”（p. 130）。于是，他们在回顾的基础上得出结论，“在我们对再犯的所有元分析中未能发现训练营与对照组的差异……这一系统回顾和元分析将会令许多人失望……训练营自身几乎没有提供能让犯罪人脱离犯罪活动的作用”（pp. 137，139）。

于是，在机构和社区环境中，研究设计的新方法将更僵化的刑罚施予犯罪人，但是没有发现更加严厉的措施取得有用的效果。所观察到的积极效果通常与在改造活动中投入的时间和努力相关。

元分析回顾

第六章审视过的关于“罪犯矫治”的大规模回顾研究发现，其中一些元分析回顾包含了对刑事制裁的研究。我们注意到，所有回顾的再犯率估计平均减少约 10%，但这一数字可能会因为与主要报告零或负效果的研究合并而变小。换句话说，平均效应量的大小被这些特殊的结果拉下来了。

在更多的干预方法中独立检验刑事制裁的回顾研究发现，典型的基于威慑的程序只有零或负的效应量（见 Andrews et al.，1990b；Lipsey，1992，1995；Pearson et al.，1997）。一项专门为详细分析基于社区的中级惩罚而设计的元分析，在关于最初备受称赞的强化惩罚的影响方面，得出了负的结论。回顾 135 项关于监管、严厉判决及此类其他措施的研究，Gendreau 等人（1993，2001）发现平均效应量恰好小于零。

关于威慑的对照试验

刚刚讨论过的研究，牵涉刑事司法服务中对判决实践变化的评价。在这些研究中，许多其他因素没能得到令人满意的控制。一种可能的、更完善的方法是当它们被直接施以控制时考察威慑的效果，尽管在这方面已经发表的回顾文献很难找到。Sherman（1988）回顾了通过随机化设计对威慑实践效果进行评估的研究。在许多因素未得到较好控制的背景下，使用随机化处理无疑引发了伦理问题。因为将犯罪人随机分配到实验组和控制组，伦理问题关注的重点集中于使对用刑事制裁的评估切实可行的环境。

Sherman 的回顾涉及 21 项研究，有 14 项研究被认为实验组样本和控制组样本在累犯率方面没有差异。在 5 项研究中，刑罚严酷程度的增加导致了再犯的增加。只有 2 项研究显示了惩罚性制裁的作用。其中一项研究的制裁作用仅在一些次一级的小样本中观察到，而未从整个实验组的大样本中发现（有迹象表明一部分实验组被试者受到了警察更粗暴地对待）。Sherman 等人（1984）报告的其他内容主要关注了逮捕与短期监禁对明尼阿波利斯（美国城市）的家庭暴力犯的作用。然而，这项研究在其他地方随后的扩展与重复获得了混杂的结果，以至于针对配偶虐待是否应该强制逮捕的问题被其他研究者重新提出。例如，在另一项对密尔瓦基（美国威斯康星州东南部城市）1200例家庭暴力研究中，刑事司法干预使某些个案陷入更糟糕的境地。短期逮捕有最初的威慑作用，但在随后12个月中则是犯因性的作用。完全的逮捕与更长时间的拘留没有差别（见 Sherman et al.，1991）。在这一基础上考虑其他因素，有观点主张，法律决策的性质应该随环境与每起个案的需求而变化（见 Schmidt and Sherman，1993）。

Weisburd 等人（1990）汇编的随机实验的“注册目录”对作为特殊威慑的惩罚性制裁的潜在影响进行了分类。该目录详细提供了1951～1984年间出版的，涉及对刑事制裁的不同水平进行随机分配的68项研究。“制裁”一词的界定非常宽泛，它不仅包含对监禁、保释和假释的更严格程度，还包括其他在传统制裁程序中进行改造活动的实验。68项研究中有44项报告实验组与控制组之间没有差异。仅2项研究可能被解释为更具惩罚性的干预显示了较好的效果，但是作者报告的统计显著性和得出的结论都不仅仅是基于数据的明显趋势。

在其余22项实验研究中，实验组中再犯率、假释违规率或别的类似情况均高于控制组。然而，在所有近来的研究中，增加的“制裁”都包括提供个人咨询、参与诸如社会技能培训的团体治疗，或者其他形式的干预，只有当参与者非自愿的时候才显示出这些干预的制裁性。尽管为“注册目录”界定了制裁的概念，并且涉及一些对罪犯自由的强制限制，但这些干预中很少包含任何通常被认为是直接惩罚的元素。在另一情境中，针对物质滥用的罪犯所做的工作，强迫矫治显示了与自愿参与相当的效果，在这样的框架内提供的服务从本质上说并不是惩罚。

另一类研究尽管脉络相似，但与一般威慑具有更直接的关系。Sherman（1990）回顾了18项涉及警察“制裁”对犯罪率影响的研究。这种制裁被界定为三种战术元素的联合：增加警察到场、更严格的运用制裁手段和通过媒体传达增加制裁确定性的威吓。这就是说，警察对公众宣告，他们将加强对某类犯罪的工作，此类违法者更有可能被捕并被法庭重判。有6项研究的制裁是短期的（不超过6个月），大多数实验集中于违法停车、酒后驾驶和其他显然是中等程度的交通工具相关的违法（见Sherman，1990：36）。其中5项实验观察到了“剩余的”威慑效果，换句话说，在警察放弃或解除制裁后效果仍然持续。其余的实验是长期的，关注贩卖与运输毒品类的违法犯罪。然而，在12项研究中仅有2项获得了剩余效果。其中，另外的2项研究获得了恼人的证据：其他种类的犯罪率上升了（如杀人率与毒品市场相关）。

自我报告的调查

这类证据相对来说比其他在这里讨论的证据要弱一些，因为它涉及对已判决犯罪人的口头报告的信任，他们中的一些人是不诚实的，事实上他们就是因为欺骗而被判决的。然而，也没有理由相信参与者在这类研究中仅凭他们如何回答提问而得到或失去什么。一些调查者关注个体被捕与受惩罚时的反应，于是邀请他们评价在这一过程中的经历在多大程度上可能抑制他们未来的犯罪。其他研究者密切关注即将实施犯罪之前的那一瞬间个体的思考模式。这类工作的一部分建立在对犯罪者访谈的基础上，他们被要求详细地描述他们的犯罪行为。参与研究的那些人所犯罪行的严重程度各异，从入店盗窃、机动车盗窃、毒品运输到武装抢劫均有。本章稍后我们会再回到这些研究上来。

在一系列的调查中，Klemke和他的同事们（1982）收集了十来岁的入店盗窃者的自我报告资料。年轻人在几个月中被分别访谈了两次。研究者几乎没有发现对预防这一年龄段的重复入店盗窃的威慑。这个群体中只有一小部分是第二次被捕，但却有一大部分承认有进一步的盗窃行为。因此，被捕的经历似乎对他们的行为没有产生影响。相反，尽管我们无法排除威慑对剩余部分犯罪人的影响，但是其他因素如随着年龄的增长而越来越成熟也可以解释他们停止犯罪的原因。

被捕的影响在第五章述及的一些纵向研究中也曾进行过调查。在《丹佛青少年调查》中，Huizing 等人（2003）收集了关于继续犯罪与被捕经历之间关系的数据。第一，他们发现大多数违法者无论所犯罪行多么严重都从未被捕过。第二，对于那些被捕的人，似乎“他们的被捕都未能很好地反映”（p. 80）他们的违法行为。这就是说，较严重的犯罪人较少由于他们最严重的行为被捕，他们更有可能因为轻微的违法行为而被拘留。第三，大多数被捕个案既未显示行为上的改变，也未表现出被捕后行为变坏的迹象，此外，“被捕少年中只有8%的案例属于严重犯罪，少于匹配的控制组……被捕对未来的违法行为不是一个很强的威慑因素”（p. 81）。

死刑

关于最极端的制裁、死罪的惩罚或“判决的死刑”的研究不证自明地与特殊威慑没有关系，但却可以为此类极端措施作为一般威慑的效果提供证据。死刑作为一种威慑的假定是其得以强制执行的一个必要理由。到 2001 年为止，仍有 71 个国家保留着死刑，“最普遍的政治辩护认为，保留死刑是因为相信它是唯一能挽救更多无辜生命或显著减少可能触犯死刑的其他罪行的一般威慑”（见 Hood，2002：209）。当然，对死刑处罚的争论是一个高度情绪化的问题，对死刑的态度首先受到一系列伦理和政治信念的影响，而不仅仅受到有关死刑结果的证据的影响。但是，由于这一证据仍然被收集而且与当前讨论的问题相关，它被包括在这一调查之中。

这些可用的研究未能发现，作为判决选择之一的死刑对大多数严重犯罪，如凶杀，包括对警察和狱警的凶杀，有任何清晰的遏制效果。一些研究者（特别是 Ehrlich，1975）声称，在某种程度上，从美国 1935 ~ 1969 年间的执行数与挽救生命数的比率可以看出威慑的效果（在 Ehrlich 的研究中，每多执行一次死刑可以预防 7 ~ 8 起谋杀）。但是，分析相同数据或者试图使用其他数据重复这一分析过程的其他研究者最终否定了这种看法。

在一项代表联合国所做的全球性调查中，Hood（2002）比较了不同的国家（或它们的成员国），根据它们在超过 40 年的时间里使用死刑的模式，把它们归入不同的类别。一些国家或州是保留主义者，它们在整个期间保留了对这种判决的运用。另外一些是废弃主义者，它们要么在整个期间不使用死刑，要么在某些时候停止使用死刑。第三类，最有名的是美国，它的所有州有一段时间均没有使用死刑（1967 ~ 1976，作为一种缓期和后来最高法院裁决的结果），但随后又恢复了它的使用（除了 13 个法律中未设死刑的州）。

对这些州的严重犯罪（如凶杀）率的数据分析没有得出证据证明死刑与相应犯罪率的减少有联系。即使与大致相同的地区仅在死刑的运用方面有所不同的研究进行平行比较，死刑在遏制凶杀或暴力犯罪率方面的假定效果被证明是同样难以捉摸的（见 Cheatwood，1993）。死刑的遏制效果在一般威慑理论所预计的其他情境中也未能显现出来，即使公开执行效果也没有放大（见 Stack，1993）。甚至在得克萨斯州，“迄今为止最为积极主张死刑的州”（见 Sorensen et al.，1999：483）对 1984 ~ 1997 年间犯罪统计的分析，也未发现执行率与凶杀率之间的关系。

另有一类证据看似与这里讨论的问题无关，但是依然值得考虑。突然死于同胞之手的潜在威胁会阻止个体远离犯罪吗？McDowall 等人（1991）检验了广泛认同的观点，即拥有致命武器是对犯罪的一般威慑因素。这样的争论常常会在为美国广泛拥有枪支进行辩护时发生。McDowall 等人（1991）分析了 5 组犯罪数据，覆盖了枪支拥有水平发生显著变化之前和之后的时期。其中的两种情况，一是随着严重犯罪（强奸和抢劫）率的显著上升，警察部门提供了对市民使用火器的培训，于是枪支拥有水平随之上升。二是在乔治亚州的Kernesaw镇，通过了一项法律使每户拥有一支枪成为合法的需求。另外的两种情况，一是当地社区通过了新的法律禁止销售或拥有枪支。二是对目标犯罪率长期的时间系列分析显示，无论是增加还是减少枪支拥有量都没有产生任何影响。尽管拥有枪支会有所不同的主张被广泛宣扬，正如McDowall和他的同事所揭示的，这一观点基于对缺乏代表性的短期数据的令人误解的分析。

失败的惩罚

我们已经从多方面探查了据说与死刑的施行有关的威慑效果的证据。这些效果似乎不存在或微弱到难以识别，尽管现有的证据还不足以简单地得出结论说它们是不存在的。但是，考虑到犯罪与惩罚之间关系的核心假定的重要性，难道我们没有权利即期望找到比我们已经发现的更有力的模式吗？对这一研究最适当而全面的结论似乎是，惩罚根本未起作用。这一武断的结论也许会被认为需要更牢固的支持。在大多数人的心目中，“犯罪与惩罚”的关联是如此的根深蒂固，以至于惩罚对于犯罪几乎是必然的。可以列举两类心理学证据来帮助认识刑事司法系统中惩罚性制裁的遏制效果的失败。可以从行为与认知水平上理解惩罚性制裁有效性证据的缺失。

行为改变的策略与方法

惩罚是改变行为的有效手段，而且是人们的常识——被明确假定的“普遍感觉”——可能导致他们期望在更大的刑事司法系统的情境中也获得相似的结果。前面调查的证据显示，后者并未如愿地发生。这种明显的矛盾在我们考察其他研究时将被破解，这些研究显示惩罚只有在满足某些条件后才会起作用。行为心理学家们习惯于区分两种改变行为模式的主要策略，特别是对于减少某些社会不期望的活动类型方面——这里我们以刑事累犯为例（见 Goldiamond，1974）。

消除策略基于这样的预期，即问题行为可以通过将消极后果与个体联系起来而被制止甚至根除。在行为矫治中，这类程序包括惩罚和建立厌恶的条件反应。在刑事司法中，消除策略由威慑性的判决或惩罚性的制裁构成。如前所述，这包括了各种程度的经济刑和自由刑，如拘留、监视、震撼监禁和强制性的严厉的人身措施。

与此相反，建立策略是基于这样的建议，即减少社会不期望的行为可以通过建立全套新的行为，以更有效、更道德的方式达成。与制造一个紧随其后且令人不快的行为效果不同，建立系统致力于通过强化来直接增加替代行为发生的频率。如果问题行为与新设计的替代行为不相容，它们甚至可能被彻底取代。要做到这一点，可以通过各种方法，如行为技能培训、态度改变、教育、雇佣和其他形式的干预。

与包括正强化及其各种变化形式的建立方法相比，惩罚和其他消除策略一贯表现为一种非常弱的行为改变方法。与建立厌恶的条件反应或其他最初设计用于减少行为频率的措施相比，为某类行为的增加提供奖励或产生熟练反应，被证明是一种更可靠的改变行为的方法。

惩罚的行为分析

在行为研究中，有大量的研究直接与惩罚相关。在 20 世纪 90 年代中期，Gendreau（1996b）估计累积的有关研究文献总计超过 25000 份。这些发现主要来自实验室研究，但不排除其他来源，建立了许多有关惩罚的相当稳定的特征。许多研究者评价了要使惩罚发挥作用或达到最佳效果的必要条件（见 Axelrod and Apsche，1983；Sundel and Sundel，1993），以及使用惩罚的诸多道德方面的问题（见 Matson and Kazdin，1981）。

第一，要使惩罚获得最大效果，它首先必须是必然发生的、不可避免的，逃脱应该是不可能的，或者机会非常渺茫的。其次，惩罚应该紧跟在目标行为之后，或是尽可能快地施与。再次，要想达到最佳效果，惩罚应该非常严厉。最后，即使这些条件都满足了，只要受惩罚的个体不能采取替代行为去追求渴望的目标，惩罚仍然有可能失效。

在刑事司法系统的复杂而现实的环境里，或者在经常触犯法律的犯罪人的生活方式中，要想完全满足这些条件，即使不是实际上根本不可能的，也是极端困难的。首先，只有令人吃惊的很小比例的犯罪行为受到了惩罚，而且一旦受到惩罚，意味着明显地失去自由。因犯罪而被捕、被判决和受到惩罚的客观可能，对于消息灵通的犯罪人而言低到令其无所顾忌。英国内政部的数字显示，所有犯罪行为中只有平均2%最终被审判（考虑到官方统计和被害调查），审判之后，只有1/7被指控的犯罪会导致拘留的判决。这使得因犯罪而入狱的可能只有大约1/300。那意味着，无须借助任何计算器，实际上有299个犯罪行为未受到惩罚。美国也有相似的数字，基于《国家犯罪调查》，Felson（1994）估计只有1/100的入室盗贼被拘留，与偷窃相关的数据甚至更低到3/1000。借用Gibbs（1986）之前的术语，确定性因素的可操作性还有很长的一段路要走。

第二，惩罚性的制裁通常都在犯罪行为的数周或数月后才被施与。在这段时间内，许多其他的行为发生了，从而个体的犯罪行为不能被抽取出来并与惩罚性的后果相联系（见Blackman，1996）。你可能知道今天被关起来是因为你6个月前犯下的入室盗窃，但这一惩罚性的后果对于在你的神经系统内建立起条件性的反应来说，已经太迟了。任何有效缩短这一时间间隔的努力，都需要大量扩充警察、法庭和刑罚机构，以至于政府的财政将没有经费去做其他事情。

第三，法庭判决的严厉程度只有一个较宽的等级，俗称

“价目表”，由此与犯罪的严重程度产生了宽泛而不确定的关系（见 Fitzmaurice and Pease，1986）。审判裁决随意性在刑罚学中令人惋惜，而对于许多犯罪人来说，直到最后宣判时才确切地知道自己的命运如何。不论来自社会各部门要求加重判决的呼声有多高，包括恢复体罚和死刑，许多市民仍然对使用死刑持保守的态度。例如，在美国执行“三振出局”①政策还是会受到相当多的争论。

使用严刑峻法会产生非常戏剧性的影响。据报道，“现代最有效的毒品控制政策”是由阿富汗的塔利班民兵政权在其统治后期于 2000 ~ 2001 年实行的。他们对种植罂粟的农民采取了残酷的惩罚，包括将面部涂黑、游街示众、关进监狱和死亡威胁，上述措施减少了海洛因全球供应的 65%（BBC News World Edition 2004）。甚至在全球憎恨海洛因危害的背景下，仍然有许多人质疑这些极端手段的公正性。

第四，考虑到犯罪的目标指向性、受限的个人资源以及许多持续犯罪人的生活环境，他们不可能很容易地获得许多可选择的行为过程，尽管肯定可以通过努力来增加可选择的范围。在所有这些方面，官方的惩罚都明显背离了需要的参数，用行为学家的术语来说，不是一种有效的“厌恶的条件”。

一段时间以前，Moffitt（1983）提出了这样的问题，即来自实验室研究的结论能否适用于刑事司法系统更复杂且未受控制的环境。他检验了关于这一问题的主要维度（时间上的接近、厌恶刺激的强度、可以得到的奖励、可以获得的替换反应）的证据后认为，虽然在已有研究中还存在明显的不同意见，“知晓惩罚原理可能对威慑理论家有用”（p. 154）。有些人可能寄希望于运用基于学习理论的原理之上的威慑措施，

① 原本是棒球术语，指连续三击不中就出局。这里是借用，指连续三次犯罪（即使不是很严重）就要遭受重罚判处徒刑。

“然而在现实的矫治环境中，要满足上述最佳的条件是有困难的”（见 Cullen et al.，2002：282）。累积的证据仅仅证明了在矫治环境中最大限度地接近惩罚所必需的条件，从而达到所宣称的目的的困难性。

认知因素

在惩罚有效性方面，Moffitt（1983）提出的不同意见认为，“人类的认知和言语能力能在减弱惩罚迟滞性方面起作用”（p. 154）。来自其他方面的证据也揭示，在处罚有效性方面最大的障碍是难以确保刑事司法系统对威慑的有效应用。对大多数企图犯罪的个体的主观感受而言，被惩罚机会可能非常小，这也许反映出了他们实施犯罪行为的环境的真实特性。对判决政策的知觉特征的研究支持 Gibbs（1986）提出的作为威慑效果的关键因素的三位一体的条件——确定性、严酷性和迅速程度（见 Paternoster，1987；Howe and Loftus，1996）。另外，许多研究认为与社会规范和法律在压制潜在犯罪行为方面的作用相比，威慑只起到了微弱的作用（见 Paternoster et al.，1983）。使用来自 298 个城市，年龄在 13 ~ 19 岁之间的年轻人样本的数据，Foglia（1997）发现，在自我报告的违法行为与知觉到的被捕风险之间没有关系，然而与从所接触的同龄人那里及从父母的训练中吸收的“内化的规范”有关。

为了使抽象的表述更具体些，让我们举一个日常生活中的例子。大多数人被假定能够在一般的意义上了解触犯法律可能会被捕以及最终会受到惩罚。为什么这一点对阻止某些人犯罪不起作用呢？想象一下你每天早晨驾车去上班的情形，在某种意识水平上你知道你可能会撞车，你也可能了解在大多数欧洲国家平均每年有几千人死于道路交通意外，有更多人严重受伤。然而，你认为那些情况不会发生在你身上。如果可能会撞车的想法确实进入了你的脑中，其他的想法就会反对它以反映出你的自信：你是一个谨慎的驾驶者、你没有冒险、你的车有很好的安全性能（此外，你需要去上班）。包罗万象的意识与此时此刻的意识之间的分歧、长期的与短期的风险或满意之间的分歧，会出现在许多类型的情境中。它可能发生在试图减轻体重时，试图戒烟或戒酒时，试图遵守一项运动规则时，试图修订一项测验时……或努力写一本书时。

现在将情形转换为某人准备犯罪时，他或她完全意识得到有被捉到的可能：被捕，被起诉，被裁决，被惩罚，甚至被监禁。任何臭名昭著的犯罪均有可能成为地方报纸上的故事，也许会附上使人蒙羞的照片，或者在电视新闻中出现出庭的镜头。借用象征性的说法，你可能会觉得这存在于每个人的集体意识的背后，但是要想对行为有决定性的影响，它就需要更多地来到最前面。

对几种不同类型犯罪的研究显示，犯罪人着手实施犯罪行为之前，对前景的思考中根本没有考虑到被捕的可能。这一点清晰的显示在由强烈的愤怒或攻击情绪导致的暴力犯罪，以及与成瘾物质的滥用相关的犯罪中。在这些情形中，人们无法控制自身，也无法预计得更远，他们被“此时此刻”的思维所支配。基于深度访谈和对他们的观察，许多研究发现指出，大多数个体犯罪前均被如何实施该行为的念头所占据，而不是仔细考虑可能被捉的后果。

几乎没有这一问题的比较性研究，但可用的研究显示，在马上就要实施犯罪行为前的那段时间，有可能激活自我抑制过程的调节机制未起作用，或者被故意关掉了。对不同严重程度的财产犯罪的研究显示，被捕预测在这些关键时刻是不显著的。这些研究包括第四章描述的由 Carroll 和 Weaver（1986）所做的项目。在这个项目中，频繁作案的入店盗贼行走在芝加哥的商店附近，大声地报告思考过程并通过翻领上的麦克将其记录在磁带上。他们的认知仅仅集中在即时情境上，没有证据显示他们当时考虑到被捕的可能性。与此相反，一群入店盗窃的生手则头脑中盘旋着被捕、耻辱和关于其他消极情景的想象。Light 等人（1993）访问了在布里斯托尔别墅区里盗窃交通工具的年轻人。他们对行为和动机的解释几乎没有包含对被捉到的可能性的思考。转向其他类型的犯罪，Bennett 和 Wright（1984）邀请了一些职业入室盗窃者描述影响他们作出决定和选择目标的因素，同样没有发现对威慑性后果的思考。然而，将风险最小化则是他们决定中的影响因素之一，他们的认知过程超越了这样的阶段，即认识到惩罚的可能性所传递的任何有意义的力量。

这与 Wright 和 Decker（1994）对密苏里州圣路易斯市的入室盗贼的发现相似。大多数被访问者“有意识地拒绝详述被逮到的可能”，这一过程有效地“剥夺了威胁性制裁对他们的威慑价值”（p. 173）。所有人都意识到了这一潜在的结果，尽管他们只是微弱地知觉到这一客观的可能。一些人否认有可能被捕的想法在犯罪时能起作用。然而，大多数人使用了一种自我约束的策略在心中拒绝这样的想法。甚至在少数人怀有的信念中，想到被捕的后果就会增加这种可能性：一个被称作“怕啥来啥”的迷信。一种有效驱逐这些疑虑的方式，就是简单地集中精力于任务本身或最终的成功完成。与此相似，在对 88 个武装抢劫的囚犯所做的访谈中，Morrison 和 O’Donnell（1994）发现，他们的思维全神贯注于犯罪的计划与执行，不考虑真实的危险，只在发动行为这一点上，准备遭遇全副武装的警察。Corbett 和 Simon（1992）针对各种道路交通违法（超速、闯红灯、酒后驾车）的态度研究获得了可供比较的结果。无论他们自我透露的犯罪频度是高是低，所有的犯罪者都相应或多或少地渴望避免被捕。但是，高频率的犯罪者“详述了他们的信念，即相对较低的被捕风险促成了他们违法的决心”（ p. 534）。

Zamble 和 Quinsey（1997）对沦为累犯过程的研究补充了

上述结论。研究者访问并得到了311位被再次判决后回到监狱的男性重复犯罪者的详细信息。犯罪行为典型地被个人危机、应对困难和低自控所推动。这些人的问题累积到了无法容忍的水平，然而他们几乎均未使用积极的问题定向的方法。对某些犯罪而言，犯罪是压力事件的副产品，对其他犯罪行为来说，是逃避所面对问题的拙劣尝试。没有证据支持，犯罪活动的潜在法律后果在他们采取决定的过程中扮演了何种重要角色。所有这些发现迫使我们得出这样的结论，徘徊在犯罪边缘的准违法者们大部分没有处在 Walker（1991：15）所称的“威慑的心理状态”。相反，他们处在 Wright 和 Decker（1994，借用 Lofland 的措辞）所说的“社会心理隧道”中：一种“性质不同的心理状态”，在它的内部，“行为潜在的消极后果被衰减了”（p. 133）。

Carroll 和 Weaver（1986）在“有限理性”的模型中讨论了他们自己及他人的发现。在这个模型中，个体使用的推理过程仅限于一个狭窄受限的框架内，涉及的也仅仅是他们行动情境中的一个片段。相似的，对攻击的研究典型地显示出，对情感性或愤怒性攻击而言，个体被近在眼前的动机所影响而失去了前瞻后顾的能力，这一类型可能在大多数打斗中显现出来（见 Berkowitz，1993）。此外，对贩运毒品的研究表明，惩罚严酷程度的增加并没有产生逐渐灌输恐惧的威慑效果（见 Dorn et al.，1992）。当执法策略变得愈发强悍、刑罚也愈发严酷时，犯罪者只会更疯狂，手段更灵活。

最后，惩罚要想对个体产生影响，就必须建立在对个体充分了解的基础上。犯罪学研究者们认为，许多个体能够用语言将他们的非法行为解释成可以接受的。这就必须运用复杂的认知机制，如第二章提到的中立化方法。这些方法的作用是将个体与他们的行为结果隔离开，帮助他们回避责任，并且认为惩罚是不公平的（见 Sykes and Matza，1975；Vold et al.，1998）。

如前所述，很多人对惩罚有效性的预期都源于“常识性的推论”，即如果行为导致痛苦的结果，将阻止我们再次作出同样的行为。这一观念可能部分地源于成长的经历和父母的严加管教，来源于“放下棒子宠坏孩子”的古训。然而，具有讽刺性的是，惩罚在教育方面也没有显得特别有效。研究显示，最有效的父母抚育方式主要是，无论孩子表现得好与坏，通过监控孩子的所作所为，表现关注，表达喜爱与支持，以及在解释规则和对孩子进行纪律训练时使用归纳推理。在缺少关爱或关爱程度很低时，体罚会增加年轻人违法的风险。这一点得到了 Simon 等人（2002）关于美国家庭和中国台湾地区家庭的跨文化研究的证实。该研究将抚育中的冲突包括体罚的比例作为测量的指标，尽管惩罚模式在两种文化背景中略有差异，但都“没有证据显示体罚能够抑制年轻人的行为问题”（p. 74）。

威慑的效果

惩罚性制裁的存在有助于抑制人群中的犯罪活动以维持秩序的观点显然是被社会广泛接受的。当然，下述观点也同样看似合理，即大多数市民在大部分时间里持续的守法行为是其他因素的作用，如正强化或对社会赞许行为的奖励，以及密切接触群体的非正式社会控制训练。相反，对于那些因为先前卷入犯罪而变得边缘化的人来说，惩罚性制裁对他们的作用也减弱。

通过比较基于威慑的成功干预和失败干预的研究结果，可以说明威慑的这些维度。在某些情境下，某些种类的制裁会起作用。例如，在发现具有大量使用毒品风险的情境中进行随机毒品测试。Borack（1998）描述了这一方法在美国海军中的效果。该研究使用了在针对普通人群的研究中获取的对毒品使用频度的基线估计。在海军中，毒品测试的阳性结果将导致被解职。在每 30 天随机选 20% 的人做尿检的情况下，获得了56.5%的遏制效果。当环境中的不确定变量得到控制，潜在的违法者需要冒很大风险时，会出现相似的结果。澳大利亚大量关于随机呼吸测试对交通意外率的遏制效果的研究，有力地证明了这一点（见 Henstridge et al.，1997）。在对700名因家庭暴力被捕的男性的追踪研究中，Thistlethwaite 等人（1998）发现，即使受到监禁，也只有那些高“遵从危机感”的个体不太可能再犯。这里的“一致性”由一个考虑了雇佣、教育、居住和婚姻状况等方面因素的复杂量表测得。

与此相反，在 Baron 和 Kennedy（1998）的研究中，对无家可归的街头少年的判决没有观察到威慑的效果。正如作者所说明的，“对裁决的不同知觉依赖于他们在社会结构中所处的位置”（p. 30）。这些非常不同的研究表明了威慑效果的两极性。一端是 Borack 描述的海军新兵由于毒品测试的阳性结果可能失去许多，另一端是 Baron 和 Kennedy 研究的无家可归的贫穷少年。

知觉到的威慑似乎显现出一些相当持久的特征。在一项利用《美国国家青少年调查》数据进行的研究中，Massoglia 和 Macmillan（2002）发现青年晚期和成年早期那3年里对制裁的确定性和严酷性的知觉具有相当的稳定性。Massoglia 和 Macmillan 称其为“守法主观性”，并得出结论说，它是“适度、可靠、持续高稳定的”，是“个体生活的早期通过儿童期的社会化和经历发展起来的，并且可能在之后的生命过程中作为个人心理工具箱的一部分保持下去”（p. 335）。

所有证据总体上不支持威慑从未起作用，或刑事裁决没有阻止任何人进一步犯罪的说法。“威慑的效果偶尔闪现。”（见 Cullen et al.，2002：283）在所有可能性中，总有任意违法者样本中的一部分受到官方惩罚的威慑。与此相似，正如 Gibbs（1986）所断言，威慑可能以限制性的形式（前面曾详细说明）广泛地起作用，从而使一些犯罪分子为了减少被捕的可能，从完全沉溺于犯罪的状态中退缩了。这样的效果大概无法测量。由此提出的问题是：特殊威慑在社会对犯罪行为的全部反应中处于最重要的地位，其效果是足以信赖的呢，还是仅归纳来作为系统性政策的基础？

从操作化的角度来看，威慑效果最有效的中介变量是确定性。当然，完全的确定性是不可能获得的。虽然增加逮捕的可能难以实现，但相对而言，知觉到的被捕风险的微小增加也足以起到威慑作用。这一方向提供了最有可能增加威慑效果的途径。Von Hirsch 等人（1999）的回顾发现知觉到的惩罚不确定性的变化可能获得边际威慑效果。当研究判罪可能性和特定类型的犯罪（抢劫、伤害、入室盗窃和盗窃交通工具）率之间的关系时，得到的绝大多数是负相关。相反，关于各种严酷的惩罚有效的证据依然非常薄弱，更具讽刺意味的是，将其作为解决“治安问题”方案的主张如此的普遍。

Nagin（1998）回顾了其他显示制裁初始威慑效果的证据。对此，最适宜的解释是它们控制了知觉到的确定性变量。例如，1967 年通过了《大不列颠道路安全法》，并引进了“呼吸试验仪”的测试，对夜间重大道路交通意外的发生率立即产生了强烈的影响（见 Von Hirsch，1976）。然而，效果只是暂时的，而且正如 Sherman（1990）回顾的其他研究显示，紧随其后的是他称作“威慑衰退”的现象。尽管我们在前面看到，澳大利亚的随机呼吸测试实验产生了更积极的效果，但是在挪威和瑞典，引进相似的立法没有产生相同的效果。基于已获成果的建议是，通过不断制造新奇来保持模糊性和不确定性（希望不要引起表述上的矛盾）。这将赋予警察和其他司法机构一个不断创造与改新的责任，以找到新的计谋使公众确信被捕的概率比实际上的要高。但即使这样，也只能对某些类型的犯罪或犯罪人起作用。已经发现，对更严重的犯罪类型难以产生这样的威慑效果（见 Sherman，1990），而且不太可能对有更多经验的犯罪人起作用（见 Nagin，1998）。相反，一些研究结果揭示，“初犯对制裁的风险有不现实的高预期……而犯罪经历会使他们降低这种不现实的高预期”（见Nagin，1998：13）。换句话说，威慑似乎对最不需要震慑的人作用最大，而对最需要震慑的人作用最小。

然而，要想将确定性提高到任何有意义的水平，需要投入的资源几乎没有哪一个社会能负担得起。Felson（1994）曾以加州洛杉矶市的警务为例，该市有近900万人口（更大的洛杉矶大都市圈则有1600万人口），基于市区范围需要保护的财产数和警察步巡的有效性，Felson计算出洛杉矶市区的住宅、商店、饭馆或办公处所在警察可视保护范围之内的时间是平均每天29秒。这一下子将我们抛入了一个远景，即犯罪将会由于警察数量的增加而减少。通常，要求警察的数量比例适度。让我们想象一下警察的数量突然增加一倍，那也只不过意味着洛杉矶市区内的每份财产现在每天在警察可视保护范围之内的时间不超过一分钟，“将美国大都市的警察加倍就像在水桶中加进一滴水”（见Felson，2002：5）。Felson将通过增加警务来保护财产的可能看作是奇怪的错觉，并称之为“关于警察与法庭的谬论”。

在前一章，我们看到Martinson（1974）发表的评论被广泛认为在质疑改造的价值方面扮演了一个开创性的角色，并开创了更严厉惩罚的新纪元。Martinson的结论是，矫治未在他所声称的“刑事司法的网络”上添加任何东西（p. 254）。由所有可用数据严肃支撑的唯一结论恰好与它相反。法律的框架和网络在它们所声称的对已判决罪犯的目的方面基本上是无效的。也许只有附加的服务使积极的建设性的干预成为必需，从而刑事司法人员才有可能实现整个过程的公开的目标。

无效但却必不可少

总之，这里回顾的证据不断证明，对犯罪人施行惩罚未能简单地实现其通常假定的和官方宣布的核心目标。从表面上看，这可能首先被看作是一个纯社会学的问题。这里的几组数据——定罪或监禁率、犯罪率和可能的犯罪率等——是累积的社会统计量，可以拿去研究并验证一个是否是另一个的因果关系变量。笔者希望这一章阐明了为什么需要了解所有这些联系，或者当发现不足时，为什么需要考虑到心理学变量。

大概一个聪明的社会继续使用一个单一的无法实现目标的方法，导致其他各种痛苦，附带相当大的经济成本，将被视为是非理性的。坦率地说，当我们说它使犯罪人远离了犯罪，简直是在自欺欺人。但从社会学的立场看，惩罚可能很好地服务于其他象征性的社会功能，关系到团体的凝聚力、共同的道德或者市民的管理。从这一角度来看，它需要避免落入 Garland（1990）所说的"在犯罪控制领域被单独考虑的思维陷阱"（p. 20）。

然而，一些哲学家的观点是，惩罚是否能被证明是有效的至少部分地是一个经验主义的问题。犯罪控制与创造一个"更安全的社会"是政府固有的职责，也是大多数的政党宣言中敏感的争论主题。惩罚通常被看作一届政府交接时主要履行的承诺之一。因此，认为它不能实现目的而不适合继续使用的观点和证据应该受到系统的调查。很难想象在其他诸如健康、教育或就业政策领域，当面对如此众多的证据时，被证明如此无效的程序仍然被热衷地追捧。认为惩罚在某种程度上是人类符号关系的固有特征而无法改变的观点同样令人无法信服。社会中总有一些事情是这样的，因此是否该继续如此并无明确方向。如果可以援引君主的权力、对女性的征服、奴役被征服者的权力为例，那么所有这些仍将不受挑战。

哲学家 Ted Honderich（1976）几年前曾争辩说，假若较之其他措施，惩罚能"经济地预防犯罪"（p. 176）的话，它就可以被证明是有效的。如果它能确保"经济地减少悲痛"（p. 181），我们就有继续使用它的道德基础。基于前面回顾的所有发现是，惩罚非但没有减少犯罪，还可能使情况变得更糟。下述 Gibbs（1986）的观点似乎和它最初写下时一样准确无误：“大量的发现指出，当受到惩罚，罪犯没有被震慑。更准确地说，数量众多的研究者报告说，曾经受到最严酷惩罚的罪犯中的再犯更多，或者在惩罚严酷性与再犯之间没有显著的关系。”（p. 122）在概括前述源于裁决的控制实验的证据时，Sherman 赞同这样的观点：“惩罚会抑制犯罪的观点与大多数实验证据相矛盾……来自随机化实验的最频繁的发现是制裁未产生任何效果。”（p. 86）上述两条引文已发表有些年头，并且都早于大量支持同样基本观点的元分析回顾的发表时间。最近，考虑到惩罚与推动它改变的力量之间的关系，Hollin（2002c）承认惩罚显示出报应与剥夺的目的。然而，从威慑的角度看，他得出结论说，“检验一般威慑的证据，并未对惩罚犯罪人会抑制社会中其他成员的反社会行为的观点提供一致支持……而特殊威慑也被质疑能否在个体水平上促使其发生长期的行为改变”（p. 246）。

扩展阅读

Nigel Walker 的《为何要惩罚：对处罚的再评估理论》（Oxford：Oxford University Press 1991）和 Barbara A. Hudson 的《解读司法：现代刑事理论中的思想、观点和争论引言》（Buckingham：Open University Press 1996）讨论了惩罚学的主要观点。还有大量致力于此类相关问题的著作见 Michael Tonry 等人编著的《犯罪与惩罚手册》（Oxford：Oxford University Press 1996）。Donald A. Andrews 和 James Bonta 的《犯罪行为心理学》（3rd edn. Cincinnati，OH：Anderson 2003）对惩罚性制裁的效果有进一步论述。

第八章

应用与价值

本书的副标题是“透视理论与实践”，作为最后一章，本章有三个目标：第一个目标是调查一些有助于处理犯罪问题和进行司法管理的心理学实践。第二个目标是考虑一些关于处置个体犯罪人的批评性的观点，特别是伦理学的批评观点。第三个目标是在广阔的刑事司法政策和社会学理论背景下讨论心理学的地位。

心理学与刑事司法过程

任何一本书都必须在一个庞大而稳定拓展的领域中选择它所关注的问题。本书选择了心理学应用于犯罪的某些核心问题，本套丛书中的其他本涵盖了别的主题。现在让我们着手概要地了解一些这一领域相邻的分支。由于心理学对刑事司法过程的每一阶段都可能有所贡献，办理案件的前后顺序将提供组织这一叙述的框架。

警察调查

如果个体差异以我们能够理解甚至可以预测的方式存在，这样的模式就可以反应在罪行发生时操作方式的变化，以及紧跟在犯罪行为之后留下的各种痕迹之中。这一关键假设所支持的在犯罪调查中很有影响的发展方向称作犯罪人心理画像。现在，它属于侦查心理学这样一个专门的研究领域（见 Canter and Alison，2000）。

第一个著名的画像个案是 James Brussel 博士关于抓捕纽约城 20 世纪 50 年代的“疯狂炸弹手” George Metesky 所作的贡献。这一方法后来被联邦调查局的行为科学组用来对严重罪案的现场进行详细分析，以抽取出能够揭示犯罪人特征的信息。其基本假设是“犯罪现场反映出犯罪者的人格”（见 Holmes and Holmes，2002：41）。例如，一种差别表现为系列杀手分为无组织的反社会型杀手和有组织的不合群型杀手。前者是典型的“不够健壮、性格内向的白人男性”（见 Holmes and Holmes，2002：72），他可能具有以下特征：焦虑、社会性不充分、低于平均智商、从事非技术性工种、生活过得一团糟以及个人卫生较差。相比之下，后者的社会性充分、拥有熟练的技术、在性方面胜任、具有较高智商、有生活伴侣、过着有节制的生活、具有高水平的空间和职业的流动性。这两种类型可能都是孤独的人，但对前者来说是因为他们的怪异，对后者来说是因为觉得没有人能配得上他。上述两种类型的犯罪人在罪后行为与回应警方讯问方面也有所不同。如果个体的个性特征能够从犯罪现场遗留的痕迹中获得可靠推断，就会对警察确定调查方向或缩小犯罪嫌疑人范围有帮助。

这个领域通常涉及的特殊案例会引起耸人听闻的新闻覆盖率，从而影响到公众对其工作内容的理解，并引发许多神话。犯罪人心理画像也会引发严重的伦理问题，有一个声名狼藉的例子，对画像的运用实际上等于诱捕犯罪嫌疑人（见 Ainsworth，2001）。

最初的画像主要用于严重的暴力犯罪，现在的研究则更复杂，能描绘出侵财犯罪人的空间特征和心理特征（见 Canter and Alison，2001）。画像有几种方法（见 Ainsworth，2001），有的强烈地依赖对犯罪现场和幸存被害人证词的分析；其他的则关注环境分布，假设犯罪人可能的行为习惯，并通过详细的统计分析来查明犯罪规律。还有的更像临床诊断，包括运用案件信息评估犯罪者的动机。

心理画像是否管用的问题还有争议。如果接受心理画像意味着所产生的信息准确到能使侦探们追踪到系列攻击者家的前门，但得到这样结果的机会极少。一项在大都市警察内部进行的研究显示，画像的过程并不能在良好的侦探工作基础上锦上添花，画像仅在 16% 的案件中有帮助（见 Copson，1995）。然而，许多调查人员认为心理画像在指导调查和澄清值得追踪的线索方面是有益的（见 Ainsworth，2001）。

另外，其他心理学研究揭露了在错误辨认和不公正判决的案例中一些误差的来源，此类案例的数目高得惊人。这包括运用面容匹配、照片传播、通缉海报，以及从队列中辨认的工作。

收集证据：目击者的证词

运用心理学的第二个阶段发生在某人被捕之后。调查某一案件的警官与犯罪嫌疑人、被害人和目击证人面谈并记录他们的陈述。要想使证据被法庭采信，必须按照特定规则进行收集。若想让陪审团作出公平的决策，证据应是可靠和准确的。但是，考虑到许多罪行混乱的环境和紧跟着发生的整个过程，大量的因素影响犯罪调查的结果。

目击者的证词通常是法庭上最有力的证据类型。遗憾的是，它也不可避免地出错。观察事物、储存、回忆并就此进行沟通全部都是有缺陷的认知过程。因此，心理学对注意、知觉、记忆、动机和社会互动的研究，在这一领域有大量的应用。证人自信的程度并不必然与证言的准确性相对应；法庭证据的特性受到多种变量的影响，它们包括自事件发生以来的时间间隔；案件发生时的各个方面，如照明水平，由事件引发的情绪，紧盯凶器而很少注意其他细节，以及目击证人、被告人和被害人在性别、年龄、种族间的差异（见 Bartol and Bartol，1994；Wells and Olson，2003）。考虑导致遗忘或由此产生误差的因素，有证据显示，目击者的回忆可通过某种技术，如认知访谈，来加以改善（见 Memon，1998）。

此外，某些证人在与警官面谈时易受暗示的影响或容易顺从，他们的陈述在适当的时候可能被误导。下述情形可能在一定程度上会发生，即某些人并未犯罪，但他们却供认犯了罪。某些虚假陈述可能是在讯问压力下给出的，另外一些则可能被内部状态（如情绪需要）所激发（见 Gudjonsson，2002）。有些形式的虚假陈述被通俗地称为“伪恶证据”。与此有关的心理学上的证据，已经在大量案件中被证实是至关重要的。

当一桩罪案中的被害人或证人在情感或社交方面比较脆弱时，需要给予特别的关注。应予特别关注的情形有：对儿童的访谈，与有学习困难或沟通困难的成人的访谈。心理学家可以帮助准备或评估哪些方案是好的，包括面谈如何进行的框架（见 Bull，1995，1998），或者测试法庭使用相关视频的效果（见 Davies and Noon，1991）。与此类似的还有运用诸如“陈述有效性评估”等方法在性虐待辩护中评估儿童作证状态等。

最后，毫无意外的是，当陷入对一起严重罪行负责的风险时，人们在这种困境中并不总是诚实的，他们会用谎言保护自己或他人，通俗地称为“伪善证据”。当某人这样做时有无可能测量出来呢？许多人认为可以。不幸的是，社会心理学研究显示，大多数人确信可以作为撒谎指标的某些线索是错误的，而我们通常忽略的其他特征可能更好地服务于这一目的（见 Zuckerman and Driver，1985）。目前，对欺骗的探索是心理学研究中一个非常重要的部分（见 Canter and Alison，1999；De Paulo et al.，2003）。

法庭审判

社会裁定某人有罪的反应取决审判中解释和遵照刑法条款的最高法官、地方法官和县级法官。影响判决的主要因素是相关立法、之前的司法决心、审判方针、加重或减轻的情节以及一系列非正式的影响（见 Walker and Padfield，1996；Ashworth，2000）。考虑到不断有证据支持一些能够减少刑事累犯的方法，这些方法所包含的内容作为监狱和社会审判中的元素越来越受到重视。这里提到的许多方法来自第六章介绍过的心理学研究。

1996 年，英格兰和威尔士监狱机构中设计了用于减少累犯的规定程序中的主要操作指标。1998 年，英国政府宣布了一个重要的政策提案——《犯罪减少计划》（the Crime Reduction Programme)，为刑事司法机构的改革提供了一系列资源。改革借鉴了对“第三种预防措施”的研究的元分析回顾结果，内政部的调查概述了这些研究的部分内容（见 Vennard et al.，1997；Nuttall et al.，1998）。

围绕整个计划的设计和系统交付开展了多方面的工作。在其被认可和运用之前，必须接受内政部矫正服务鉴定委员会指定的一个独立专家组的详细审查并获得批准。鉴定委员会修订并出版了一套鉴定标准，其中列出了适宜的干预项目(Joint Prison/Probation Services Accreditation Panel 2002)。任何被认可的项目都必须具备一套文件来说明它所依据的理论与研究，并附有详细的使用指南来说明应如何被交付使用以及人员应如何培养和管理。

由此确立的项目被广泛用于监狱和保释机构，相似的质量控制机制也在几个地方建立起来。自 2000 年以来，保释机构中引进了一组被命名为“路径发现者”的矫治程序。这些程序有些应用于“社区惩罚计划”（见 Rex et al.，2004），有些追求满足短期服刑人员的再安置需要（见 Lewis et al.，2003)，还有的则导致了结构化的犯罪行为项目的交付使用(见 Hollin et al.，2002)。该项目中有些方法是一般性的，适用于多种犯罪类型，如关注可能促成不同犯罪行为的动态风险因素；有些方法是针对具体犯罪行为的，设计用于受单一犯罪类型模式支配的个体，如针对醉酒驾驶、物质滥用、一般暴力、家庭暴力和性犯罪的具体项目。

这项改革在政策与实践方面是空前的。一些观察家批评了改革的节奏和范围（见 Ellis and Winstone，2002)，还有的则表现出某种担忧，担心改革所关注的内容（主要展开认知行为干预）过于局限而忽略了犯罪中的社会因素（见 Rex，2001)。迄今为止，对来自监狱的计划运用情况的评估产生了混合的结果。本书写作时，来自保释机构的有关计划运用结果的评估即将发表。

正如Ogloff和Davis（2004）的评论所言，如此大规模的由政府发起投资的矫治行动涉及大量的风险。如果改革的结果被证明是令人失望的，所面临惩罚性方法回归的压力将增大。而考虑到有关惩罚性方法的所有意图和目的的有效性证据都不存在（如我们在第七章中所看到的），这样的逆转将多么可笑。

执行：组织与社会背景

对上述刑事司法计划的结果研究，凸显出一些其他重要问题，暴露出一些疏漏。现在许多研究者承认，由文献回顾引出的教训是：执行过程被严重忽略了（见 Gendreau et al.，1996b）。幸运的是，这一问题已经开始受到更多的关注（见 Harris and Smith，1996；Bernfeld et al.，2001）。

Bernfeld等人（1990）认为，只有注意到以下四类问题，即客户、项目、组织与社会时，计划的执行才有可能成功。某些地区最近的政策发展存在关注程度不平衡的情况，即在损失了其他三种成分的情况下，仅对第二位的“项目”给予不成比例的关注。所以，最有效的机构应当在更广泛的组织管理范围内定位矫治的努力，对当地背景变量给予注意，并相应调整机构。

Andrews（2001）也建议，成功地着手有证据基础的提案，必须更多注意到结果研究以外的事情。其他要素也应该加以考虑：首先，机构应该在开始时发展并制定一个服务计划，或者一系列关于新知识应用的政策和方针；其次，确保管理者真正理解基本原则，拥有协调质量控制程序或鉴定程序的能力；再次，有配套的对人员技能和大面积职位的培训，包括发展人际关系的能力、激励他人的能力和将计划任务付诸实施的能力。最后，至关重要的是，培养多级所有权以避免简单地强加自上而下的决策，包括确定和阐明实施者能够在政策允许的框架内运用个人判断力的范围。

干预的成本与收益

对结果研究的一份令人印象深刻的具有潜在的值得考虑的政策意义的补充，是一组对犯罪人干预程序可以获得相对划算的效果的研究发现。几年前，Prenky 和 Burgess（1990）报告了一项对马萨诸塞州矫治中心（MTC）的计量经济学研究，那是一个专门对实施严重性犯罪的男性进行矫治的研究室。这份报告的背景颇具讽刺意味，如果州财政不愿意对建立在人道主义基础上的矫治研究室进行投资，它的观点可能随着干预可以带来的货币节约而发生改变。

这种类型的研究涉及计算和比较两组费用，其一为“受害相关费用”，包括一系列诸如修理损坏的汽车和居住设施的经费，伤害案件中的住院费，支持性咨询的花费，赔偿金和相关法律费用等支出。其二为“犯罪人相关费用”，包括警察工作、起诉与法庭听证、监禁或社区监管的各项支出。当两组数字放在一起，可以计算出二者的比率，并检测出在具体行动过程中所做的投资是否有回报。

MTC 研究显示，对于分配给它的每一个个体，不只是进一步减少了危害的风险（平均 15%），而且为马萨诸塞的纳税人净节省了 68000 美元。在澳大利亚进行了一项类似的研究，使用了 8% 的平均矫治效果（基于先前评估），就显示出对每 100 个性犯罪人的矫治为财政贡献的净利润为 25.8 万到 185 万澳元（见 Donato and Shanahan，1999）。

目前有几个关于这一问题的研究。一项是分析了 7 项关于“第三种预防措施”的研究，发现成本收益率在 1.13∶1 到 7.14∶1 不等（见 Welsh and Farrington，2000，2001）。另一项范围更大的回顾用证据说明了与惩罚性制裁负的经济回报相比，有证据显示刑事司法项目有显著的成本收益（见 S. L. Brown，2001）。McDougall 等人（2003）试图使用不同的方法比较不同类型审判的相对成本收益，但他们找到的研究数量较少，且研究之间的一些主要差别妨碍了得出任何清晰的结论。到目前为止，最大范围的回顾是 Aos 等人（2001）报告的一系列对不同干预措施的成本收益率的比较。他们确定大量干预措施获得了“双赢”的结果，既减少了犯罪又降低了成本。甚至，当犯罪减少相当有限时，也可做到货币的节约。尽管许多干预的节约是有限的，但有几个研究得出了非常积极的结果，包括多重系统治疗、多维抚育关怀矫治、功能性家庭治疗和攻击转换训练。例如，攻击转换训练的成本收益率为每花费 1 美元收益 45.91 美元。

整合心理学与法律：治疗性法学

无论是直接的还是象征性的，法律影响和调节着生活的许多其他方面（在某种意义上，它被称作“帝国主义者”。见 Hudson，1996）。法的决策，涉及有罪或无辜，判决类型，出于安全考虑的监禁或宣告无罪，都对生活具有深远的意义与影响。我们可能还不习惯于这样思考，但法的运作本质上是一种社会影响过程，尽管直到最近还很少注意这个方面。然而，法的内部出现一个新的领域，主张更仔细地审查法律事件对每个受其影响的人的意义。

治疗性法学（见 Wexler and Winick，1991，1996；Stoll et al.，2000）是一个思考法的特别领域，在那里，核心的兴趣关注于法的过程与决策造成的影响。它被简单地定义为“对法作为一项治疗手段的作用的研究”（见 Wexler and Winick，1996：xvii），且部分地基于法与行为科学的结合（见 Carson，2000）。它的主要原则最初来自对心理健康法的实施的研究，于是，结果的不同部分被分别表述为治疗性的或反治疗性的。如果一个决策或过程是治疗性的，就意味着它会助人复原或改善；如果它是反治疗性的，它将产生负面的或不利的影响。

从一开始，治疗性法学的思想就被持续应用于分析其他法的专门领域。Wexler（1996）检验了关于刑事法庭的活动和决策的一些方面。传统的法庭模式将核心的决策者描述为“公平公正的法官”。例如，有些刑事法庭的研究者将审判视为“一种表现仪式”。它承担“正当的非难”，即“以具体生动的方式表达不赞同”（见 Walker and Padfield，1996：117）。在治疗性法学中，“所争论的问题……是法律本身在一定程度上引起或促成心理功能的紊乱”（见 Walker，1991：19）。例如，法的应用领域之一可能与性犯罪人有关，考虑到具体涉及的因素，如认知扭曲，我们可能会问法律是否影响到了对此的治疗或反治疗，以及法律能否以促进认知改变过程的方式来运作。另外一个问题可能是，在考虑有条件地释放或保释安置时，能否将卫生保健领域坚持的矫治原则运用到法庭与个人间的相互作用上。这需要促进法庭人员与犯罪人之间一种更密切的对话。

Wexler（1998）也系统探索了对犯罪人进行心理学基础的干预所具有的潜在的重要价值。如果法庭对此知晓，并且能够对此项工作获得的证据作出反应，就可以直接通过对程序的许多调整来促进它。首先，可以通过培训使审判人员熟悉它们以及相关的研究文献。把研究付诸实践将使被告人成为诉讼程序的中心而不是外围，而且法庭将会在促使变化发生方面更积极主动。这一点可通过以下环节得以实现：个体参与到对监管或假释计划的准备中、适当允许对个体有重要意义的其他人参与、在执行商定计划时设置环境或给予支持。另外，法庭也可运用一些有效干预的原则和方法，如解决问题训练和再犯预防（见 Wexler，1998）。

治疗性法学领域的学者指出了法庭程序和实践的许多发展，打开了使法的决策制定在其过程和效果方面都变得更具治疗性的通道。例如，发展特别的法庭来处理复杂的家庭暴力，以及其他诸如毒品法庭、青少年法庭、心理健康法庭和调解纠纷法庭。一些程序对参与的当事人和累犯的影响，具有令人鼓舞的评估结果（见 Minor et al.，1999；Peters and

Murrin，2000；Springer et al.，2002）。Minor（2003）讨论了来自心理治疗或行为改变的概念在法律背景中潜在的适用性。

专门的组织

心理学成为一门独立的学科之后，其研究与实践人员的数量几乎呈指数性的增长。像其他的劳动者团体一样，心理学家逐渐组成了他们的协会，以表明他们的兴趣、设置标准、规范入会程序以及履行社会学家称之为职业特征的其他职能（见 Johnson，1972；Torstendahl and Burrage，1990）。他们还保持与外部团体，如公众、其他职业团体和政府的沟通。

许多国家建立起了职业心理学协会。建于 1892 年的“美国心理学协会”（APA）是建会最早、会员最多的协会，成员超过 12 万人。建于 1901 年的“英国心理学协会”（BPS）是欧洲建会最早的，但其会员数量不及西班牙心理学协会。每个欧洲国家都有一个国家级的协会，一些国家如德国，设有“心理学与法分会”。在英国心理学协会内对应的分支为“司法心理学分会”，在美国心理学协会内对应的分支为“美国法律心理学协会”（APLS）。在超出国界的范围，有国际性的网络执行联络的功能。“欧洲心理学家协会联盟”（EFPA）协调 31 个成员协会之间的共同事务，在其他大陆也有相似的网络。此外，还有专业的国际性组织，如“心理学与法律欧洲协会”（EAPL）和“澳大利亚与新西兰精神病学、心理学和法律协会”（ANZAPPL）。

心理学与犯罪：社会背景

犯罪率、罪行的严重程度以及不同类型犯罪的作案频率，所有这些在国与国之间皆有很大的不同（见 Newman et al.，2001；Barclay and Tavares，2002）。当然，这可能反映的是不同的界定和记录方法，而不一定是潜在的差异。但是，近几年的大规模研究显示，英格兰与威尔士每年的犯罪数在 1200

万到1700万之间。这些数字来源于《英国犯罪调查》的持续观察（见 Kershaw et al.，2001）。各国在对犯罪的主观恐惧方面也有相当大的不同（见 Mayhew and White，1997），但它们仅与官方统计中记录的犯罪模式间接相关。

无论准确的细节是什么，犯罪都几乎直接或间接地涉及每个人的生活。在这种情形下，犯罪几乎无法逃过媒体的关注。研究显示，犯罪事件占据了每个新闻媒体故事专栏中的最大份额（见 Carrabine et al.，2002）。在过去50年间，新闻中用于报道犯罪的比例一直在上升（见 Reiner，2002）。饱和度达到了几乎每个人都有观点、理论和一些支持他们的证据。然而，对治安状况的探讨无情地暴露出上述情形只能被描述为一个态度的“雷区”。个体的观点更有可能被其之前对社会问题的态度和信念所影响，而不是在犯罪自身的系统性证据的基础上形成。

一个声称科学的方法真的适合大多数人思考道德或政治问题吗？在普遍的印象中，科学崇尚独立和客观。所以，它必定禁止欣赏主观的经验、意义、观念、价值和其他基本的人类条件反射特征。与此相反，心理学与这些领域密切相关，而且，对它们的探索及相应的价值系统可以与科学的展望完美相容。

如果心理学要运用于社会行动或公共政策的话，就需要考虑道德的与政治的维度。然而，有这样一种观点，即它的方法学的抱负和与生物科学的密切关系致使心理学不适合用来处理社会问题。如果它确实采取这样的姿态，某些研究者将把它对个体差异的关注视为本质上附属于政治上的保守派。

个体与社区

首先，笔者在个体水平上讨论这些问题。与违法的人打交道提出了许多复杂的道德问题。在为满足个体需要提供服务与试图服务于集体或团体的利益间有一种固有的紧张状态。

回想 Garland（2002）使用过的术语，之前描述的许多活动可能使心理学看上去好像改变了它的历史使命。尽管它传统上被看作是犯罪学中龙勃罗梭事业的一部分，现在也许已经被吸收进了政府的事业之中。心理学家帮助警察进行调查，协助法庭评估证据，评估犯罪人的风险水平，并在刑法系统内发展了管理他们的方法。他们的基本任务是，帮助解释犯罪并找到控制犯罪的手段。在 Garland（2002）的观点中，这样的"原因的科学"是"彻底的有缺陷的"事业（p. 8），它所做的一切就是为政府服务！

在抛开它是单边极权主义议程的一部分这一观念之前，请注意心理学的许多方面也可以帮助个体公民。它可以保护公民远离错误的判决；减少严酷的惩罚；保护潜在的受害者远离剥削与侵害（减少累犯意味着减少被害）。在刑事司法外，心理学在健康、教育和职场有许多进一步的应用。

此外，心理学还有可能同时满足社会与违法个体二者的需求。那些屡犯的行为是令团体讨厌的。而许多研究揭示，犯罪人自身也常常遭遇麻烦。通过帮助这样的个体重新定向他们的生活，若能有效地减少犯罪的话，对他们和别人都具有极大的价值。

在《丹佛青少年调查》中对 1527 名年轻人的跟踪结果显示，在自我报告的问题数量和犯罪的严重程度间有很强的联系。"在只面临一个问题的人中，有 7% 是严重犯罪者，而在面临 4 个问题的人中，有 85% 是严重犯罪者。"（见 Huizinga et al.，2003：62）这一模式在男女两性中均有显现。个人在生活的一些方面遭遇困难的经历，有时非常不幸地与缺乏有效处理问题和解决问题的能力相伴随。例如，Wesner（1996）发现，与非犯罪的对照样本相比，犯罪人解决问题的技能更贫乏。

Whitton 和 McGuire 设计了一系列用于评估年轻人各方面问题和应对方式的问卷，提供给在曼彻斯特大都市圈被监管的青年犯罪人群体，及与之匹配的初中非犯罪样本。青年犯罪人对他们生活中的严重问题报告了明显较高的频率，而且这与他们先前被定罪的次数有关。然而，在描述他们的应对方式时，他们显然较多使用了相当琐碎无效的方法，而较少使用积极的关注问题的应对方法。

在我们前面遇到的一个研究中，Zamble 和 Quinsey（1997）访问了曾平均被定罪 25 次，具有高重复犯罪率的成年犯罪人，其中涉及的因素似乎能促生新的犯罪。他们再次被捕前常常面临各种困难和糟糕的自我管理，并缺乏积极的问题定向的处理方法。例如，个体忽略他们所遭遇的问题，以至于让这些问题累积到无法容忍的地步，然后采取极端的解决办法。在其他针对成年犯人如何应对问题的调查研究中，Zamble 和 Porporino（1988）发现，越难适应监狱生活的囚犯越缺乏解决问题的技能。Morrison – Dyke（1996）发现，有精神障碍的无家可归的犯罪人往往缺乏解决问题的能力。Farrall（2002：212）在一个成年犯罪人团体样本中探索与放弃犯罪行为有关的因素时观察到，“由于缓刑犯面临的社会环境‘问题’总数不断增加，因此停止犯罪变得不太可能”。

许多结构化的干预被特别设计用于传授技能以解决个人问题（见 McGuire，2002），这些传授着眼于参与者的生活情境所引发的困难。项目素材经常强调依赖能够产生一般行为（包括改变外在情境）过程的环境，以及在某些约束下找到起作用的解决办法的重要性。这种练习形式中的参与者没有被从他们的环境中剥离（如有时宣称的那样），培训将使他们能够找到引发问题的根源。

伦理悖论：风险评估、预测与变化

上面提到的伦理压力在评估与预测风险时变得特别尖锐。不同作者对这一任务能否合乎道德地完成持对立的看法（见 Grisso and Appelbaum，1992；McGuire，1997b；Zinger and

Forth，1998)。风险评估是否可行，依赖于所使用的方法的预测准确度。有些作者指出，预测在伦理上被认可以前，应该达到一定程度的准确性。无论可能的标准是什么，重要的是在使用评估结果时兼顾其他各种来源的信息，并告知结果而不是给出指令。写报告或提出建议并不是无价值的过程。心理学报告的主要目标是改变读到它的人们的信念和影响他们的行动（见 Ownby，1997)。心理学家有义务关注在此项工作中出现的伦理维度。

当考查变化过程时引发了别的两难问题。关于这一点，存在几个内部相互联系的方面。最重要的问题是，参与“相关改变活动”是完全自愿的，还是出于刑事司法人员的要求。即使我们确信，如果某人被强制也会发生改变，但是强迫服从是否道德？从一个角度看，只有个体自身有权决定是否参与。从另一个角度看，社会可以压制犯罪人并强迫其改变。忽视他人的权利，他或她便丧失这一权力，这一点备受争议。

我们期望为人们作出有意义的改变，如强烈要求学习控制物质的使用，必须建立在纯粹自愿参与的前提之上。这在一定程度上是最理想的安排。但有些发现显示，也有一些环境中强迫性的框架有助于作出改变。Farabee 等人（1998）回顾了 11 项针对毒品滥用犯罪人的矫治项目的评价研究。各项目在运用法的压力的程度上各不相同，但所有项目中的参与都受到某种程度的强迫。11 个研究中，有“5 个研究发现刑事司法治疗安排与矫治结果有正相关，4 个研究报告没有差异，2 个研究报告了负相关”（p. 5)。作者挑战了传统的观点，即外在压力的存在意味着个体缺乏任何内在的改变动力。与此相反，改变常常是复杂的内外因素相互作用的结果。作者得出结论，研究发现支持“对刑事司法系统既作为矫治安排的一个有效来源，又作为增加记忆与服从的手段来加以利用”（p. 7)。后者的重要性被 Fiorentino 等人（1999）的进一步工作所证实。

然而，改变可能不需要强迫，它可以被引导出来。对于诸如在物质滥用中发生的高频行为，高明的激励性面谈可以影响人们产生改变（见 Miller and Rollnick，2002）。部分问询师在咨询中使用多种互动策略，包括鼓励来访者作出他们自身有能力改变的归因陈述，并将他们的注意引导到他们所说的和所做的之间的差异上来。尽管这不是明显的强迫，但仍然发生了伦理方面的困难：以此种方式微妙地影响某人，而没有他们完全知晓下的同意，放开了一种操纵的权利（见 Miller，1994）。

Blackburn（2002）讨论了是否存在使强迫在伦理上无可非议的环境。此种观点是基于反思的基础上得出的。在刑事司法机构内部，与犯罪人打交道的心理学家和其他专业人员处在双重角色之中，他们“同时既是帮助者也是实施社会控制的官员”（p. 143），此二者的冲突可能造成相当大的压力。强迫获得了它本身以外被渴望的结果，此类证据成为运用它的借口。考虑到某些类型的犯罪或伤害的风险，“全部拒绝强迫改变似乎不是一个可行的选择”（p. 149）。

职业伦理法规

为处理这些复杂问题的需要，大多数国家的心理学协会制定并出版了职业伦理法规。这些法规通常是建立在道义学方法基础上的道德推论，如我们在第七章中所见，来自康德的学说认为行为的正当性与否独立于其结果，基本的道德价值可从最初的原则中推论出来。与此相对的是功利主义的方法所主张的，行为的道德由结果或纯粹的成果来决定（见 Bersoff，2003）。

尽管伦理法规的精确内容各异，但大多数阐明了一些基本观点：

- 善意：承诺行善的责任或义务；
- 非恶：承诺避免伤害的责任；

• 自主：留心个体思想与行动的自由，以及自我决定的权利；

• 公正：行为基于个体间的公正与公平；

• 正直：可信与可靠的许诺；行为不超出自己的能力范围。

1953年，美国心理学会首先发布了它的伦理法规，此后历经多次修订（见 Canter et al.，1994）。1995年，“欧洲心理学家协会联盟”（EFPA）的立法委员阐明了一个联合的基本伦理法规（发布于该联盟的网站，2004），囊括了成员协会各自主要的伦理准则，并规定如有违反将受到惩戒。但是，它不可能完全覆盖伦理问题可能面对的所有具体情境。一些心理学家针对这种情况发展了名为实践伦理学的问题解决与决策制定的序列方法（见 Pryzwansky and Wendt，1999）。

有争议的模型：风险因素与幸福生活

近来许多刑事司法项目的发展皆源自 Andrew 和 Bonta（2003）提出的“风险—需求模型”。一些批评认为，用这种方式解剖人，把人完全描述成了一个风险包，“把主题分解成一群因素”（见 Hudson，1996：155），贬低了人的个性和整体性。面对这样重大的误解，最近少数研究者提议对“风险—需求模型”作重要修订。一些批评重提了一个长期存在的假设，即帮助人们进行改变时，必须改变“完整的人”。

基于这些批评，Ward 和 Stewart（2003）发展了另一个风险因素模型，他们主张提供一个更可靠的基础，在对动机与转变的更加广泛的分析中整合所谓的犯因性需要。他们争辩说，Andrew 和 Bonta 术语中的“需求”一词不是犯罪人自身所能识别的。更确切地说，他们反映出了社会其他成员希望改变以降低其累犯率（如 Andrew and Bonta 声称，并有证据支持）的因素。

Ward 和 Stewart（2003）转而建议通过将其定位于人类动

机的一般模型内以丰富和强化对需求的理解。他们概述了某种基本的动力和“基本的人类美德”，如健康、自我定向、来自内心的自由，以及建立与他人的关系或亲密感。这为犯罪人提供了一个 Ward 和 Stewart 称之为“幸福生活模型”的服务框架，目标是提高一般心理健康水平。Bonta 和 Andrew（2003）反驳说，“风险—需求评估”包含了非常广泛的范围，犯罪人应该享受高质量的服务来满足他们所有的需要。问题是，刑事司法机构是否是指定的角色，去处理某些与犯罪没有确定联系的事情。正如刑事司法人员没有被明确要求去调查他或她犯罪行为以外的个体生活中的因素。Davison 和 Stuart（1975）将减少问题行为的最小目标和增加个体其他方面功能的最佳目标区别开来，二者的相对比重可能不得不在每个个案中重新商定。

停止：完整的人

作为犯罪学中最一致的发现之一，犯罪年龄曲线清晰地显示出大约 20 岁以后随着年龄的增长，犯罪人口的比例会有很大的下降。直到最近，对这一过程仍然知之甚少（见 Laub and Sampson，2001）。然而，一些研究者已经探索了成功减少犯罪的个体原因。一个重要的发现是，这更像是一段过程而不是一个突发事件。就像个体的优势和生活方式不平衡地发展，个体犯罪道路的改变也会涉及速度的改变和方向的逆转。

Jamieson 等人（1999）发现，他们访问的许多年轻人都坦率地谈及成长和成熟，得到工作、受到教育、遇到配偶、脱离犯罪同伴、承担责任并安定下来。Marura（2001）报告了一系列明确关注停止犯罪过程的深度访谈，发现犯罪人（像其他人一样）需要确认他们生活的意义，并据此构建生活故事或围绕特定的主题发展“个人叙述”。这些“生成的脚本”帮助他们发展进化的同一性，用比喻的说法，他们逐渐变成了不同的人或他们自己的新版本，能以不同的方式行动。

在一项关于保释监管的影响的研究中，Farall（2002）发现，停止的过程与监管警官的努力相对关系较小，更多地体现为生活事件和环境的一种功能。从外部看，停止犯罪的过程与得到工作、遇到配偶和其他重要事件联系在一起。其他固着于犯罪模式的人将其归因于他们的“生活中缺少变化”，这意味着关于工作和人际关系的令人不满的环境。

这些研究普遍强调针对被称为“完整的人”的方法。尽管从某种程度上讲，这种观点挑战了分析性的风险因素模型，但二者可能是互补的，正如Marura（2001）的工作充分说明的那样。

心理学、科学与政治

前面的章节调查了心理学在犯罪中的运用，说明了研究发现服务于刑事司法机构和个体的方式，以及有时在与需求之间进行选择或平衡的错综复杂性。既使所有这些问题都能设法得到解决，关于心理学在犯罪研究中的作用仍有很多问题需要研究。在本书的最后一节，笔者想讨论心理学能在多大程度上为关于犯罪与司法的政治举措提供观点，以及心理学知识相对于其他方法在社会学中的地位。

从某种观点看，讨论个体犯罪者，认为是他们制造了问题，这种行为本身是带有意识形态立场的。正如我们在第一章中看到的，心理学对个体差异以及如何理解个体差异的关注，有时忽略了社会环境、结构性不平等、权力关系和其他环境影响的重要性。但是，在另一个不同的概念层面上，在人的内部去寻找原因或结果本身就值得怀疑。本书提到的模型没有援引疯狂或疾病的概念。然而，从某种角度来看，任何对个体差异的考虑都会召唤这样的观念。它们是变幻的幽灵，萦绕在犯罪学和心理学的联盟中，那就是病理学幽灵。

在本书的各种观点中，我们讨论了存在于个体间的压力或不和谐状态的问题，并分析了可能收到更好或更糟结果的过程。根据某些评论，这意味着情境的某些方面被病理化了。Siegal 评论说，尽管心理学理论可能对理解深受伤害的人的行为有用，但它对解释一般犯罪无用（引自 Hollin，2002a）。由于犯罪是普遍的，那可能意味着每个人或多或少都会受到侵扰。与此相似，心理学方法的运用被认为难免会导致由偏离的社会化和顺应引起的“犯罪心理”的观念。

《塞奇犯罪学词典》（见 McLaughlin and Muncie，2001）将“病理学”定义为一种生物医学的表达式，几乎包含了社会中全部伤害的不均衡模式，以及它们与其他个体或社会过程可能的链接。这几乎不言自明是有害的。“心理科学连接了产生病理学的力量/知识并努力控制它们，正如其对疯狂、犯罪和性的不同观点所做的一样。”（pp. 202，203）这些批评完全依赖于任何这一脉络的思维形式都会招致批评的观念。心理科学家们在主张对社会中某些行为标准化，并且对与他们有分歧的其他人形成否定判断的过程中是部分无意识的。这意味着，在努力解释一个人为何伤害别人时提供了一个“将国家利益嵌入个人道德的大多数维度”的条件（p. 266）。

如此尖锐的不一致也出现在生物学中。引述 Rutter 等人（1998：156）的话来说，“有些犯罪学家拒绝接受生物学的基本发现，因为在他们眼里犯罪是一种社会的和法的界定，它不会在生物学中有根源……任何对可能的生物学影响的考虑必定是对犯罪的‘医学化’，错误地将一种社会现象转变成疾病”。也许这种令人厌恶的态度源于英国犯罪学在 19 世纪末 20 世纪初的最初统合阶段。在那个时代，可能被共同称为心理科学的内容被或多或少地描绘成了精神病学。

刑事司法的辩论

可能并不令人感到意外的是，作为上述的力量/知识的部分制造者，心理学家在挑战刑事司法政策制定者或竭力反对控制意识形态方面并不是最著名的。批评的声音更频繁地来自别处。以适度基于社区的惩罚为例，Petersilia（1990）研究了在那些接受如此惩罚的人中引发的恐惧和疑虑。Von Hirsch（1990）将注意指向了使用这些制裁的决策的伦理维度。Worral（1997）分析了这些新举措在英格兰和威尔士的历史背景和政治背景。与此相似，关于废除主义的争论的前沿（尽可能少地使用监禁、提倡囚犯的权利、去除对少年犯的监禁，以及其他目标，见 Hudson，1996）向来被专业人员而不是心理学家占据。

在意识到美国监狱人口的疾速上升之后，Haney（1999；见 Haney and Zimbardo，1998）严厉地批评了他同行的心理学家们没能大声反对这一趋势。颇具讽刺意味的是，Andrews 和 Bonta 注意到，自 20 世纪 70 年代以来，几个国家出现稳定的朝向更具惩罚性措施的倾向，并不是此前一贯支持惩罚的政治权力所致。责任在于左倾的意识形态，它对文化分析、偏差理论以及放弃矫治作为一种理想和可行计划都产生了影响。

心理学家在针对司法管理中的虐待或不公平时也许不是一个最高大的形象，但是他们在一些至关重要的问题上肯定没有保持沉默。James（1995）详尽讨论了 20 世纪 80 年代早期英国政府对贫困家庭和对青少年犯罪的长期影响的政策反应。Allen 等人（1998）研究并揭示了陪审团的态度对被告人可能被判死刑的影响。Steinberg 和 Scott（2003）比较了在美国针对年轻人使用的死刑。Haney（2003）则整理了美国最大监狱中使用单独监禁及其对心理健康的影响的证据和争论。在一个更广阔的前沿，Joseph（2003）对涉及心理健康与犯罪行为中基因作用的证据提出了质疑。

也许，心理学家对在刑事司法问题上自愿贡献意见表现迟疑，那是由于所接受的训练使我们成了“数据的奴隶”（在某种意义上，令人回想起龙勃罗梭，尽管那并不是拥抱实证主义）。提出任何论点，都有坚定的希望支持它——越充分越好。笔者在本书第七章对于惩罚的结论是，应建立在诉诸效果的实证性证据的基础上。Boone（2004）在详细审查关于“什么起作用”的文献时形成了一个夸大的观点，即其中很多看法都是完全功利主义的。但这个观点是被上述那种伦理的基本价值所驱动，在研究发现和基本信念间形成了令人满意的和谐局面。

科学的心理学与社会学

与 Andrew 和 Bonta（2003）采用理性实证主义态度的著作不同，本书在被科学哲学家称为批判现实主义的范式内进行写作（见 Searle，1995；Klee，1997；Norris，1997）。这包括确定的认识论假定。我们试图理解的一些事件、过程和其他现象具有独立于人类精神的现实。其他的则是通过人类的发展、相互作用和语言的运用从而社会性地建构起来的。要获得上述二者的系统的知识是可能的，采取第一章描述的方法上的多元论观点，使用科学的心理学方法允许借助各种手段。所选的调查形式也适合所提出的问题。心理学中长期存在的区别有助于理解这一点。调查研究的方法和他们的结论可能是：

- 普遍性：普遍性，即复现的跨情境的知识，允许我们做归纳性陈述的跨时间和地点的重复的事件状态。在一项平行的比较研究中，Hedge（1987）发现，心理学中那些研究发现的积累和一致性水平，与在典型的“硬”科学（粒子物理学）中的发现是相当的。
- 具体性：具体性，是指在具体时间、具体地点，在单一的个人、文化团体、语言、宗教、法律系统或其他实体中发现的经验或原型的知识。其核心是通过自我报告、主观描述和生活史，理解在当地背景下个体生活、个人情境、信念结构，或其他经验的差异性、复杂性和独特性。

这些术语最初来源于德国哲学家 William Windelband

(1848～1915)。在他的著述中，他称前者为“总是”，称后者为“仅是”(见 Lamiell，1995)。

于是，有些心理学家从事于控制性的实验，测量可以计量的变量，并试图作出因果推论（既可通过个案，也可通过大样本来完成)。其他人则追求对人类经验先前被忽视的方面的定性的、社会建构式的研究。独立的研究项目揭示了没有联系但却交叉的问题。每个研究都提供了不同种类的理解，它们之间没有竞争，每一个都能告诉我们一些新的东西。将它们集聚起来的结果是获得了累积的知识和理论解释。

然而，有批评认为科学范式是虚假的。目前，在社会科学中存在实证主义与构建主义，唯物主义与唯心主义，现代主义和后现代主义方法等几种对立。有些当代文化理论家称上述系统的陈述为“现代主义”，本书也许会被贴上这样的标签，因此在他们眼中是过时的。文化理论家们断言，产生了诸如“犯罪人矫治”计划的，将科学应用于社会问题的启蒙思想，是由意识形态驱动的（见 Hudson，1996)。他们的固守可能没有恶意，但他们大概是天真的，而且没有意识到他们不知情的参与如何在力量/知识的复合体中构成了一种认同，因而是支持性的。

姑且不谈这点，有些当代思想家断言，所有的论述或“文本”都是同等有效的。相对于其他活动领域，科学关于我们的注意并没有更多主张。仅仅因为历史的或文化的原因，使它变成了有特权的或占优势的论述。这一批评扩展到包括物理科学的其他科学，正如在社会学知识中优势程序所显示的那样（见 Klee，1997)。有时，科学也是过犹不及的。这就是说，科学的开发和技术统治的表现被当成了科学的一切。同样的理性倾向也贯穿于心理学中（像别的学科一样有一个“临界”线)。

如果我们接受这些极端相对论留给我们的困境，则《几何原本》、《物种起源》、《牛津犯罪学手册》、《圣经》、《古兰经》、《我的奋斗》以及新法西斯主义基层组织散发的宣传页，全都是相等的文献。正如前面所指出的，认识有许多潜在的来源，但是我们需要一个标准，据此关于人类的要求可以被评估，与此相关的想法可以被锚定。我们获得这一标准的最大希望就是通过深思熟虑的推理以及对观点系统的实证测试来表现科学调查的特性。

扩展阅读

Peter Ainsworth 的《犯罪人心理画像和犯罪分析》（Cullompton：Willan Publishing 2001）对犯罪人心理画像的不同方法进行了实用且相当简明的回顾。关于目击者证词的原始资料见 Amina Memon，Aldert Vrij 和 Ray Bull 的《心理学与法：真实、准确、可信》（2nd edn. Chichester：Wiley 2003），Gisli H. Gudjonsson 的《审问与招供心理学：指南》（Chichester：Wiley 2002）。Gisli H. Gudjonsson 和 Lionel Hayward 的《司法心理学：专业人员指南》（London：Routledge 1998），Stephen D. Hart 和 James R. P. Ogloff 编著的《心理学与法：学科地位》（New York：Kluwer Academic/Plenum Publishers 1999），Lawrence S. Wrightsman，Edie greene，Michael T. Nietzel 和 William H. Fortume 的《心理学与法律系统》（5th edn. Belmont，CA：Wadsworth 2002）提供了大量关于司法和法律心理学的内容。

对一系列在刑事司法机构实施矫治计划的各方面的讨论见 Gary A. Bernfeld，Alan Leschied 和 David P. Farrington 编著的《犯罪人矫正实践：实施和评估有效计划》（Chichester：Wiley 2001）。关于犯罪人动机问题的同样实用的回顾见 Mary McMurran 编著的《促进犯罪人改变：增强与治疗的连接指南》（Chichester：Wiley 2002）。

参考文献

Aarts, H. and Dijksterhuis, A. (2000) Habits as knowledge structures: automaticity in goal-directed behavior. *Journal of Personality and Social Psychology*, 78, 53–63.

Agnew, R. (1994) The techniques of neutralization and violence. *Criminology*, 34, 555–80.

Agnew, R. and White, H. R. (1992) An empirical test of General Strain Theory. *Criminology*, 30, 475–500.

Ainsworth, P. (2001) *Offender Profiling and Crime Analysis*. Cullompton: Willan Publishing.

Akers, R. L., Krohn, M. D., Lanza-Kaduce, L. and Radosevich, M. (1979) A social learning theory of deviant behavior. *American Sociological Review*, 44, 635–55.

Akhtar, N. and Bradley, E. J. (1991) Social information processing deficits of aggressive children: present findings and implications for social skills training. *Clinical Psychology Review*, 11, 621–44.

Alexander, M. A. (1999) Sexual offender treatment efficacy revisited. *Sexual Abuse: Journal of Research and Treatment*, 11, 101–16.

Allen, M., Mabry, E. and McKelton, D.-M. (1998) Impact of juror attitudes about the death penalty on juror evaluations of guilt and punishment: a meta-analysis. *Law and Human Behavior*, 22, 715–31.

American Psychiatric Association (2000) *Diagnostic and Statistical Manual of Mental Disorders*, 4th edn. Text Revision. Washington, DC: American Psychiatric Association.

Anderson, C. A. and Bushman, B. J. (2002) Human aggression. *Annual Review of Psychology*, 53, 27–51.

Andrews, D. A. (1989) Recidivism is predictable and can be influenced: using risk assessments to reduce recidivism. *Forum on Corrections Research*, 1, 11–18.

Andrews, D. A. (1995) The psychology of criminal conduct and effective treatment. In J. McGuire (ed.) *What Works: Reducing Re-offending. Guidelines from Research and Practice*. Chichester: Wiley.

Andrews, D. A. (2001) Principles of effective correctional programs. In L. L.

Motiuk and R. C. Serin (eds.) *Compendium 2000 on Effective Correctional Programming*. Ottawa: Correctional Service Canada.

Andrews, D. A. and Bonta, J. (1995) *LSI-R: The Level of Service Inventory – Revised*. Toronto: Multi-Health Systems.

Andrews, D. A. and Bonta, J. (2003) *The Psychology of Criminal Conduct*, 3rd edn. Cincinnati, OH: Anderson Publishing Co.

Andrews, D. A., Bonta, J. and Hoge, R. D. (1990a) Classification for effective rehabilitation: rediscovering psychology. *Criminal Justice and Behavior*, 17, 19–52.

Andrews, D. A., Zinger, I., Hoge, R. D. *et al.* (1990b) Does correctional treatment work? A clinically relevant and psychologically informed meta-analysis. *Criminology*, 28, 369–404.

Antonowicz, D. and Ross, R. R. (1994) Essential components of successful rehabilitation programs for offenders. *International Journal of Offender Therapy and Comparative Criminology*, 38, 97–104.

Aos, S., Phipps, P., Barnoski, R. and Lieb, R. (2001) *The Comparative Costs and Benefits of Programs to Reduce Crime*. Olympia, WA: Washington State Institute for Public Policy.

Aromaeki, A. S., Haebich, K. and Lindman, R. E. (2002) Age as a modifier of sexually aggressive attitudes in men. *Scandinavian Journal of Psychology*, 43, 419–23.

Aronson, E. and Mettee, D. R. (1968) Dishonest behavior as a function of differential levels of induced self-esteem. *Journal of Personality and Social Psychology*, 9, 121–7.

Ashworth, A. (2000) *Sentencing and Criminal Justice*, 3rd edn. London: Butterworths.

Aust, A. (1987) Gaining control of compulsive shop theft. *National Association of Probation Officers' Journal*, December, pp. 145–6.

Aust, R., Sharp, C. and Goulden, C. (2002) *Prevalence of Drug Use: Key Findings from the 2001/2002 British Crime Survey*. Findings 182. London: Home Office Research, Development and Statistics.

Axelrod, S. and Apsche, J. (eds.) (1983) *The Effects of Punishment on Human Behavior*. New York: Academic Press.

Bakker, L., Hudson, S. M. and Ward, T. (2000) Reducing recidivism in driving while disqualified: a treatment evaluation. *Criminal Justice and Behavior*, 27, 531–60.

Bakker, L., Ward, T., Cryer, M. and Hudson, S. M. (1997) Out of the rut: a cognitive-behavioral treatment program for driving-while-disqualified offenders. *Behaviour Change*, 14, 29–38.

Baldwin, J., Bottoms, A. E. and Walker, M. A. (1976) *The Urban Criminal: A Study in Sheffield*. London: Tavistock Publications.

Bandura, A. (1977) *Social Learning Theory*. New York: Prentice-Hall.

Bandura, A. (1997) *Self-Efficacy: The Exercise of Control*. New York: W. H. Freeman & Co.

Bandura, A. (2001) Social cognitive theory: an agentic perspective. *Annual Review of Psychology*, 52, 1–26.

Barak, G. (ed.) (1998) *Integrative Criminology*. Aldershot: Ashgate.

Barclay, G. C. and Tavares, C. (2002) *International Comparisons of Criminal Justice Statistics 2000*. London: Home Office Research, Development and Statistics Directorate.

Bargh, J. A. (1997) The automaticity of everyday life. In R. S. Wyer (ed.) *The Automaticity of Everyday Life: Advances in Social Cognition*, Vol. 10. Mahwah, NJ: Erlbaum.

Bargh, J. A. and Chartrand, T. L. (1999) The unbearable automaticity of being. *American Psychologist*, 54, 462–79.

Bargh, J. A. and Ferguson, M. J. (2000) Beyond behaviorism: on the automaticity of higher mental processes. *Psychological Bulletin*, 126, 925–45.

Barker, C., Pistrang, N. and Elliott, R. (2002) *Research Methods in Clinical Psychology: An Introduction for Students and Practitioners*. Chichester: Wiley.

Barker, L. M. (1994) *Learning and Behavior: A Psychobiological Perspective*. New York: Macmillan.

Baron, L., Straus, M. A. and Jaffee, D. (1988) Legitimate violence, violent attitudes, and rape: a test of the Cultural Spillover Theory. In R. A. Prentky and V. L. Quinsey (eds.) Human Sexual Aggression: Current Perspectives. *Annals of the New York Academy of Sciences*, 528, 79–110.

Baron, S. W. and Kennedy, L. W. (1998) Deterrence and homeless male street youths. *Canadian Journal of Criminology*, 40, 27–60.

Bartol, C. R. and Bartol, A. M. (1994) *Psychology and Law*, 2nd edn. Pacific Grove, CA: Brooks/Cole.

Bateman, A. W. and Fonagy, P. (2000) Effectiveness of psychotherapeutic treatment of personality disorder. *British Journal of Psychiatry*, 177, 1138–43.

BBC News World Edition (2004) Taleban drugs control 'effective' (available online: http://news.bbc.co. uk/2/hi/south_asia/3408353.stm).

Becker, J. V. (1998) What we know about the characteristics and treatment of adolescents who have committed sexual offenses. *Child Maltreatment*, 3, 317–29.

Becker, J. V. and Kaplan, M. S. (1988) The assessment of adolescent sexual offenders. *Advances in Behavioral Assessment of Children and Families*, 4, 97–118.

Beech, A. R., Erikson, M., Friendship, C. and Ditchfield, J. (2001) *A Six-Year Follow-up of Men Going Through Probation-Based Sex Offender Treatment Programmes*. Research Findings 144. London: Home Office Research, Development and Statistics Directorate.

Beech, A. R. and Mann, R. (2002) Recent developments in the assessment and treatment of sexual offenders. In J. McGuire (ed.) *Offender Rehabilitation and Treatment: Effective Programmes and Policies to Reduce Re-Offending*. Chichester: Wiley.

Bell, S. T., Kuriloff, P. J., Lottes, I. and Nathanson, J. (1992) Rape callousness in college freshmen: an empirical investigation of the sociocultural model of aggression towards women. *Journal of College Student Development*, 33, 454–61.

Bem, D. J. and Allen, A. (1974) On predicting some of the people some of the time: the search for cross-situational consistencies in behavior. *Psychological Review*, 81, 506–20.

Bennett, T. and Wright, R. (1984) *Burglars on Burglary: Prevention and the Offender*. Aldershot: Gower.

Benton, T. and Craib, I. (2001) *Philosophy of Social Science: The Philosophical Foundations of Social Thought*. Basingstoke: Palgrave.

Berkowitz, L. (1993) *Aggression: Its Causes, Consequences, and Control*. New York: McGraw-Hill.

Bernard, T. J. (1990) Twenty years of testing theories: what have we learned and why? *Journal of Research in Crime and Delinquency*, 27, 325–47.

Bernard, T. J. and Snipes, J. B. (1996) Theoretical integration in criminology. *Crime and Justice: A Review of Research*, 20, 301–48.

Bernfeld, G. A. (2001) The struggle for treatment integrity in a 'dis-integrated' service delivery system. In G. A. Bernfeld, D. P. Farrington and A. W. Leschied (eds.) *Offender Rehabilitation in Practice: Implementing and Evaluating Effective Programs*. Chichester: Wiley.

Bernfeld, G. A., Blase, K. A. and Fixsen, D. L. (1990) Towards a unified perspective on human service delivery systems: application of the teaching-family model. In R. J. McMahon and R. DeV. Peters (eds.) *Behavioral Disorders of Adolescence*. New York: Plenum Press.

Bernfeld, G. A., Farrington, D. P. and Leschied, A. W. (eds.) (2001) *Offender Rehabilitation in Practice: Implementing and Evaluating Effective Programs*. Chichester: Wiley.

Bersoff, D. N. (ed.) (2003) *Ethical Conflicts in Psychology*, 2nd edn. Washington, DC: American Psychological Association.

Bickman, L. (1996) A continuum of care: more is not always better. *American Psychologist*, 51, 689–701.

Blackburn, R. (1992) Criminal behaviour, personality disorder, and mental illness: the origins of confusion. *Criminal Behaviour and Mental Health*, 2, 66–77.

Blackburn, R. (1993) *The Psychology of Criminal Conduct*. Chichester: Wiley.

Blackburn, R. (1996) What *is* forensic psychology? *Legal and Criminological Psychology*, 1, 3–16.

Blackburn, R. (2000a) Risk assessment and prediction. In J. McGuire, T. Mason and A. O'Kane (eds.) *Behaviour, Crime and Legal Processes: A Guidebook for Practitioners*. Chichester: Wiley.

Blackburn, R. (2000b) Treatment or incapacitation? Implications of research on personality disorders for the management of dangerous offenders. *Legal and Criminological Psychology*, 5, 1–21.

Blackburn, R. (2002) Ethical issues in motivating offenders to change. In M. McMurran (ed.) *Motivating Offenders to Change: A Guide to Enhancing Engagement in Therapy*. Chichester: Wiley.

Blackman, D. E. (1996) Punishment: an experimental and theoretical analysis. In J. McGuire and B. Rowson (eds.) *Does Punishment Work?* London: Institute for the Study and Treatment of Delinquency.

Blaske, D. M., Borduin, C. M., Henggeler, S. W. and Mann, B. J. (1989) Individual, family and peer characteristics of adolescent sex offenders and assaultive offenders. *Developmental Psychology*, 25, 846–55.

Bloom, J. D., Bradford, J. M. and Kofoed, L. (1988) An overview of psychiatric treatment approaches to three offender groups. *Hospital and Community Psychiatry*, 39, 151–8.

Bonta, J. (1996) Risk–needs assessment and treatment. In A. T. Harland (ed.) *Chooosing Correctional Options that Work: Defining the Demand and Evaluating the Supply*. Thousand Oaks, CA: Sage Publications.

Bonta, J. and Andrews, D. A. (2003) A commentary on Ward and Stewart's model of human needs. *Psychology, Crime and Law*, 9, 215–18.

Bonta, J., Law, M. and Hanson, K. (1998) The prediction of criminal and violent recidivism amongst mentally disordered offenders: a meta-analysis. *Psychological Bulletin*, 123, 123–42.

Bonta, J., Wallace-Capretta, S. and Rooney, J. (2000) Can electronic monitoring make a difference? An evaluation of three Canadian programs. *Crime and Delinquency*, 46, 61–75.

Boone, M. (2004) Does What Works lead to less repression? The justification of punishment according to What Works. Paper delivered to the *Societies of Criminology, First Key Issues Conference*, Paris.

Borack, J. I. (1998) An estimate of the impact of drug testing on the deterrence of drug use. *Military Psychology*, 10, 17–25.

Borduin, C. M., Mann, B. J., Cone, L. T. and Hengeller, S. W. (1995) Multi-systemic treatment of serious juvenile offenders: long-term prevention of criminality and violence. *Journal of Consulting and Clinical Psychology*, 63, 569–78.

Bottoms, A. and McWilliams, W. (1979) A non-treatment paradigm for probation practice. *British Journal of Social Work*, 9, 159–202.

Bowers, K. S. (1973) Situationism in psychology: an analysis and a critique. *Psychological Review*, 80, 307–36.

Breggin, P. R. (1991) *Toxic Psychiatry: Drugs and Electroconvulsive Therapy. The Truth and the Better Alternatives*. London: HarperCollins.

Brennan, P. A., Mednick, S. A. and Volavka, J. (1995) Biomedical factors in crime. In J. Q. Wilson and J. Petersilia (eds.) *Crime*. San Francisco, CA: CIS Press.

Brezina, T. (2002) Assessing the rationality of criminal and delinquent behavior: a focus on actual utility. In A. R. Piquero and S. G. Tibbetts (eds.) *Rational Choice and Criminal Behavior: Recent Research and Future Challenges*. New York: Routledge.

Brody, S. (1976) *The Effectiveness of Sentencing*. Home Office Research Study 35. London: HMSO.

Brown, I. (1997) A theoretical model of the behavioural addictions – applied to offending. In J. Hodge, M. McMurran and C. R. Hollin (eds.) *Addicted to Crime?* Chichester: Wiley.

Brown, J. (2001) The effectiveness of treatment. In N. Heather, T. J. Peters and T. Stockwell (eds.) *International Handbook of Alcohol Dependence and Problems*. Chichester: Wiley.

Brown, S. L. (2001) Cost-effective correctional treatment. In L. L. Motiuk and R. C. Serin (eds.) *Compendium 2000 on Effective Correctional Programming*. Ottawa: Correctional Service Canada.

Brownfield, D. and Thompson, K. (1991) Attachment to peers and delinquent behaviour. *Canadian Journal of Criminology*, 33, 45–60.

Buchanan, A. (1998) Criminal conviction after discharge from special (high security) hospital: incidence in the first 10 years. *British Journal of Psychiatry*, 172, 472–6.

Buehler, R. E., Patterson, G. R. and Furniss, J. M. (1966) The reinforcement of behavior in institutional settings. *Behavior Research and Therapy*, 4, 157–67.

Buikhuisen, W. and Mednick, S. A. (eds.) (1988) *Explaining Criminal Behaviour*. Leiden: E. J. Brill.

Bull, R. (1995) Interviewing people with communicative disabilities. In R. Bull and D. Carson (eds.) *Handbook of Psychology in Legal Contexts*. Chichester: Wiley.

Bull, R. (1998) Obtaining information from child witnesses. In A. Memon, A. Vrij and R. Bull (eds.) *Psychology and Law: Truthfulness, Accuracy and Credibility*. London: McGraw-Hill.

Bull, R. and Carson, D. (eds.) (1995) *Handbook of Psychology in Legal Contexts*. Chichester: Wiley.

Burke, B. L., Arkowitz, H. and Dunn, C. (2002) The efficacy of motivational interviewing and its adaptations: what we know so far. In W. R. Miller and S. Rollnick (eds.) *Motivational Interviewing: Preparing People for Change*, 2nd edn. New York: Guilford Press.

Bush, J. (1995) Teaching self-risk-management to violent offenders. In J. McGuire (ed.) *What Works: Reducing Reoffending. Guidelines from Research and Practice*. Chichester: Wiley.

Byrne, J. M., Lurigio, A. J. and Petersilia, J. (eds.) (1992) *Smart Sentencing: The Emergence of Intermediate Sanctions*. Newbury Park, CA: Sage Publications.

Cann, J., Falshaw, L., Nugent, F. and Friendship, C. (2003) *Understanding What Works: Accredited Cognitive Skills Programmes for Adult Men and Young Offenders*. Findings 226. London: Home Office Research, Development and Statistics Directorate.

Canter, D. and Alison, L. (eds.) (1999) *Interviewing and Deception*. Aldershot: Ashgate.

Canter, D. and Alison, L. (eds.) (2000) *Profiling Property Crimes*. Aldershot: Ashgate.

Canter, M. B., Bennett, B. E., Jones, S. E. and Nagy, T. F. (1994) *Ethics for Psychologists: A Commentary on the APA Ethics Code*. Washington, DC: American Psychological Association.

Capaldi, D. and Patterson, G. R. (1987) An approach to the problem of recruitment and retention rates for longitudinal research. *Behavioral Assessment*, 9, 169–77.

Caprara, G. V. (1986) Indicators of aggression: the Dissipation-Rumination Scale. *Personality and Individual Differences*, 7, 763–9.

Carrabine, E., Cox, P., Lee, M. and South, N. (2002) *Crime in Modern Britain*. Oxford: Oxford University Press.

Carroll, J. and Weaver, F. (1986) Shoplifters' perceptions of crime opportunities: a process-tracing study. In D. B. Cornish and R. V. Clarke (eds.) *The Reasoning Criminal: Rational Choice Perspectives on Offending*. New York: Springer-Verlag.

Carson, D. (2000) The legal context: obstacle or opportunity? In J. McGuire, T. Mason and A. O'Kane (eds.) *Behaviour, Crime and Legal Processes: A Guidebook for Practitioners*. Chichester: Wiley.

Casey, L. R. and Shulman, J. L. (1979) Police-probation shoplifting reduction program in San José, California: a synergetic approach. *Crime Prevention Review*, 6, 1–9.

Caspi, A., Elder, G. H. and Herberner, E. S. (1990) Childhood personality and the prediction of life course patterns. In L. Robins and M. Rutter (eds.) *Straight and Devious Pathways from Childhood to Adulthood*. Cambridge: Cambridge University Press.

Caspi, A., Henry, B., McGee, R. O., Moffitt, T. E. and Silva, P. A. (1995) Temperamental origins of child and adolescent behavior problems: from age three to age fifteen. *Child Development*, 66, 55–68.

Caspi, A., Moffitt, T. E., Silva, P. A. *et al.* (1994) Are some people crime-prone? Replications of the personality–crime relationship across countries, genders, races and methods. *Criminology*, 32, 163–96.

Caspi, A. and Silva, P. A. (1995) Temperamental qualities at age 3 predict personality traits in young adulthood: longitudinal evidence from a birth cohort. *Child Development*, 66, 486–98.

Catalano, R. F. and Hawkins, J. D. (1996) The social development model: a theory of antisocial behavior. In J. D. Hawkins (ed.) *Delinquency and Crime: Current Theories*. Cambridge: Cambridge University Press.

Cervone, D. and Shoda, Y. (1999) Social-cognitive theories and the coherence of personality. In D. Cervone and Y. Shoda (eds.) *The Coherence of Personality: Social-Cognitive Bases of Consistency, Variability, and Organization*. New York: Guilford Press.

Chadwick, P., Birchwood, M. and Trower, P. (1996) *Cognitive Therapy for Delusions, Voices and Paranoia*. Chichester: Wiley.

Chalmers, A. F. (1999) *What Is This Thing Called Science? An Assessment of the Nature and Status of Science and Its Methods*, 3rd edn. Buckingham: Open University Press.

Chamberlain, P. (2003) *Treating Chronic Juvenile Offenders: Advances Made Through the Oregon Multidimensional Treatment Foster Care Model*. Washington, DC: American Psychological Association.

Chamberlain, P. and Reid, J. B. (1998) Comparison of two community alternatives to incarceration for chronic juvenile offenders. *Journal of Consulting and Clinical Psychology*, 66, 624–33.

Chandler, M. J. (1973) Egocentrism and anti-social behavior: the assessment and training of social perspective-taking skills. *Developmental Psychology*, 9, 326–32.

Cheatwood, D. (1993) Capital punishment and the deterrence of violent crime in comparable counties. *Criminal Justice Review*, 18, 165–81.

Chesney-Lind, M. and Pasko, L. (2004) *The Female Offender: Girls, Women and Crime*, 2nd edn. Thousand Oaks, CA: Sage Publications.

Chess, S. and Thomas, A. (1990) Continuities and discontinuities in temperament. In L. Robins and M. Rutter (eds.) *Straight and Devious Pathways from Childhood to Adulthood*. Cambridge: Cambridge University Press.

Churchland, P. M. (1995) *The Engine of Reason, The Seat of the Soul: A Philosophical Journey into the Brain*. Cambridge, MA: MIT Press.

Clark, L. A., Watson, D. and Reynolds, S. (1995) Diagnosis and classification of psychopathology: challenges to the current system and future directions. *Annual Review of Psychology*, 46, 121–53.

Clarke, R. V. and Felson, M. (1993) Introduction: criminology, routine activity, and rational choice. In R. V. Clarke and M. Felson (eds.) *Routine Activity and Rational Choice*. Advances in Criminological Theory, Vol. 5. New Brunswick, NJ: Transaction Publishers.

Cleland, C. M., Pearson, F. S., Lipton, D. S. and Yee, D. (1997) Does age make a difference? A meta-analytic approach to reductions in criminal offending for juveniles and adults. Paper delivered to the *Annual Meeting of the American Society of Criminology*, San Diego, CA.

Cohen, J. (1988) *Statistical Power Analysis for the Behavioral Sciences*. Hillsdale, NJ: Erlbaum.

Cohen, L. E. and Felson, M. (1979) Social change and crime rate trends: a routine activity approach. *American Sociological Review*, 44, 588–608.

Cohen, L. E. and Machalek, R. (1988) A general theory of expropriative crime: an evolutionary ecological approach. *American Journal of Sociology*, 94, 465–501.

Coie, J. D., Lochman, J. E., Terry, R. and Hyman, C. (1992) Predicting early adolescent disorder from childhood aggression and peer rejection. *Journal of Consulting and Clinical Psychology*, 60, 783–92.

Coleman, C. and Moynihan, J. (1996) *Understanding Crime Data: Haunted by the Dark Figure*. Buckingham: Open University Press.

Collins, K. and Bell, R. (1997) Personality and aggression: the Dissipation-Rumination Scale. *Personality and Individual Differences*, 22, 751–5.

Collins, R. L. and Bradizza, C. M. (2001) Social and cognitive learning processes. In N. Heather, T. J. Peters and T. Stockwell (eds.) *International Handbook of Alcohol Dependence and Problems*. Chichester: Wiley.

Conger, R. D., Ge, X., Elder, G. H., Lorenz, F. O. and Simons, R. L. (1994) Economic stress, coercive family process, and developmental problems of adolescents. *Child Development*, 65, 541–61.

Conger, R. D., Patterson, G. R. and Ge, X. (1995) It takes two to replicate: a mediational model for the impact of parents' stress on adolescent adjustment. *Child Development*, 66, 80–97.

Conklin, J. E. (1992) *Criminology*. 4th edition. New York: Macmillan Publishing Company.

Cook, C. and Gurling, H. (2001) Genetic predisposition to alcohol dependence and problems. In N. Heather, T. J. Peters and T. Stockwell (eds.) *International Handbook of Alcohol Dependence and Problems*. Chichester: Wiley.

Copas, J. (1995) On using crime statistics for prediction. In M. A. Walker (ed.) *Interpreting Crime Statistics*. Oxford: Clarendon Press.

Copas, J. and Marshall, P. (1998) The offender group reconviction scale: a statistical reconviction score for use by probation officers. *Applied Statistics*, 47, 159–71.

Copas, J., Marshall, P. and Tarling, R. (1996) *Predicting Reoffending for Discretionary Conditional Release*. Home Office Research Study 150. London: Home Office Research and Statistics Directorate.

Copson, G. (1995) *Coals to Newcastle? Part 1: A Study of Offender Profiling*. Police Research Group, Special Interest Paper 7. London: Home Office.

Corbett, C. and Simon, F. (1992) Decisions to break or adhere to the rules of the road, viewed from the rational choice perspective. *British Journal of Criminology*, 32, 537–49.

Cottle, C. C., Lee, R. J. and Heilbrun, K. (2001) The prediction of criminal recidivism in juveniles: a meta-analysis. *Criminal Justice and Behavior*, 28, 367–94.

Crick, N. R. and Dodge, K. A. (1994) A review and reformulation of social information-processing mechanisms in children's social adjustment. *Psychological Bulletin*, 115, 74–101.

Cronbach, L. J. (1975) Beyond the two disciplines of scientific psychology. *American Psychologist*, 30, 116–27.

Crow, I. (2001) *The Treatment and Rehabilitation of Offenders*. London: Sage Publications.

Cullen, F. T., Cullen, J. B. and Wozniak, J. F. (1988) Is rehabilitation dead? The myth of the punitive public. *Journal of Criminal Justice*, 16, 313–17.

Cullen, F. T., Pratt, T. C., Miceli, S. L. and Moon, M. M. (2002) Dangerous liaison? Rational choice theory as the basis for correctional intervention. In A. R. Piquero and S. G. Tibbetts (eds.) *Rational Choice and Criminal Behavior: Recent Research and Future Challenges*. New York: Routledge.

Daly, K. and Chesney-Lind, M. (1988) Feminism and criminology. *Justice Quarterly*, 5, 497–538.

Davies, G. and Noon, E. (1991) *An Evaluation of the Live Link for Child Witnesses*. London: Home Office.

Davies, H. (1993) *Evaluation of Motor Offender Projects*. Birmingham: West Midlands Probation Service.

Davies, J. B. (1992) *The Myth of Addiction: An Application of the Psychological Theory of Attribution to Illicit Drug Use*. Reading: Harwood Academic Publishers.

Davison, G. C. and Stuart, R. B. (1975) Behavior therapy and civil liberties. *American Psychologist*, 30, 755–63.

Dean, K. E. and Malamuth, N. M. (1997) Characteristics of men who aggress sexually and of men who imagine aggressing: risk and moderating variables. *Journal of Personality and Social Psychology*, 72, 449–55.

De Coverley Veale, D. M. W. (1987) Exercise dependence. *British Journal of Addiction*, 82, 735–40.

Del Vecchio, T. and O'Leary, K. D. (2004) Effectiveness of anger treatments for specific anger problems: A meta-analytic review. *Clinical Psychology Review*, 24, 15–34.

Dembo, R., Ramírez-Garnica, G., Rollie, M. W. and Schmeidler, J. (2000) Impact of a family empowerment intervention on youth recidivism. *Journal of Offender Rehabilitation*, 30, 59–98.

De Paulo, B. M., Lindsay, J. J., Malone, B. E. *et al.* (2003) Cues to deception. *Psychological Bulletin*, 129, 74–118.

DiGuiseppe, R. and Tafrate, R. C. (2003) Anger treatment for adults: a meta-analytic review. *Clinical Psychology: Science and Practice*, 10, 70–84.

Dobash, R. E. and Dobash, R. P. (2000) Evaluating criminal justice interventions for domestic violence. *Crime and Delinquency*, 46, 252–70.

Dobash, R. P., Dobash, R. E., Cavanagh, K. and Lewis, R. (1996) *Re-education Programmes for Violent Men – An Evaluation*. Research Findings 46. London: Home Office Research and Statistics Directorate.

Dodge, K. A. and Pettit, G. S. (2003) A biopsychosocial model of the development of chronic conduct problems in adolescence. *Developmental Psychology*, 39, 349–71.

Dodge, K. A., Pettit, G. S. and Bates, J. E. (1994) Socialisation mediators of the relation between socioeconomic status and child conduct problems. *Child Development*, 65, 649–65.

Dodge, K. A. and Schwartz, D. (1997) Social information processing mechanisms in aggressive behavior. In D. M. Stoff, J. Breiling and J. D. Maser (eds.) *Handbook of Antisocial Behavior*. New York: Wiley.

Donato, R. and Shanahan, M. (1999) *The Economics of Implementing Intensive In-prison Sex-offender Treatment Programs*. Trends and Issues in Crime and Justice 134. Canberra, ACT: Australian Institute of Criminology.

Dorn, N., Murji, K. and South, N. (1992) *Traffickers: Drug Markets and Law Enforcement*. London: Routledge.

Dowden, C. and Andrews, D. A. (1999a) What works in young offender treatment: a meta-analysis. *Forum on Corrections Research*, 11, 21–4.

Dowden, C. and Andrews, D. A. (1999b) What works for female offenders: a meta-analytic review. *Crime and Delinquency*, 45, 438–52.

Dowden, C. and Andrews, D. A. (2000) Effective correctional treatment and violent reoffending: a meta-analysis. *Canadian Journal of Criminology*, 449–67.

Dowden, C., Blanchette, K. and Serin, R. C. (1999) *Anger Management Programming for Federal Male Inmates: An Effective Intervention*. Research Report R-82. Ottawa, ON: Correctional Service of Canada.

Dunawayk, R. G., Cullen, F. T., Burton, V. S. and Evans, T. D. (2000) The myth of social class and crime revisited: an examination of class and adult criminality. *Criminology*, 38, 589–632.

Dvoskin, J. A. and Steadman, H. J. (1994) Using intensive case management to reduce violence by mentally ill persons in the community. *Hospital and Community Psychiatry*, 45, 679–84.

East, K. and Campbell, S. (2000) *Aspects of Crime: Young Offenders 1999*. London: Home Office Research, Development and Statistics Directorate (available online: http://www.Justice.statsapollo@homeoffice.gsi.gov.uk).

Eastman, N. (2000) Psycho-legal studies as an interface discipline. In J. McGuire, T. Mason and A. O'Kane (eds.) *Behaviour, Crime and Legal Processes: A Guidebook for Practitioners*. Chichester: Wiley.

Eck, J. E. (2002) Preventing crime at places. In L. W. Sherman, D. P. Farrington, B. C. Welsh and D. L. MacKenzie (eds.) *Evidence-Based Crime Prevention*. London: Routledge.

Edmondson, C. B. and Conger, J. C. (1996) A review of treatment efficacy for individuals with anger problems: conceptual, assessment, and methodological issues. *Clinical Psychology Review*, 16, 251–75.

Edwards, D. and Roundtree, G. (1982) Assessment of short-term treatment groups with adjudicated first offender shoplifters. *Journal of Offender Counseling, Services and Rehabilitation*, 6, 89–102.

Ehrlich, I. (1975) The deterrent effect of capital punishment: a question of life and death. *American Economic Review*, 65, 397–417.

Elliott, D. S., Ageton, S. S. and Cantor, R. J. (1979) An integrated theoretical perspective on delinquent behavior. *Journal of Research in Crime and Delinquency*, 16, 3–27.

Elliott, D. S., Wilson, W. J., Huizinga, D. *et al.* (1996) The effects of neighborhood disadvantage on adolescent development. *Journal of Research on Crime and Delinquency*, 33, 389–426.

Ellis, T. and Winstone, J. (2002) The policy impact of a survey of programme evaluations in England and Wales. In J. McGuire (ed.) *Offender Rehabilitation and Treatment: Effective Programmes and Policies to Reduce Re-Offending*. Chichester: Wiley.

Ellsworth, P. C., Carlsmith, J. M. and Henson, A. (1972) The stare as a stimulus to flight in human subjects: a series of field experiments. *Journal of Personality and Social Psychology*, 21, 302–11.

Epstein, S. and O'Brien, E. J. (1985) The person–situation debate in historical and current perspective. *Psychological Bulletin*, 98, 513–37.

Esbensen, F.-A., Winfree, L. T., He, N. and Taylor, T. J. (2001) Youth gangs and definitional issues: when is a gang a gang, and why does it matter? *Crime and Delinquency*, 47, 105–30.

European Federation of Psychologists' Associations (2004) *Ethics* (available online: http://www.efpa.be/Home/newpagina.htm).

Evans, W. N., Neville, D. and Graham, J. D. (1991) General deterrence of drunk driving: evaluation of recent American policies. *Risk Analysis*, 11, 279–89.

Eysenck, H. J. (1977) *Crime and Personality*, 3rd edn. London: Routledge and Kegan Paul.

Falshaw, L., Friendship, C., Travers, R. and Nugent, F. (2003) *Searching for 'What Works': An Evaluation of Cognitive Skills Programmes*. Findings 206. London: Home Office Research, Development and Statistics Directorate.

Farabee, D., Prendergast, M. and Anglin, M. D. (1998) The effectiveness of coerced treatment for drug-abusing offenders. *Federal Probation*, 62, 3–10.

Farber, I. E. (1963) The things people say to themselves. *American Psychologist*, 18, 185–97.

Farrall, S. (2002) *Rethinking What Works with Offenders: Probation, Social Context and Desistance from Crime*. Cullompton: Willan Publishing.

Farrell, D. M. (1985) The justification of general deterrence. *Philosophical Review*, XCIV, 367–94.

Farrington, D. P. (1993) Have any individual, family or neighbourhood influences on offending been demonstrated conclusively? In D. P. Farrington, R. J. Sampson and P. H. Wikström (eds.) *Integrating Individual and Ecological Aspects of Crime*. Stockholm: National Council for Crime Prevention.

Farrington, D. P. (1994) Childhood, adolescent and adult features of violent males. In L. R. Huesmann (ed.) *Aggressive Behavior: Current Perspectives*. New York: Plenum Press.

Farrington, D. P. (1995) The development of offending and antisocial behaviour from childhood: key findings from the Cambridge Study in Delinquent Development. *Journal of Child Psychology and Psychiatry*, 36, 929–64.

Farrington, D. P. (1996) The explanation and prevention of youthful offending. In J. D. Hawkins (ed.) *Delinquency and Crime: Current Theories*. Cambridge: Cambridge University Press.

Farrington, D. P. (2002) Developmental criminology and risk-focused prevention. In M. Maguire, R. Morgan and R. Reiner (eds.) *The Oxford Handbook of Criminology*, 3rd edn. Oxford: Oxford University Press.

Farrington, D. P. (2003) Key results from the first forty years of the Cambridge Study in Delinquent Development. In T. P. Thornberry and M. D. Krohn (eds.) *Taking Stock of Delinquency: An Overview of Findings from Contemporary Longitudinal Studies*. New York: Kluver Academic/Plenum Publishers.

Farrington, D. P. and Coid, J. W. (eds.) (2003) *Early Prevention of Adult Antisocial Behaviour*. Cambridge: Cambridge University Press.

Farrington, D. P., Jolliffe, D., Loeber, R., Stouthamer-Loeber, M. and Kalb, L. M. (2001) The concentration of offenders in families, and family criminality in the prediction of boys' delinquency. *Journal of Adolescence*, 24, 579–96.

Farrington, D. P. and Welsh, B. C. (2002) Developmental prevention programmes: effectiveness and benefit–cost analysis. In J. McGuire (ed.) *Offender Rehabilitation and Treatment: Effective Programmes and Policies to Reduce Re-Offending*. Chichester: Wiley.

Farrington, D. P. and Welsh, B. C. (2003) Family-based prevention of offending: a meta-analysis. *Australian and New Zealand Journal of Criminology*, 36, 127–51.

Farrington, D. P. and West, D. (1993) Criminal, penal and life histories of chronic offenders: risk and protective factors and early identification. *Criminal Behaviour and Mental Health*, 3, 492–523.

Fazel, S. and Danesh, J. (2002) Serious mental disorder in 23,000 prisoners: A systematic review of 62 surveys. *Lancet*, 359, 545–50.

Feindler, E. L. and Ecton, R. B. (1986) *Adolescent Anger Control: Cognitive-Behavioral Techniques*. New York: Pergamon Press.

Felson, M. (1994) *Crime and Everyday Life: Insight and Implications for Society*. Thousand Oaks, CA: Pine Forge Press.

Felson, M. (2002) *Crime and Everyday Life*, 3rd edn. Thousand Oaks, CA: Sage Publications.

Fergusson, D. M., Horwood, L. J. and Nagin, D. S. (2000) Offending trajectories in a New Zealand birth cohort. *Criminology*, 38, 525–52.

Field, S. (1990) *Trends in Crime and their Interpretation: A Study of Recorded Crime in Post-War England and Wales*. Home Office Research Study 119. London: HMSO.

Field, S. (1999) *Trends in Crime Revisited*. Home Office Research Study 195. London: Home Office Research, Development and Statistics Directorate.

Fiorentino, R., Nakashima, J. and Anglin, M. D. (1999) Client engagement in drug treatment. *Journal of Substance Abuse Treatment*, 17, 199–206.

Fitzmaurice, C. and Pease, K. (1986) *The Psychology of Judicial Sentencing*. Manchester: Manchester University Press.

Foglia, W. D. (1997) Perceptual difference and the mediating effect of internalized norms among inner-city teenagers. *Journal of Research in Crime and Delinquency*, 34, 414–42.

Foglia, W. D. (2000) Adding an explicit focus on cognition to criminological theory. In D. H. Fishbein (ed.) *The Science, Treatment, and Prevention of Antisocial Behaviors: Application to the Criminal Justice System*. Kingston, NJ: Civic Research Institute.

Ford, M. E. and Linney, J. A. (1995) Comparative analysis of juvenile sex offenders, violent nonsexual offenders, and status offenders. *Journal of Interpersonal Violence*, 10, 56–70.

Fowler, D., Garety, P. and Kuipers, E. (1995) *Cognitive Behaviour Therapy for Psychosis*. Chichester: Wiley.

Friendship, C., Blud, L., Erikson, M. and Travers, R. (2002) *An Evaluation of Cognitive-Behavioural Treatment for Prisoners*. Findings 161. London: Home Office Research, Development and Statistics Directorate.

Friendship, C., Mann, R. and Beech, A. (2003) *The Prison-Based Sex Offender Treatment Programme: An Evaluation*. Findings 205. London: Home Office Research, Development and Statistics Directorate.

Fry, P. S. (1975) Affect and resistance to temptation. *Developmental Psychology*, 11, 466–72.

Funder, D. C. (2001) Personality. *Annual Review of Psychology*, 52, 197–221.

Furnham, A. F. (1988) *Lay Theories: Everyday Understanding of Problems in the Social Sciences*. Oxford: Pergamon Press.

Gaes, G. G. (1998) Correctional treatment. In M. Tonry (ed.) *The Handbook of Crime and Punishment*. Oxford: Oxford University Press.

Gallagher, C. A., Wilson, D. B., Hirschfield, P., Coggeshall, M. B. and MacKenzie, D. L. (1999) A quantitative review of the effects of sexual offender treatment on sexual reoffending. *Corrections Management Quarterly*, 3, 19–29.

Garland, D. (1990) *Punishment and Modern Society: A Study in Social Theory*. Oxford: Clarendon Press.

Garland, D. (2002) Of crimes and criminals: the development of criminology in Britain. In M. Maguire, R. Morgan and R. Reiner (eds.) *The Oxford Handbook of Criminology*, 3rd edn. Oxford: Oxford University Press.

Garrett, C. G. (1985) Effects of residential treatment on adjudicated delinquents: a meta-analysis. *Journal of Research in Crime and Delinquency*, 22, 287–308.

Gauthier, J. and Pellegrin, D. (1982) Management of compulsive shoplifting through covert sensitisation. *Journal of Behavior Therapy and Experimental Psychiatry*, 13, 73–5.

Gendreau, P. (1996a) Offender rehabilitation: what we know and what needs to be done. *Criminal Justice and Behavior*, 23, 144–61.

Gendreau, P. (1996b) The principles of effective intervention with offenders. In A. T. Harland (ed.) *Choosing Correctional Options that Work: Defining the Demand and Evaluating the Supply*. Thousand Oaks, CA: Sage Publications.

Gendreau, P. and Andrews, D. A. (1990) Tertiary prevention: what the meta-analyses of the offender treatment literature tell us about 'what works'. *Canadian Journal of Criminology*, 32, 173–84.

Gendreau, P. and Goggin, C. (1996) Principles of effective correctional programming. *Forum on Corrections Research*, 8, 38–41.

Gendreau, P., Goggin, C. and Cullen, F. T. (1999a) *The Effects of Prison Sentences on Recidivism*. Report to the Corrections Research and Development and Aboriginal Policy Branch. Ottawa: Solicitor General of Canada.

Gendreau, P., Goggin, C., Cullen, F. T. and Paparozzi, M. (2001) The effects of community sanctions and incarceration on recidivism. In L. L. Motiuk and R. C. Serin (eds.) *Compendium 2000 on Effective Correctional Programming*. Ottawa: Correctional Service Canada.

Gendreau, P., Goggin, C., Cullen, F. T. and Paparozzi, M. (2002a) The common-sense revolution and correctional policy. In J. McGuire (ed.) *Offender Rehabilitation and Treatment: Effective Programmes and Policies to Reduce Re-Offending*. Chichester: Wiley.

Gendreau, P., Goggin, C. and Smith, P. (1999b) The forgotten issue in effective correctional treatment: program implementation. *International Journal of Offender Therapy and Comparative Criminology*, 43, 180–7.

Gendreau, P., Goggin, C. and Smith, P. (2002b) Is the PCL-R really the 'unparalleled' measure of offender risk? A lesson in knowledge cumulation. *Criminal Justice and Behavior*, 29, 397–426.

Gendreau, P., Little, T. and Goggin, C. (1996) A meta-analysis of predictors of adult recidivism: what works! *Criminology*, 34, 575–607.

Gendreau, P., Paparozzi, M., Little, T. and Goddard, M. (1993) Does 'punishing smarter' work? An assessment of the new generation of alternative sanctions in probation. *Forum on Corrections Research*, 5, 31–4.

Gendreau, P. and Ross, R. R. (1980) Effective correctional treatment: bibliotherapy for cynics. In R. R. Ross and P. Gendreau (eds.) *Effective Correctional Treatment*. Toronto: Butterworths.

Gensheimer, L. K., Mayer, J. P., Gottschalk, R. and Davidson, W. S. (1986) Diverting youth from the juvenile justice system: a meta-analysis of intervention efficacy. In S. A. Apter and A. P. Goldstein (eds.) *Youth Violence: Programs and Prospects*. Elmsford, NJ: Pergamon Press.

Gibbs, J. P. (1986) Deterrence theory and research. In G. B. Melton (ed.) *The Law as a Behavioral Instrument: Nebraska Symposium on Motivation 1985*. Lincoln, NB: University of Nebraska Press.

Glass, G. V. (1976) Primary, secondary and meta-analysis of research. *Educational Researcher*, 5, 3–8.

Glass, G. V., McGaw, B. and Smith, M. L. (1981) *Meta-analysis in Social Research*. Newbury Park, CA: Sage Publications.

Glatt, M. M. and Cook, C. C. H. (1987) Pathological spending as a form of psychological dependence. *British Journal of Addiction*, 82, 1257–8.

Glick, L. (1995) *Criminology*. Boston, MA: Allyn and Bacon.

Glover, J. H. (1985) A case of kleptomania treated by covert sensitisation. *British Journal of Clinical Psychology*, 24, 213–14.

Gold, M. (1987) Social ecology. In H. C. Quay (ed.) *Handbook of Juvenile Delinquency*. New York: Wiley.

Goldiamond, I. (1974) Toward a constructional approach to social problems: ethical and constitutional issues raised by applied behavior analysis. *Behaviorism*, 2, 1–84.

Goldstein, A. P. (1996) *The Psychology of Vandalism*. New York: Plenum Press.

Goldstein, A. P. (2002) Low-level aggression: definition, escalation, intervention. In J. McGuire (ed.) *Offender Rehabilitation and Treatment: Effective Programmes and Policies to Reduce Re-Offending*. Chichester: Wiley.

Goldstein, A. P. and Glick, B. (2001) Aggression replacement training: application and evaluation management. In G. A. Bernfeld, D. P. Farrington and A. W. Leschied (eds.) *Offender Rehabilitation in Practice: Implementing and Evaluating Effective Programs*. Chichester: Wiley.

Goldstein, A. P., Glick, B., Carthan, W. and Blancero, D. A. (1994) *The Prosocial Gang: Implementing Aggression Replacement Training*. Thousand Oaks, CA: Sage Publications.

Goode, E. (1997) *Deviant Behavior*, 5th edn. Upper Saddle River, NJ: Prentice-Hall.

Gordon, D. A. (2002) Intervening with families of troubled youth: functional family therapy and parenting wisely. In J. McGuire (ed.) *Offender Rehabilitation and Treatment: Effective Programmes and Policies to Reduce Re-Offending*. Chichester: Wiley.

Gordon, D.A., Graves, K. and Arbuthnot, J. (1995) The effect of functional family therapy for delinquents on adult criminal behavior. *Criminal Justice and Behavior*, 22, 60–73.

Gossop, M., Marsden, J., Stewart, D. and Kidd, T. (2003) The National Treatment Outcome Research Study (NTORS): 4–5 year follow-up results. *Addiction*, 98, 291–303.

Gottfredson, D. C., Wilson, D. B. and Najaka, S. S. (2002) School-based crime prevention. In L. W. Sherman, D. P. Farrington, B. C. Welsh and D. L. Mackenzie (eds.) *Evidence-Based Crime Prevention*. London: Routledge.

Gottfredson, M. R. and Hirschi, T. (1990) *A General Theory of Crime*. Stanford, CA: Stanford University Press.

Gottfredson, M. R. and Hirschi, T. (1993) A control theory interpretation of psychological research on aggression. In R. B. Felson and J. T. Tedeschi (eds.) *Aggression and Violence: Social Interactionist Perspectives*. Washington, DC: American Psychological Association.

Gottschalk, R., Davidson, W. S., Gensheimer, L. K. and Mayer, J. P. (1987a) Community-based interventions. In H. C. Quay (ed.) *Handbook of Juvenile Delinquency*. New York: Wiley.

Gottschalk, R., Davidson, W. S., Mayer, J. and Gensheimer, L. K. (1987b) Behavioral approaches with juvenile offenders: a meta-analysis of long-term treatment efficacy. In E. K. Morris and C. J. Braukmann (eds.) *Behavioural Approaches to Crime and Delinquency*. New York: Plenum Press.

Gould, S. J. (1981) *The Mismeasure of Man*. Harmondsworth: Penguin Books.

Graf, R. G. (1971) Induced self-esteem as a determinant of behavior. *Journal of Social Psychology*, 85, 213–17.

Graham, K. and West, P. (2001) Alcohol and crime: examining the link. In N. Heather, T. J. Peters and T. Stockwell (eds.) *International Handbook of Alcohol Dependence and Problems*. Chichester: Wiley.

Greenwood, P., Rydell, C. P., Abrahamse, A. F. *et al.* (1996) Estimated costs and benefits of California's new mandatory-sentencing law. In D. Shichor and D. K. Sechrest (eds.) *Three Strikes and You're Out: Vengeance as Public Policy*. Thousand Oaks, CA: Sage Publications.

Grisso, T. and Appelbaum, P. S. (1992) Is it unethical to offer predictions of future violence? *Law and Human Behavior*, 16, 621–33.

Grubin, D. (1998) *Sex Offending Against Children: Understanding the Risk*. Police Research Series Paper 99. London: Home Office Policing and Reducing Crime Unit.

Gudjonsson, G. H. (2002) *The Psychology of Interrogations and Confessions: A Handbook*. Chichester: Wiley.

Gudjonsson, G. H. and Hayward, L. (1998) *Forensic Psychology: Practitioner's Guide*. London: Routledge.

Guerra, N. G., Tolan, P. H. and Hammond, W. R. (1994) Prevention and treatment of adolescent violence. In L. D. Eron, J. H. Gentry and P. Schlegel (eds.) *Reason to Hope: A Psychosocial Perspective on Violence and Youth*. Washington, DC: American Psychological Association.

Guidry, L. S. (1975) Use of a covert punishment contingency in compulsive stealing. *Journal of Behavior Therapy and Experimental Psychiatry*, 6, 169.

Gulbenkian Foundation (1995) *Children and Violence*. London: Calouste Gulbenkian Foundation.

Guttenplan, S. (1994) *A Companion to the Philosophy of Mind*. Oxford: Blackwell.

Guttridge, P., Gabrielli, W. F., Mednick, S. A. and Van Dusen, K. T. (1983) Criminal violence in a birth cohort. In K. T. Van Dusen and S. A. Mednick (eds.) *Prospective Studies of Crime and Delinquency*. Hingham, MA: Kluwer Nijhoff.

Hadi, A. (2000) Prevalence and correlates of the risk of marital sexual violence in Bangladesh. *Journal of Interpersonal Violence*, 15, 787–805.

Hagell, A. and Newburn, T. (1994) *Persistent Young Offenders*. London: Policy Studies Institute.

Halfpenny, P. (1982) *Positivism and Sociology: Explaining Social Life*. London: Allen & Unwin.

Hall, G. C. N. (1995) Sexual offender recidivism revisited: a meta-analysis of recent treatment studies. *Journal of Consulting and Clinical Psychology*, 63, 802–9.

Hall, J. A., Herzberger, S. D. and Skowronski, K. J. (1998) Outcome expectancies and outcome values as predictors of children's aggression. *Aggressive Behavior*, 24, 439–54.

Hämäläinen, M. and Pulkkinen, L. (1995) Aggressive and non-prosocial behaviour as precursors of criminality. *Studies on Crime and Crime Prevention*, 4, 6–20.

Haney, C. (1999) Ideology and crime control. *American Psychologist*, 54, 786–8.

Haney, C. (2003) Mental health issues in long-term solitary and 'supermax' confinement. *Crime and Delinquency*, 49, 124–56.

Haney, C. and Zimbardo, P. (1998) The past and future of U.S. prison policy: twenty-five years after the Stanford Prison Experiment. *American Psychologist*, 53, 709–27.

Hanson, R. K., Gordon, A., Harris, A. J. R. *et al.* (2002) First report of the Collaborative Outcome Data Project on the effectiveness of psychological treatment for sex offenders. *Sexual Abuse: A Journal of Research and Treatment*, 14, 169–94.

Hare, R. D. (1996) Psychopathy: a clinical construct whose time has come. *Criminal Justice and Behavior*, 23, 25–54.

Harland, A. T. (ed.) (1996) *Choosing Correctional Options that Work: Defining the Demand and Evaluating the Supply*. Thousand Oaks, CA: Sage Publications.

Harris, P. and Smith, S. (1996) Developing community corrections: an implementation perspective. In A. T. Harland (ed.) *Choosing Correctional Options that Work: Defining the Demand and Evaluating the Supply*. Thousand Oaks, CA: Sage Publications.

Harway, M. and O'Neil, J. M. (eds.) (1999) *What Causes Men's Violence Against Women?* Thousand Oaks, CA: Sage Publications.

Hawkins, J. D., Smith, B. H., Kill, K. J. *et al.* (2003) Understanding and preventing crime and violence: findings from the Seattle Social Development Project. In T. P. Thornberry and M. D. Krohn (eds.) *Taking Stock of Delinquency: An Overview of Findings from Contemporary Longitudinal Studies*. New York: Kluver Academic/Plenum Publishers.

Hedges, L. V. (1987) How hard is hard science, how soft is soft science? The empirical cumulativeness of research. *American Psychologist*, 42, 443–55.

Heidensohn, F. (2002) Gender and crime. In M. Maguire, R. Morgan and R. Reiner (eds.) *The Oxford Handbook of Criminology*, 3rd edn. Oxford: Oxford University Press.

Heilbrun, K. and Peters, L. (2000) The efficacy of community treatment programmes in preventing crime and violence. In S. Hodgins and R. Muller-Isberner (eds.) *Violence, Crime and Mentally Disordered Offenders: Concepts and Methods for Effective Treatment and Prevention*. The Hague: Kluwer Academic Publishers.

Henderson, J. Q. (1981) A behavioural approach to stealing: a proposal for treatment based on ten cases. *Journal of Behavior Therapy and Experimental Psychiatry*, 12, 231–6.

Henggeler, S. W., Schoenwald, S. K., Borduin, C. M., Rowland, M. D. and Cunningham, P. B. (1998) *Multisystemic Treatment of Antisocial Behavior in Children and Adolescents*. New York: Guilford Press.

Henning, K. R. and Frueh, B. C. (1996) Cognitive-behavioral treatment of incarcerated offenders: an evaluation of the Vermont Department of Corrections' Cognitive Self-Change Program. *Criminal Justice and Behavior*, 23, 523–42.

Henry, S. and Milovanovic, D. (1991) Constitutive criminology: the maturation of critical theory. *Criminology*, 29, 293–315.

Henstridge, J., Homel, R. and Mackay, P. (1997) *The Long-term Effects of Random Breath Testing in Four Australian States: A Time Series Analysis*. Canberra, ACT: Federal Office of Road Safety.

Hill, K. G., Howell, J. C., Hawkins, J. D. and Battin-Pearson, S. R. (1999) Childhood risk factors for adolescent gang membership: results from the Seattle Social Development Project. *Journal of Research in Crime and Delinquency*, 36, 300–22.

Hirschi, T. (1979) Separate and unequal is better. *Journal of Research in Crime and Delinquency*, 16, 34–8.

Hodgins, S. and Côté, G. (1990) The prevalence of mental disorders among penitentiary inmates. *Canada's Mental Health*, 38, 1–5.

Hodgins, S. and Müller-Isberner, R. (eds.) (2000) *Violence, Crime and Mentally Disordered Offenders: Concepts and Methods for Effective Treatment and Prevention*. Chichester: Wiley.

Hoge, R. D. (2002) Standardized instruments for assessing risk and need in youthful offenders. *Criminal Justice and Behavior*, 29, 380–96.

Hoge, R. D. and Andrews, D. A. (1996) *Assessing the Youthful Offender: Issues and Techniques*. New York: Plenum Press.

Hollenhorst, P. S. (1998) What do we know about anger management programs in corrections? *Federal Probation*, 62, 52–64.

Hollin, C. R. (1989) *Psychology and Crime: An Introduction to Criminological Psychology*. London: Routledge.

Hollin, C. R. (1990) *Cognitive-Behavioral Interventions with Young Offenders*. New York: Pergamon.

Hollin, C. R. (1995) The meaning and implications of program integrity. In J. McGuire (ed.) *What Works: Reducing Reoffending. Guidelines from Research and Practice*. Chichester: Wiley.

Hollin, C. R. (1999) Treatment programmes for offenders: meta-analysis, 'what works', and beyond. *International Journal of Law and Psychiatry*, 22, 361–71.

Hollin, C. R. (ed.) (2001a) *Handbook of Offender Assessment and Treatment*. Chichester: Wiley.

Hollin, C. R. (2001b) To treat or not to treat? An historical perspective. In C. R. Hollin (ed.) *Handbook of Offender Assessment and Treatment*. Chichester: Wiley.

Hollin, C. R. (2002a) Criminological psychology. In M. Maguire, R. Morgan and R. Reiner (eds.) *The Oxford Handbook of Criminology*, 3rd edn. Oxford: Oxford University Press.

Hollin, C. R. (2002b) Risk–needs assessment and allocation to offender programmes. In J. McGuire (ed.) *Offender Rehabilitation and Treatment: Effective Programmes and Policies to Reduce Re-Offending*. Chichester: Wiley.

Hollin, C. R. (2002c) Does punishment motivate offenders to change? In M. McMurran (ed.) *Motivating Offenders to Change: A Guide to Enhancing Engagement in Therapy*. Chichester: Wiley.

Hollin, C. R., McGuire, J., Palmer, E. *et al.* (2002) *Introducing Pathfinder Programmes to the Probation Service*. Home Office Research Study 247. London: Home Office.

Holmes, R. M. and Holmes, S. T. (2002) *Profiling Violent Crimes: An Investigative Tool*, 3rd edn. Thousand Oaks, CA: Sage Publications.

Home Affairs Committee (1993) *Juvenile Offenders: Memoranda of Evidence*. London: HMSO.

Home Office (1993) *Digest 2: Information on the Criminal Justice System in England and Wales*. London: Home Office Research and Statistics Department.

Home Office (2003) *Criminal Statistics for England and Wales 2002*. London: Home Office.

Honderich, T. (1976) *Punishment: The Supposed Justifications*. Harmondsworth: Penguin Books.

Honderich. T. (2002) *How Free Are You? The Determinism Problem*, 2nd edn. Oxford: Oxford University Press.

Hood, R. (2002) *The Death Penalty: A Worldwide Perspective*, 3rd edn. Oxford: Oxford University Press.

Howe, E. S. and Loftus, T. C. (1996) Integration of certainty, severity and celerity information in judged deterrence value: further evidence and methodological equivalence. *Journal of Applied Social Psychology*, 26, 226–42.

Howells, K. and Day, A. (2003) Readiness for anger management. *Clinical Psychology Review*, 23, 319–37.

Howells, K., Day, A., Bubner, S., Jauncey, S., Williamson, P., Parker, A. and Heseltine, K. (2002) *Anger management and violence prevention: Improving effectiveness.* Trends and Issues No.207. Canberra: Australian Institute of Criminology.

Howells, K., Watt, B., Hall, G. and Baldwin, S. (1997) Developing programmes for violent offenders. *Legal and Criminological Psychology*, 2, 117–28.

Hubbard, D. J. and Pratt, T. C. (2002) A meta-analysis of the predictors of delinquency among girls. *Journal of Offender Rehabilitation*, 34, 1–13.

Hudson, B. A. (1996) *Understanding Justice: An Introduction to Ideas, Perspectives and Controversies in Modern Penal Theory*. Buckingham: Open University Press.

Hudson, S. M. and Ward, T. (2001) Adolescent sexual offenders: assessment and treatment. In C. R. Hollin (ed.) *Handbook of Offender Assessment and Treatment*. Chichester: Wiley.

Huesmann, R. L., Moise-Titus, J., Podolski, C. L. and Eron, L. P. (2003) Longitudinal relations between children's exposure to TV violence and their aggressiveness and violent behaviour in young adulthood: 1977–1992. *Developmental Psychology*, 39, 201–21.

Huizinga, D., Weiher, A. W., Espiritu, E. and Esbensen, F. (2003) Delinquency and crime: some highlights from the Denver Youth Survey. In T. P. Thornberry and M. D. Krohn (eds.) *Taking Stock of Delinquency: An Overview of Findings from Contemporary Longitudinal Studies*. New York: Kluver Academic/Plenum Publishers.

Izzo, R. L. and Ross, R. R. (1990) Meta-analysis of rehabilitation programmes for juvenile delinquents. *Criminal Justice and Behavior*, 17, 134–42.

Jakob, R. (1992) On the development of psychologically oriented legal thinking in German speaking countries. In F. Lösel, D. Bender and T. Bliesener (eds.) *Psychology and Law: International Perspectives*. Berlin: Walter De Gruyter.

James, O. (1995) *Juvenile Violence in a Winner–Loser Culture: Socio-Economic and Familial Origins of the Rise in Violence Against the Person*. London: Free Association Books.

Jamieson, J., McIvor, G. and Murray, C. (1999) *Understanding Offending Among Young People*. Edinburgh: The Stationery Office.

Janson, C. G. (1983) Delinquency among metropolitan boys: a progress report. In K. T. Van Dusen and S. A. Mednick (eds.) *Prospective Studies of Crime and Delinquency*. Hingham, MA: Kluwer Nijhoff.

Jarvis, G. and Parker, H. (1989) Young heroin users and crime: how do the 'new users' finance their habits? *British Journal of Criminology*, 29, 175–85.

Johnson, T. J. (1972) *Professions and Power*. London: Macmillan.

Joint Prison/Probation Services Accreditation Panel (2002) *Performance Standards Manual for the Delivery of Accredited Individual Programmes*. London: National Probation Service.

Jolliffe, D. and Farrington, D. P. (2003) Empathy and offending: A systematic review and meta-analysis. *Aggression and Violent Behaviour*, 9, 441–476.

Joseph, J. (2003) *The Gene Illusion: Genetic Research in Psychiatry and Psychology under the Microscope*. Ross-on-Wye: PCCS Books.

Juby, H. and Farrington, D. P. (2001) Disentangling the link between disrupted families and delinquency. *British Journal of Criminology*, 41, 22–40.

Kandel, E. R., Schwartz, J. H. and Jessell, T. M. (eds.) (2000) *Principles of Neural Science*, 4th edn. New York: McGraw-Hill.

Kapardis, A. (1997) *Psychology and Law: A Critical Introduction*. Cambridge: Cambridge University Press.

Kaplan, H. B. (2003) Testing an integrative theory of deviant behavior: theory-syntonic findings from a long-term multi-generation study. In T. P. Thornberry and M. D. Krohn (eds.) *Taking Stock of Delinquency: An Overview of Findings from Contemporary Longitudinal Studies*. New York: Kluver Academic/ Plenum Publishers.

Kassinove, H. and Tafrate, R. C. (2002) *Anger Management: The Complete Treatment Guidebook for Practitioners*. Atascedero, CA: Impact Publishers.

Kendall, P. C. (1993) Cognitive-behavioral therapies with youth: guiding theory, current status, and emerging developments. *Journal of Consulting and Clinical Psychology*, 61, 235–47.

Kershaw, C. (1999) *Reconviction of Offenders Sentenced or Released from Prison in 1994*. Research Findings 90. London: Home Office Research, Development and Statistics Directorate.

Kershaw, C., Chivite-Matthews, N., Thomas, C. and Aust, R. (2001) *The 2001 British Crime Survey: First Results, England and Wales*. London: Home Office Research, Development and Statistics Directorate.

Kilpatrick, R. (1987) Joyriding: an addictive behaviour? In J. Hodge, M. McMurran and C. R. Hollin (eds.) *Addicted to Crime?* Chichester: Wiley.

Klee, R. (1997) *Introduction to the Philosophy of Science: Cutting Nature at its Seams*. New York: Oxford University Press.

Klein, N. C., Alexander, J. F. and Parsons, B. V. (1977) Impact of family systems intervention on recidivism and sibling delinquency: A model or primary prevention and program evaluation. *Journal of Consulting and Clinical Psychology*, 45, 469–474.

Klemke, L. W. (1982) Reassessment of Cameron's apprehension-termination of shoplifting finding. *California Sociologist*, 5, 88–95.

Kolman, A. S. and Wasserman, C. (1991) Theft groups for women: a cry for help. *Federal Probation*, 55, 48–54.

Kolvin, L., Miller, F. J. W., Fleeting, M. and Kolvin, P. A. (1988) Social and parenting factors affecting criminal-offence rates: findings from the Newcastle Thousand Family Study (1947–1980). *British Journal of Psychiatry*, 152, 80–90.

Krug, E. G., Dahlberg, L. L., Mercy, J. A., Zwi, A. B. and Lozano, R. (eds.) (2002) *World Report on Violence and Health*. Geneva: World Health Organization.

Kutchins, H. A. and Kirk, S. A. (1997) *Making Us Crazy: DSM: The Psychiatric Bible and the Creation of Mental Disorders*. Glencoe, IL: The Free Press.

Lamb, H. R. and Weinberger, L. E. (1998) Persons with severe mental illness in jails and prisons: a review. *Psychiatric Services*, 49, 483–92.

Lamiell, J. T. (1995) Rethinking the role of quantitative methods in psychology. In J. A. Smith, R. Harré and L. Van Langenhove (eds.) *Rethinking Methods in Psychology*. London: Sage Publications.

Lanis, K. and Covell, K. (1995) Images of women in advertisements: effects on attitudes related to sexual aggression. *Sex Roles*, 32, 639–49.

Laub, J. H. and Sampson, R. J. (1993) Turning points in the life course: why change matters to the study of crime. *Criminology*, 31, 301–25.

Laub, J. H. and Sampson, R. J. (2001) Understanding desistance from crime. *Crime and Justice: A Review of Research*, 28, 1–70.

Leahy, T. H. (1997) *A History of Psychology: Main Currents in Psychological Thought*, 4th edn. Upper Saddle River, NJ: Prentice-Hall.

Leavitt, G. (1999) Criminological theory as an art form: implications for criminal justice policy. *Crime and Delinquency*, 45, 389–99.

LeBlanc, M. (1993) Prevention of adolescent delinquency: an integrative multi-layered control theory based perspective. In D. P. Farrington, R. J. Sampson and P. H. Wikström (eds.) *Integrating Individual and Ecological Aspects of Crime*. Stockholm: National Council for Crime Prevention.

LeBlanc, M. and Girard, S. (1997) The generality of deviance: replication over two decades with a Canadian sample of adjudicated boys. *Canadian Journal of Criminology*, 39, 171–83.

Leeman, L. W., Gibbs, J. C. and Fuller, D. (1993) Evaluation of a multi-component group treatment program for juvenile delinquents. *Aggressive Behavior*, 19, 281–92.

Lehman, A., Postrado, L., Roth, D., McNary, S. and Goldman, H. (1994) An evaluation of the continuity of care, case management, and client outcomes in the Robert Wood Johnson program on chronic mental illness. *The Milbank Quarterly*, 72, 105–22.

Leslie, J. C. (2002) *Essential Behaviour Analysis*. London: Arnold.

Levi, M. and Maguire, M. (2002) Violent crime. In M. Maguire, R. Morgan and R. Reiner (eds.) *The Oxford Handbook of Criminology*, 3rd edn. Oxford: Oxford University Press.

Lewis, S., Maguire, M., Raynor, P., Vanstone, M. and Vennard, J. (2003) *The Resettlement of Short-term Prisoners: An Evaluation of Seven Pathfinder Programmes*. Findings 200. London: Home Office Research, Development and Statistics Directorate.

Light, R., Nee, C. and Ingham, H. (1993) *Car Theft: The Offender's Perspective*. Home Office Research Study 130. London: HMSO.

Lilly, J. R., Cullen, F. T. and Ball, R.A. (2002) *Criminological Theory: Context and Consequences*, 3rd edn. Thousand Oaks, CA: Sage Publications.

Link, B., Andrews, D. and Cullen, F. (1992) The violent and illegal behavior of mental patients reconsidered. *American Sociological Review*, 57, 275–92.

Link, B. and Stueve, A. (1994) Psychotic symptoms and the violent/illegal behavior of mental patients compared to community controls. In J. Monahan and H. J. Steadman (eds.) *Violence and Mental Disorder: Developments in Risk Assessment*. Chicago, IL: University of Chicago Press.

Lipsey, M. W. (1992) Juvenile delinquency treatment: a meta-analytic inquiry into the variability of effects. In T. Cook, D. Cooper, H. Corday *et al.* (eds.) *Meta-Analysis for Explanation: A Casebook*. New York: Russell Sage Foundation.

Lipsey, M. W. (1995) What do we learn from 400 studies on the effectiveness of treatment with juvenile delinquents? In J. McGuire (ed.) *What Works: Reducing Re-offending. Guidelines from Research and Practice*. Chichester: Wiley.

Lipsey, M. W., Chapman, G. L. and Landenberger, N. A. (2001) Cognitive-behavioral programs for offenders. *Annals of the American Academy of Political and Social Science*, 578, 144–57.

Lipsey, M. W. and Derzon, J. H. (1998) Predictors of violent or serious delinquency in adolescence and early adulthood: a synthesis of longitudinal research. In R. Loeber and D. P. Farrington (eds.) *Serious & Violent Juvenile Offenders: Risk Factors and Successful Interventions*. Thousand Oaks, CA: Sage Publications.

Lipsey, M. W. and Wilson, D. B. (1993) The efficacy of psychological, educational, and behavioral treatment: confirmation from meta-analysis. *American Psychologist*, 48, 1181–209.

Lipsey, M. W. and Wilson, D. B. (1998) Effective intervention for serious juvenile offenders: a synthesis of research. In R. Loeber and D. P. Farrington (eds.) *Serious & Violent Juvenile Offenders: Risk Factors and Successful Interventions*. Thousand Oaks, CA: Sage Publications.

Lipsey, M. W. and Wilson, D. B. (2001) *Practical Meta-Analysis*. Thousand Oaks, CA: Sage Publications.

Lipton, D. S., Martinson, R. and Wilks, J. (1975) *The Effectiveness of Correctional Treatment: A Survey of Treatment Evaluation Studies*. New York: Praeger.

Lipton, D. S., Pearson, F. S., Cleland, C. M. and Yee, D. (1997) Synthesizing correctional treatment outcomes: preliminary CDATE findings. Paper delivered to the *5th Annual National Institute of Justice Conference on Research and Evaluation in Criminal Justice*, Washington, DC, July.

Lipton, D. S., Pearson, F. S., Cleland, C. M. and Yee, D. (2002a) The effects of therapeutic communities and milieu therapy on recidivism. In J. McGuire (ed.) *Offender Rehabilitation and Treatment: Effective Programmes and Policies to Reduce Re-Offending*. Chichester: Wiley.

Lipton, D. S., Pearson, F. S., Cleland, C. M. and Yee, D. (2002b) The effectiveness of cognitive-behavioural treatment methods on recidivism. In J. McGuire (ed.) *Offender Rehabilitation and Treatment: Effective Programmes and Policies to Reduce Re-Offending*. Chichester: Wiley.

Lishman, W. A. (1997) *Organic Psychiatry: The Psychological Consequences of Cerebral Disorder*, 3rd edn. Oxford: Blackwell.

Lloyd, C., Mair, G. and Hough, M. (1994) *Explaining Reconviction Rates: A Critical Analysis*. Home Office Research Study 136. London: HMSO.

Loeber, R. (1990) Development and risk factors of juvenile antisocial behavior and delinquency. *Clinical Psychology Review*, 10, 1–41.

Loeber, R. and Farrington, D. P. (1997) Strategies and yields of longitudinal studies on antisocial behavior. In D. M. Stoff, J. Breiling and J. D. Maser (eds.) *Handbook of Antisocial Behavior*. New York: Wiley.

Loeber, R., Farrington, D. P., Stouthamer-Loeber, M. *et al.* (2003) The development of male offending: key findings from fourteen years of the Pittsburgh Youth Study. In T. P. Thornberry and M. D. Krohn (eds.) *Taking Stock of Delinquency: An Overview of Findings from Contemporary Longitudinal Studies*. New York: Kluver Academic/Plenum Publishers.

Loeber, R., Farrington, D. P. and Waschbusch, D. A. (1998) Serious and violent juvenile offenders. In R. Loeber and D. P. Farrington (eds.) *Serious & Violent Juvenile Offenders: Risk Factors and Successful Interventions*. Thousand Oaks, CA: Sage Publications.

Loeber, R. and LeBlanc, M. (1990) Toward a developmental criminology. *Crime and Justice: A Review of Research*, 12, 375–473.

Loeber, R. and Stouthamer-Loeber, M. (1987) Prediction. In H. C. Quay (ed.) *Handbook of Juvenile Delinquency*. New York: Wiley.

Logan, C. H. and Gaes, G. G. (1993) Meta-analysis and the rehabilitation of punishment. *Justice Quarterly*, 10, 245–63.

Lösel, F. (1995) The efficacy of correctional treatment: a review and synthesis of meta-evaluations. In J. McGuire (ed.) *What Works: Reducing Re-offending. Guidelines from Research and Practice*. Chichester: Wiley.

Lösel, F. (1998) Treatment and management of psychopaths. In D. Cooke, A. E. Forth and R. A. Hare (eds.) *Psychopathy: Theory, Research and Implications for Society*. Amsterdam: Kluwer Academic Publishers.

Lösel, F. (2001) Evaluating the effectiveness of correctional programs: bridging the gap between research and practice. In G. A. Bernfeld, D. P. Farrington and A. W. Leschied (eds.) *Offender Rehabilitation in Practice: Implementing and Evaluating Effective Programs*. Chichester: Wiley.

Lösel, F. and Bender, D. (2003) Protective factors and resilience. In D. P. Farrington and J. W. Coid (eds.) *Early Prevention of Adult Antisocial Behaviour*. Cambridge: Cambridge University Press.

Lösel, F. and Bliesener, T. (1994) Some high-risk adolescents do not develop conduct problems: a study of protective factors. *International Study of Behavioral Development*, 17, 753–77.

Lösel, F. and Koferl, P. (1989) Evaluation research on correctional treatment in West Germany: a meta-analysis. In H. Wegener, F. Lösel and J. Haisch (eds.) *Criminal Behavior and the Justice System: Psychological Perspectives*. New York: Springer-Verlag.

MacDevitt, J. W. and Kedzierzawski, G. D. (1990) A structured group format for first offense shoplifters. *International Journal of Offender Therapy and Comparative Criminology*, 34, 155–64.

MacKenzie, D. L. (1997) Criminal justice and crime prevention. In L. W. Sherman, D. Gottfredson, D. L. Mackenzie *et al.*, *Preventing Crime: What Works, What Doesn't, What's Promising*. Washington, DC: Office of Justice Programs.

MacKenzie, D. L. (2002) Reducing the criminal activities of known offenders and delinquents: crime prevention in the courts and corrections. In L. W. Sherman, D. P. Farrington, B. C. Welsh and D. L. MacKenzie (eds.) *Evidence-Based Crime Prevention*. London: Routledge.

MacKenzie, D. L., Brame, R., McDowall, D. and Souryal, C. (1995) Boot camp prisons and recidivism in eight states. *Criminology*, 33, 327–57.

MacKenzie, D. L. and Souryal, C. (1994) *Multisite Evaluation of Shock Incarceration*. Washington, DC: National Institute of Justice.

MacKenzie, D. L., Wilson, D. B. and Kider, S. B. (2001) Effects of correctional boot camps on offending. *Annals of the American Academy of Political and Social Science*, 578, 126–43.

Maguire, M. (2002) Crime statistics: the 'data explosion' and its implications. In M. Maguire, R. Morgan and R. Reiner (eds.) *The Oxford Handbook of Criminology*, 3rd edn. Oxford: Oxford University Press.

Mahoney, M. J. (1974) *Cognition and Behavior Modification*. Cambridge, MA: Ballinger.

Marshall, W. L. (2001) Adult sexual offenders against women. In C. R. Hollin (ed.) *Handbook of Offender Assessment and Treatment*. Chichester: Wiley.

Marshall, W. L., Anderson, D. and Fernandez, Y. (1999) *Cognitive Behavioural Treatment of Sexual Offenders*. Chichester: Wiley.

Marshall, W. L. and McGuire, J. (2003) Effect sizes in the treatment of sexual offenders. *International Journal of Offender Therapy and Comparative Criminology*, 47, 653–63.

Martens, P. L. (1993) An ecological model of socialisation in explaining offending.

In D. P. Farrington, R. J. Sampson and P. H. Wikström (eds.) *Integrating Individual and Ecological Aspects of Crime*. Stockholm: National Council for Crime Prevention.

Martin, S. E., Annan, S. and Forst, B. (1993) The special deterrent effects of a jail sanction on first-time drunk drivers: a quasi experimental study. *Accident Analysis and Prevention*, 25, 561–8.

Martinson, R. (1974) What works? Questions and answers about prison reform. *The Public Interest*, 10, 22–54.

Martinson, R. (1979) New findings, new views: a note of caution regarding sentencing reform. *Hofstra Law Review*, 7, 243–58.

Maruna, S. (2001) *Making Good: How Ex-convicts Reform and Rebuild Their Lives*. Washington, DC: American Psychological Association.

Marzagao, L. R. (1972) Systematic desensitization treatment of kleptomania. *Journal of Behavior Therapy and Experimental Psychiatry*, 3, 327–8.

Massoglia, M. and Macmillan, R. (2002) Deterrence, rational choice, and criminal offending: a consideration of legal subjectivity. In A. R. Piquero and S. G. Tibbetts (eds.) *Rational Choice and Criminal Behavior: Recent Research and Future Challenges*. New York: Routledge.

Matson, J. L. and Kazdin, A. E. (1981) Punishment in behavior modification: pragmatic, ethical and legal issues. *Clinical Psychology Review*, 1, 197–210.

Matsueda, R. L. and Anderson, K. (1998) The dynamics of delinquent peers and delinquent behavior. *Criminology*, 36, 269–308.

Mattia, J. I. and Zimmerman, M. (2001) Epidemiology. In W. J. Livesley (ed.) *Handbook of Personality Disorders: Theory, Research and Treament*. New York: Guilford Press.

May, C. (1999) *Explaining Reconviction Following a Community Sentence: The Role of Social Factors*. Home Office Research Study 192. London: Home Office.

May, T., Warburton, H., Turnball, P. J. and Hough, M. (2002) *Times They Are A-Changing: Policing of Cannabis*. York: Joseph Rowntree Foundation.

Mayer, J. P., Gensheimer, L. K., Davidson, W. S. and Gottschalk, R. (1986) Social learning treatment within juvenile justice: a meta-analysis of impact in the natural environment. In S. A. Apter and A. P. Goldstein (eds.) *Youth Violence: Programs and Prospects*. Elmsford, NJ: Pergamon Press.

Mayhew, P. and White, P. (1997) *The 1996 International Crime Victimisation Survey*. Research Findings 57. London: Home Office Research and Statistics Directorate.

McAdams, D. P. (2001) *The Person: An Integrated Introduction to Personality Psychology*, 3rd edn. Fort Worth, TX: Harcourt Brace.

McDougall, C., Cohen, M. A., Swaray, R. and Perry, A. (2003) The costs and benefits of sentencing: a systematic review. *Annals of the American Academy of Political and Social Science*, 587, 160–77.

McDowall, D., Lizotte, A. J. and Wiersma, B. (1991) General deterrence through civilian gun ownership: an examination of the quasi-experimental evidence. *Criminology*, 29, 541–59.

McGillivray, M. (1993) *Putting the Brakes on Car Crime: A Local Study of Auto-related Crime among Young People*. London and Cardiff: The Children's Society and Mid Glamorgan Social Services Department.

McGue, M., Bacon, S. and Lykken, D. T. (1993) Personality stability and change in early adulthood: a behavioral genetic analysis. *Developmental Psychology*, 29, 96–109.

McGuire, J. (ed.) (1995a) *What Works: Reducing Re-offending. Guidelines from Research and Practice*. Chichester: Wiley.

McGuire, J. (1995b) Reasoning and rehabilitation programs in the UK. In R. R. Ross and B. Ross (eds.) *Thinking Straight: The Reasoning and Rehabilitation Program for Delinquincy Prevention and Offender Rehabilitation*. Ottawa: Air Training & Publications.

McGuire, J. (1997a) 'Irrational' shoplifting and models of addiction. In J. Hodge, M. McMurran and C. R. Hollin (eds.) *Addicted to Crime?* Chichester: Wiley.

McGuire, J. (1997b) Ethical dilemmas in forensic clinical psychology. *Legal and Criminological Psychology*, 2, 177–92.

McGuire, J. (2000a) Explanations of criminal behaviour. In J. McGuire, T. Mason and A. O'Kane (eds.) *Behaviour, Crime and Legal Processes: A Guidebook for Practitioners*. Chichester: Wiley.

McGuire, J. (2000b) *Cognitive-Behavioural Approaches: An Introduction to Theory and Research*. London: Home Office.

McGuire, J. (2001a) Property offences. In C. R. Hollin (ed.) *Handbook of Offender Assessment and Treatment*. Chichester: Wiley.

McGuire, J. (2001b) Treatment approaches for offenders with mental disorder. In L. L. Motiuk and R. C. Serin (eds.) *Compendium 2000 on Effective Correctional Programming*. Ottawa: Correctional Service Canada.

McGuire, J. (2001c) Defining correctional programs. In L. L. Motiuk and R. C. Serin (eds.) *Compendium 2000 on Effective Correctional Programming*. Ottawa: Correctional Service Canada.

McGuire, J. (2002a) Criminal sanctions versus psychologically-based interventions with offenders: a comparative empirical analysis. *Psychology, Crime and Law*, 8, 183–208.

McGuire, J. (ed.) (2002b) *Offender Rehabilitation and Treatment: Effective Practice and Policies to Reduce Re-offending*. Chichester: Wiley.

McGuire, J. (2002c) What is problem-solving? Theory, research, and applications. *Criminal Behaviour and Mental Health*, 11, 210–35.

McGuire, J. (2003) Maintaining change: converging legal and psychological initiatives in a therapeutic jurisprudence framework. *Western Criminology Review*, 4, 18–32 (available online: http://wcr.sonoma.edu/v4n2/mcguire. html).

McGuire, J., Priestley, P. and Gates, E. (submitted) Evaluation of a probation-based programme for learning control of aggression. Manuscript submitted for publication.

McLaughlin, E. and Muncie, J. (eds.) (2001) *The Sage Dictionary of Criminology*. London: Sage Publications.

McMurran, M. (2001) Offenders with personality disorders. In C. R. Hollin (ed.) *Handbook of Offender Assessment and Treatment*. Chichester: Wiley.

McMurran, M. (2002) Alcohol, aggression, and violence. In J. McGuire (ed.) *Offender Rehabilitation and Treatment: Effective Programmes and Policies to Reduce Re-Offending*. Chichester: Wiley.

McNiel, D. E. (1994) Hallucinations and violence. In J. Monahan and H. J. Steadman (eds.) *Violence and Mental Disorder: Developments in Risk Assessment*. Chicago, IL: University of Chicago Press.

Mechanic, D. (1999) Mental health and mental illness: definitions and perspectives. In A. V. Horwitz and T. L. Scheid (eds.) *A Handbook for the Study of Mental Health: Social Contexts, Theories and Systems*. Cambridge: Cambridge University Press.

Meichenbaum, D. (1977) *Cognitive-Behavior Modification: An Integrative Approach*. New York: Plenum Press.

Meichenbaum, D. (1995) Cognitive-behavioral therapy in historical perspective. In B. Bongar and L. E. Buetler (eds.) *Comprehensive Textbook of Psychotherapy*. New York: Oxford University Press.

Meichenbaum, D. and Gilmore, J. B. (1984) The nature of unconscious processes: a cognitive-behavioral perspective. In K. S. Bowers and D. Meichenbaum (eds.) *The Unconscious Reconsidered*. New York: Wiley.

Melton, G., Petrila, J., Poythress, N. and Slobogin, C. (1998) *Psychological Evaluations for the Courts: A Handbook for Lawyers and Mental Health Practitioners*, 2nd edn. New York: Guilford Press.

Memon, A. (2003) Telling it all: the cognitive interview. In A. Memon, A. Vrij and R. Bull (eds.) *Psychology and Law: Truthfulness, Accuracy and Credibility* (2nd edn). London: McGraw-Hill.

Memon, A., Vrij, A. and Bull, R. (eds.) (1998) *Psychology and Law: Truthfulness, Accuracy and Credibility*. London: McGraw-Hill.

Messner, S. F., Krohn, M. D. and Lisak, A. E. (eds.) (1989) *Theoretical Integration in the Study of Deviance and Crime*. Albany, NY: State University of New York Press.

Miller, W. R. (1994) Motivational interviewing III: On the ethics of motivational intervention. *Behavioural and Cognitive Psychotherapy*, 22, 111–23.

Miller, W. R. and Rollnick, S. (eds.) (2002) *Motivational Interviewing: Preparing People for Change*, 2nd edn. New York: Guilford Press.

Minor, K. I., Wells, J. B., Soderstrom, I. R., Bingham, R. and Williamson, D. (1999) Sentence completion and recidivism among juveniles referred to teen courts. *Crime and Delinquency*, 45, 467–80.

Mirrlees-Black, C. and Allen, J. (1998) *Concern About Crime: Findings from the 1998 British Crime Survey*. Research Findings 83. London: Home Office Research, Development and Statistics Directorate.

Mischel, W. (1968) *Personality and Assessment*. New York: Wiley.

Mischel, W. (1999) *Introduction to Personality*, 6th edn. Forth Worth, TX: Harcourt Brace.

Mischel, W. (2004) Toward an integrative science of the person. *Annual Review of Psychology*, 55, 1–22.

Mischel, W. and Shoda, Y. (1998) Reconciling processing dynamics and personality dispositions. *Annual Review of Psychology*, 49, 229–58.

Moffitt, T. E. (1983) The learning theory model of punishment: implications for delinquency deterrence. *Criminal Justice and Behavior*, 10, 131–58.

Moffitt, T. E. (1993) Adolescence-limited and life-course-persistent anti-social behavior: a developmental taxonomy. *Psychological Review*, 100, 674–701.

Moffitt, T. E., Caspi, A., Rutter, M. and Silva, P. A. (2001) *Sex Differences in Antisocial Behaviour: Conduct Disorder, Delinquency and Violence in the Dunedin Longitudinal Study*. Cambridge: Cambridge University Press.

Monahan, J. (1997) Clinical and actuarial predictions of violence. In D. Faigman, D. Kaye, M. Saks and J. Sanders (eds.) *West's Companion to Scientific Evidence*. St.Paul, MN: West Publishing Company.

Monahan, J. and Steadman, H. J. (eds.) (1994) *Violence and Mental Disorder: Developments in Risk Assessment*. Chicago, IL: Chicago University Press.

Monahan, J., Steadman, H. J., Silver, E. *et al.* (2001) *Rethinking Risk Assessment: The MacArthur Study of Mental Disorder and Violence*. New York: Oxford University Press.

Moon, M. M., Sundt, J. L., Cullen, F. T. and Wright, J. P. (2000) Is child saving dead? Public support for juvenile rehabilitation. *Crime and Delinquency*, 46, 38–60.

Morison, R. S. (1960) 'Gradualness, gradualness, gradualness'. *American Psychologist*, 15, 187–97.

Morrison, S. and O'Donnell, I. (1994) *Armed Robbery: A Study in London*. Oxford: Centre for Criminological Research.

Morrison-Dyke, D. F. (1996) Interpersonal cognitive problem-solving skills and severity of criminal behavior among homeless mentally disordered criminal offenders. *Dissertation Abstracts International*, 56(8-B): 4589.

Morrissey, J. P. (1999) Integrating service delivery systems for persons with a severe mental illness. In A. V. Horwitz and T. L. Scheid (eds.) *A Handbook for the Study of Mental Health: Social Contexts, Theories and Systems*. Cambridge: Cambridge University Press.

Morrissey, J. P., Calloway, M., Bartko, W. T. *et al.* (1994) Local mental health authorities and service system change: evidence from the Robert Wood Johnson program on chronic mental illness. *Milbank Quarterly*, 72, 49–80.

Motiuk, L. and Porporino, F. J. (1991) *The Nature and Severity of Mental Health Problems Among Federal Inmates in Canadian Penitentiaries*. Research Report R4. Ottawa: Correctional Service Canada.

Motiuk, L. L. and Serin, R. C. (eds.) (2001) *Compendium 2000 on Effective Correctional Programming*. Ottawa: Correctional Service Canada.

Muncie, J. (2001) The construction and deconstruction of crime. In J. Muncie and E. McLaughlin (eds.) *The Problem of Crime*, 2nd edn. London: Sage Publications in association with the Open University.

Nagin, D. S. (1998) Criminal deterrence research at the outset of the twenty-first century. *Crime and Justice: A Review of Research*, 23, 51–91.

Nettler, G. (1984) *Explaining Crime*, 3rd edn. New York: McGraw-Hill.

Newman, G. (1976) *Comparative Deviance: Perception and Law in Six Cultures*. New York: Elsevier.

Newman, G. (1977) Social institutions and the control of deviance: a cross-national opinion survey. *European Journal of Social Psychology*, 7, 39–59.

Newman, G., Bouloukos, A. C. and Cohen, D. (eds.) (2001) *World Factbook of Criminal Justice Systems*. Washington, DC: Department of Justice (available online: http://www.ojp.usdoj.gov/bjs/pub/ascii/wfbcjhon.txt).

Nietzel, M. T. (1979) *Crime and its Modification: A Social Learning Perspective*. New York: Pergamon Press.

Norris, C. (1997) *Against Relativism: Philosophy of Science, Deconstruction and Critical Theory*. Oxford: Blackwell.

Novaco, R. W. (1975) *Anger Control: Development and Evaluation of an Experimental Treatment*. Lexington, KT: D. C. Heath.

Novaco, R. W. (1997) Remediating anger and aggression with violent offenders. *Legal and Criminological Psychology*, 2, 77–88.

Nuttall, C., Goldblatt, P. and Lewis, C. (1998) *Reducing Offending: An Assessment of Research Evidence on Ways of Dealing with Offending Behaviour*. Home Office Research Study 187. London: Home Office.

Ogloff, J. R. P. and Davis, M. R. (2004) Advances in offender assessment and rehabilitation: contributions of the risk–needs–responsivity approach. *Psychology, Crime and Law*, 10, 229–242.

Olweus, D. (1979) Stability of aggressive reaction patterns in males: a review. *Psychological Bulletin*, 86, 852–75.

Olweus, D. (1988) Environmental and biological factors in the development of aggressive behaviour. In W. Buikhuisen and S. A. Mednick (eds.) *Explaining Criminal Behaviour*. Leiden: E. J. Brill.

O'Neil, J. M. and Harway, M. (1999) Revised multivariate model explaining men's risk factors for violence against women: theoretical propositions, new hypotheses, and proactive recommendations. In M. Harway and J. M. O'Neil (eds.) *What Causes Men's Violence Against Women?* Thousand Oaks, CA: Sage Publications.

Orobrio de Castro, B., Veerman, J. W., Koops, W., Bosch, J. D. and Monshouwer, H. (2002) Hostile attribution of intent and aggressive behaviour: A meta-analysis. *Child Development*, 73, 916–934.

O'Toole, M. E. (2001) *The School Shooter: A Threat Assessment Perspective*. Washington, DC: Federal Bureau of Investigation.

Ouellette, J. A. and Wood, W. (1998) Habit and intention in everyday life: the multiple processes by which past behavior predicts future behavior. *Psychological Bulletin*, 124, 54–74.

Ownby, R. L. (1997) *Psychological Reports: A Guide to Report Writing in Professional Psychology*, 3rd edn. New York: Wiley.

Palmer, T. (1975) Martinson re-visited. *Journal of Research in Crime and Delinquency*, 12, 133–52.

Palmer, T. (1992) *The Re-Emergence of Correctional Intervention*. Newbury Park, CA: Sage Publications.

Paternoster, R. (1987) The deterrent effect of the perceived certainty and severity of punishment: a review of evidence and issues. *Justice Quarterly*, 4, 173–217.

Paternoster, R., Saltzman, L. E., Waldo, G. P. and Chiricos, T. G. (1983) Perceived risk and social control: do sanctions really deter? *Law and Society Review*, 17, 457–79.

Patterson, G. R. (1982) *Coercive Family Process*. Eugene, OR: Castalia Publishing Company.

Patterson, G. R. and Yoerger, K. (1993) Developmental models for delinquent behavior. In S. Hodgins (ed.) *Mental Disorder and Crime*. Newbury Park, CA: Sage Publications.

Pearson, F. S. and Lipton, D. S. (1999) A meta-analytic review of the effectiveness of corrections-based treatments for drug abuse. *The Prison Journal*, 79, 384–410.

Pearson, F. S., Lipton, D. S. and Cleland, C. M. (1997) Rehabilitative programs in adult corrections: CDATE meta-analyses. Paper delivered to the *Annual Meeting of the American Society of Criminology*, San Diego, CA.

Pease, K. (2002) Crime reduction. In M. Maguire, R. Morgan and R. Reiner (eds.) *The Oxford Handbook of Criminology*, 3rd edn. Oxford: Oxford University Press.

Peay, J. (2002) Mentally disordered offenders, mental health, and crime. In M. Maguire, R. Morgan and R. Reiner (eds.) *The Oxford Handbook of Criminology*, 3rd edn. Oxford: Oxford University Press.

Peck, C. P. (1986) Risk-taking behavior and compulsive gambling. *American Psychologist*, 41, 461–5.

Perry, J. C., Banon, E. and Ianni, F. (1999) Effectiveness of psychotherapy for personality disorders. *American Journal of Psychiatry*, 1156, 1312–21.

Peters, R. H. and Murrin, M. R. (2000) Effectiveness of treatment-based drug courts in reducing criminal recidivism. *Criminal Justice and Behavior*, 27, 72–96.

Petersilia, J. (1990) When probation becomes more dreaded than prison. *Federal Probation*, 54, 23–7.

Petersilia, J. (1998) A decade of experimenting with intermediate sanctions: what have we learned? *Federal Probation*, 62, 3–9.

Petersilia, J. and Turner, S. (1993) Intensive probation and parole. *Crime and Justice: A Review of Research*, 17, 281–335.

Petrosino, A. (2000) Crime, drugs and alcohol. In *Evidence from Systematic Reviews of Research Relevant to Implementing the Wider Public Health Agenda*. York: University of York, NHS Centre for Reviews and Dissemination (available online: http://www.york.ac.uk/inst/crd/wph.htm).

Petrosino, A., Turpin-Petrosino, C. and Finckenauer, J. O. (2000) Well-meaning programs can have harmful effects! Lessons from experiments of programs such as Scared Straight. *Crime and Delinquency*, 46, 354–79.

Phillipson, M. (1971) *Sociological Aspects of Crime and Delinquency*. London: Routledge & Kegan Paul.

Pilgrim, D. and Rogers, A. (1993) *A Sociology of Mental Health and Illness*. Buckingham: Open University Press.

Platt, J. J., Perry, G. and Metzger, D. (1980) The evaluation of a heroin addiction treatment program within a correctional environment. In R. R. Ross and P. Gendreau (eds.) *Effective Correctional Treatment*. Toronto: Butterworths.

Plattner, M. F. (1976) The rehabilitation of punishment. *The Public Interest*, 44, 104–14.

Polaschek, D. L. L. and Reynolds, N. (2001) Assessment and treatment: violent offenders. In C. R. Hollin (ed.) *Handbook of Offender Assessment and Treatment*. Chichester: Wiley.

Polizzi, D. M., MacKenzie, D. L., and Hickman, L. J. (1999) What works in adult sex offender treatment? A review of prison- and non-prison-based treatment programs. *International Journal of Offender Therapy and Comparative Criminology*, 43, 357–74.

Pratt, T. C. and Cullen, F. T. (2000) The empirical status of Gottfredson and Hirschi's general theory of crime: a meta-analysis. *Criminology*, 38, 931–64.

Prentky, R. A. (1995) A rationale for the treatment of sex offenders: *pro bono publico*. In J. McGuire (ed.) *What Works: Reducing Re-offending. Guidelines from Research and Practice*. Chichester: Wiley.

Prentky, R. A. and Burgess, A. W. (1990) Rehabilitation of child molesters: a cost–benefit analysis. *American Journal of Orthopsychiatry*, 60, 108–17.

Pryzwansky, W. B. and Wendt, R. N. (1999) *Professional and Ethical Issues in Psychology: Foundations of Practice*. New York: W. W. Norton.

Raine, A. (1997) Antisocial behavior and psychophysiology: a biosocial perspective and a prefrontal dysfunction hypothesis. In D. M. Stoff, J. Breiling and J. D. Maser (eds.) *Handbook of Antisocial Behavior*. New York: Wiley.

Raynor, P. and Vanstone, M. (1996) Reasoning and rehabilitation in Britain: the results of the straight thinking on probation (STOP) programme. *International Journal of Offender Therapy and Comparative Criminology*, 40, 272–84.

Reckless, W. C. (1967) *The Crime Problem*, 4th edn. New York: Appleton-Century-Crofts.

Reckless, W. C., Dinitz, S. and Murray, E. (1956) Self-concept as an insulator against delinquency. *American Sociological Review*, 21, 744–6.

Redondo, S., Garrido, V. and Sánchez-Meca, J. (1997) What works in correctional rehabilitation in Europe: a meta-analytical review. In S. Redondo, V. Garrido, J. Pérez and R. Barberet (eds.) *Advances in Psychology and Law: International Contributions*. Berlin: Walter de Gruyter.

Redondo, S., Sánchez-Meca, J. and Garrido, V. (1999) The influence of treatment programmes on the recidivism of juvenile and adult offenders: a European meta-analytic review. *Psychology, Crime and Law*, 5, 251–78.

Redondo, S., Sánchez-Meca, J. and Garrido, V. (2002) Crime treatment in Europe: a review of outcome studies. In J. McGuire (ed.) *Offender Rehabilitation and Treatment: Effective Programmes and Policies to Reduce Re-Offending*. Chichester: Wiley.

Reed, A. and Seago, P. (1999) *Criminal Law*. London: Sweet & Maxwell.

Reid, J. B. and Patterson, G. R. (1977) The modification of aggression and stealing behaviour of boys in the home setting. In E. Ribes-Inesta and A. Bandura (eds.) *Analysis of Delinquency and Aggression*. Hillsdale, NJ: Erlbaum.

Reid, J. B., Patterson, G. R. and Snyder, J. (2002) *Antisocial Behavior in Children and Adolescents: A Developmental Analysis and Model for Intervention*. Washington, DC: American Psychological Association.

Reid, W. H. and Gacono, C. (2000) Treatment of antisocial personality, psychopathy and other characterologic antisocial syndromes. *Behavioral Sciences and the Law*, 18, 647–62.

Reiner, R. (2002) Media made criminality: the representation of crime in the mass media. In M. Maguire, R. Morgan and R. Reiner (eds.) *The Oxford Handbook of Criminology*, 3rd edn. Oxford: Oxford University Press.

Reith, M. (1998) *Community Care Tragedies*. Birmingham: Venture Press.

Rex, S. (2001) Beyond cognitive-behaviouralism? Reflections on the effectiveness literature. In A. Bottoms, L. Gelsthorpe and S. Rex (eds.) *Community Penalties: Change and Challenges*. Cullompton: Willan Publishing.

Rex, S., Gelsthorpe, L., Roberts, C. and Jordan, P. (2004) *What's Promising in Community Service: Implementation of Seven Pathfinder Projects*. Findings 231. London: Home Office Research, Development and Statistics Directorate.

Roberts, A. R. and Camasso, M. J. (1991) The effect of juvenile offender treatment programs on recidivism: a meta-analysis of 46 studies. *Notre Dame Journal of Law, Ethics and Public Policy*, 5, 421–41.

Robins, L. N. (1974) *Deviant Children Grown Up: A Sociological and Psychiatric Study of Psychiatric Morbidity*. Huntington, NY: Robert E. Krieger Publishing Company.

Robinson, D. (1995) *The Impact of Cognitive Skills Training on Post-Release Recidivism among Canadian Federal Offenders*. Ottawa: Correctional Service Canada.

Robinson, D. and Porporino, F. J. (2001) Programming in cognitive skills: the reasoning and rehabilitation programme. In C. R. Hollin (ed.) *Handbook of Offender Assessment and Treatment*. Chichester: Wiley.

Rock, P. (2002) Sociological theories of crime. In M. Maguire, R. Morgan and R. Reiner (eds.) *The Oxford Handbook of Criminology*, 3rd edn. Oxford: Oxford University Press.

Roesch, R., Hart, S. D. and Ogloff, J. R. P. (eds.) (1999) *Psychology and Law: The State of the Discipline*. New York: Kluwer Academic/Plenum Publishers.

Rosenthal, R. (1994) Parametric measures of effect size. In H. Cooper and L. V. Hedges (eds.) *Handbook of Research Synthesis*. New York: Russell Sage Foundation.

Rosenthal, R. and Rubin, D. B. (1982) A simple, general purpose display of magnitude of experimental effect. *Journal of Educational Psychology*, 74, 166–9.

Roshier, B. (1989) *Controlling Crime: The Classical Perspective in Criminology*. Milton Keynes: Open University Press.

Ross, R. R., Antonowicz, D. H. and Dhaliwal, G. K. (1995) *Going Straight: Effective Delinquency Prevention and Offender Rehabilitation*. Ottawa: Air Training and Publications.

Ross, R. R. and Fabiano, E. A. (1985) *Time to Think: A Cognitive Model of Delinquency Treatment and Offender Rehabilitation*. Ottawa: Institute of Social Sciences and Arts.

Ross, R. R., Fabiano, E. A. and Ewles, C. D. (1988) Reasoning and rehabilitation. *International Journal of Offender Therapy and Comparative Criminology*, 20, 165–73.

Rothbart, M. K., Derryberry, D. and Posner, M. I. (1994) A psychobiological approach to the development of temperament. In J. E. Bates and T. D. Wachs (eds.) *Temperament: Individual Differences at the Interface of Biology and Behavior*. Washington, DC: American Psychological Association.

Royse, D. and Buck, S. A. (1991) Evaluation of a diversion program for first-offence shoplifters. *Journal of Offender Rehabilitation*, 17, 147–58.

Russell, M. N. (1995) *Confronting Abusive Beliefs: Group Treatment for Abusive Men*. Thousand Oaks, CA: Sage Publications.

Russell, M. N. (2002) Changing beliefs of spouse abusers. In J. McGuire (ed.) *Offender Rehabilitation and Treatment: Effective Programmes and Policies to Reduce Re-Offending*. Chichester: Wiley.

Rutter, M. (1981) Epidemiological-longitudinal strategies and causal research in child psychiatry. *Journal of the American Academy of Child Psychiatry*, 20, 513–44.

Rutter, M. (1989) Pathways from childhood to adult life. *Journal of Child Psychology and Psychiatry*, 30, 23–51.

Rutter, M., Giller, H. and Hagell, A. (1998) *Antisocial Behavior by Young People*. Cambridge: Cambridge University Press.

Salekin, R. T. (2002) Psychopathy and therapeutic pessimism: clinical lore or clinical reality? *Clinical Psychology Review*, 22, 79–112.

Sanday, P. R. (1981) *Female Power and Male Dominance: On the Origins of Sexual Inequality*. Cambridge: Cambridge University Press.

Sanday, P. R. (2003) Rape-free versus rape-prone: how culture makes a difference. In C. B. Travis (ed.) *Evolution, Gender, and Rape*. Cambridge, MA: MIT Press.

Sanislow, C. A. and McGlashan, T. H. (1998) Treatment outcomes of personality disorders. *Canadian Journal of Psychiatry*, 43, 237–50.

Schmidt, J. D. and Sherman, L. W. (1993) Does arrest deter domestic violence? *American Behavioral Scientist*, 36, 601–9.

Schwartz, M. D. and Friedrichs, D. O. (1994) Postmodern thought and criminological discontent: new metaphors for understanding violence. *Criminology*, 32, 221–46.

Schweinhart, L. J., Barnes, H. V. and Weikart, D. P. (1993) *Significant Benefits: The High/Scope Perry Preschool Project*. Ypsilanti, MI: High/Scope Press.

Scully, D. (1990) *Understanding Sexual Crime: A Study of Convicted Rapists*. New York: Routledge.

Searle, J. R. (1995) *The Construction of Social Reality*. London: Penguin Books.

Serin, R. C. (1995) Treatment responsivity in criminal psychopaths. *Forum on Corrections Research*, 7, 23–6.

Serin, R. C. and Preston, D. L. (2000) Programming for violent offenders. *Forum on Corrections Research*, 12, 45–8.

Sherman, L. W. (1988) Randomized experiments in criminal sanctions. In H. S. Bloom, D. S. Cordray and R. J. Light (eds.) *Lessons from Selected Program and Policy Areas*. New Directions for Program Evaluation 37. San Francisco, CA: Jossey-Bass.

Sherman, L. W. (1990) Police crackdowns: initial and residual deterrence. *Crime and Justice: A Review of Research*, 12, 1–48.

Sherman, L. W., Berk, R. A. and 42 officers of the Minneapolis Police Department (1984) The specific deterrent effects of arrest for domestic assault. *American Sociological Review*, 49, 261–72.

Sherman, L. W., Farrington, D. P., Welsh, B. C. and MacKenzie, D. L. (eds.) (2002) *Evidence-Based Crime Prevention*. London: Routledge.

Sherman, L. W., Gottfredson, D., McKenzie, D. *et al.* (1997) *Preventing Crime: What Works, What Doesn't, What's Promising*. Washington, DC: Office of Justice Programs.

Sherman, L. W., Schmidt, J. D., Rogan, D. P. *et al.* (1991) From initial deterrence to long-term escalation: short custody arrest for poverty ghetto domestic violence. *Criminology*, 29, 821–50.

Shichor, D. and Sechrest, D. K. (eds.) (1996) *Three Strikes and You're Out: Vengeance as Public Policy*. Thousand Oaks, CA: Sage Publications.

Shields, I. W. and Jordan, S. A. (1995) Young sex offenders: a comparison with a control group of non-sex offenders. *Forum on Corrections Research*, 7, 17–19.

Shoda, Y., Mischel, W. and Wright, J. C. (1994) Intra-individual stability in the organisation and patterning of behavior: incorporating psychological situations into the idiographic analysis of personality. *Journal of Personality and Social Psychology*, 65, 1023–35.

Simmons, J. and colleagues (2002) *Crime in England and Wales 2001/2002*. London: Home Office Research, Development and Statistics Directorate.

Simon, L. M. J. (1998) Does criminal offender treatment work? *Applied and Preventive Psychology*, 7, 137–59.

Simons, R. L., Wu, C-I., Lin, K-H., Gordon, L. and Conger, R. D. (2000) A cross-cultural examination of the link between corporal punishment and adolescent antisocial behavior. *Criminology*, 38, 47–79.

Simourd, D. J. and Olver, M. E. (2002) The future of criminal attitudes research and practice. *Criminal Justice and Behavior*, 29, 427–46.

Simourd, L. and Andrews, D. A. (1994) Correlates of delinquency: a look at gender differences. *Forum on Corrections Research*, 6, 26–31.

Singleton, N., Meltzer, H., Gatward, R., Coid., J. and Deasy, D. (1998) *Psychiatric Morbidity among Prisoners: Summary Report*. London: Office for National Statistics.

Snyder, H. N. (1998) Appendix: serious, violent, and chronic juvenile offenders – an assessment of the extent of and trends in officially recognised serious criminal behavior in a delinquent population. In R. Loeber and D. P. Farrington (eds.) *Serious & Violent Juvenile Offenders: Risk Factors and Successful Interventions*. Thousand Oaks, CA: Sage Publications.

Snyder, J. J. and Patterson, G. R. (1987) Family interaction and delinquent behavior. In H. C. Quay (ed.) *Handbook of Juvenile Delinquency*. New York: Wiley.

Solomon, G. S. and Ray, J. B. (1984) Irrational beliefs of shoplifters. *Journal of Clinical Psychology*, 40, 1075–7.

Sommerhoff, G. (2000) *Understanding Consciousness: Its Function and Brain Processes*. London: Sage Publications.

Sorensen, J., Wrinkle, R., Brewer, V. and Marquart, J. (1999) Capital punishment and deterrence: examining the effect of executions on rates of murder in Texas. *Crime and Delinquency*, 45, 481–93.

Spivack, G. and Cianci, N. (1987) High-risk early behavior pattern and later delinquency. In J. D. Burchard and S. N. Burchard (eds.) *Prevention of Delinquent Behavior*. Newbury Park, CA: Sage Publications.

Spivack, G., Platt, J. J. and Shure, M. B. (1976) *The Problem-Solving Approach to Adjustment*. San Francisco, CA: Jossey-Bass.

Springer, D. W., McNeece, C. A. and Arnold, E. M. (2002) *Substance Abuse Treatment for Criminal Offenders: An Evidence-based Guide for Practitioners*. Washington, DC: American Psychological Association.

Stack, S. (1993) Execution publicity and homicide in Georgia. *American Journal of Criminal Justice*, 18, 25–39.

Stafford, M. C. and Warr, M. (1993) A reconceptualisation of general and specific deterrence. *Journal of Research on Crime and Delinquency*, 30, 123–35.

Staub, E. (1989) *The Roots of Evil: The Origins of Genocide and other Group Violence*. New York: Plenum Press.

Steadman, H. J., Fabisiak, S., Dvoskin, J. and Holohean, E. J. (1989) A survey of mental disability among state prison inmates. *Hospital and Community Psychiatry*, 38, 1086–90.

Steadman, H. J., Mulvey, E. P., Monahan, J. *et al.* (1998) Violence by people discharged from acute psychiatric inpatient facilities and by others in the same neighborhoods. *Archives of General Psychiatry*, 55, 393–401.

Steinberg, L. and Scott, E. S. (2003) Less guilty by reason of adolescence: developmental immaturity, diminished responsibility, and the juvenile death penalty. *American Psychologist*, 58, 1009–18.

Stolle, D. P., Wexler, D. B. and Winick, B. J. (eds.) (2000) *Practicing Therapeutic Jurisprudence: Law as a Helping Profession*. Durham, NC: Carolina Academic Press.

Stumphauzer, J. S. (1976) Elimination of stealing by self-reinforcement and alternative behaviour and family contracting. *Journal of Behavior Therapy and Experimental Psychiatry*, 7, 265–8.

Sukhodolsky, D. G., Kassinove, H. and Gorman, B. S. (2004) Congnitive-behavioral therapy for anger in children and adolescents: A meta-analysis. *Aggression and Violent Behaviour*, 9, 247–69.

Sugg, D. (1998) *Motor Projects in England and Wales: An Evaluation*. Research Findings 81. London: Home Office Research Development and Statistics Directorate.

Sundel, S. S. and Sundel, M. (1993) *Behavior Modification in Human Services: A Systematic Introduction to Concepts and Applications*. Newbury Park, CA: Sage Publications.

Surgeon General (2001) *Youth Violence: A Report of the Surgeon General*. Washington, DC: US Department of Health and Human Services (available online: http://www.surgeongeneral.gov/library/youthviolence/youvioreport.htm).

Swanson, J. W. (1994) Mental disorder, substance abuse, and community violence: an epidemiological approach. In J. Monahan and H. J. Steadman (eds.) *Violence and Mental Disorder: Developments in Risk Assessment*. Chicago, IL: University of Chicago Press.

Swanson, J. W., Estroff, S., Swartz, M. *et al.* (1997) Violence and severe mental disorder in the clinical and community populations: the effects of psychotic symptoms, comorbidity and lack of treatment. *Psychiatry*, 60, 1–22.

Swanson, J. W., Holzer, C. E., Ganju, V. K. and Jono, R. T. (1990) Violence and psychiatric disorder in the community: evidence from the Epidemiological Catchment Area surveys. *Hospital and Community Psychiatry*, 41, 761–70.

Sykes, G. and Matza, D. (1957) Techniques of neutralization: a theory of delinquency. *American Sociological Review*, 22, 664–73.

Szasz, T. S. (1961) *The Myth of Mental Illness: Foundations of a Theory of Personal Conduct*. New York: Harper & Row.

Tafrate, R. C. (1995) Evaluation of treatment strategies for adult anger disorders. In H. Kassinove (ed.) *Anger Disorders: Definition, Diagnosis and Treatment*. Washington, DC: Taylor & Francis.

Tarling, R. (1993) *Analysing Crime: Data, Models and Interpretations*. London: Home Office.

Taylor, I., Walton, P. and Young, J. (1973) *The New Criminology*. London: Routledge & Kegan Paul.

Taylor, P. J. and Gunn, J. (1999) Homicides by people with mental illness: myth and reality. *British Journal of Psychiatry*, 174, 9–14.

Taylor, R. (1999) *Predicting Reconvictions for Sexual and Violent Offences Using the Revised Offender Group Reconviction Scale*. Research Findings 104. London: Home Office Research, Development and Statistics Directorate.

Tellefsen, C., Cohen, M. I., Silver, S. B. and Dougherty, C. (1992) Predicting success on conditional release for insanity acquittees: regionalized versus nonregionalized hospital patients. *Bulletin of the American Academy of Psychiatry and Law*, 20, 87–100.

Teplin, L. A. (1990) The prevalence of severe mental disorder among male urban jail detainees: comparison with the Epidemiological Catchment Area program. *American Journal of Public Health*, 80, 663–9.

Teplin, L. A., Abram, K. M. and McClelland, G. M. (1996) Prevalence of psychiatric disorders among incarcerated women. *Archives of General Psychiatry*, 53, 505–12.

Thistlethwaite, A., Wooldredge, J. and Gibbs, D. (1998) Severity of dispositions and domestic violence recidivism. *Crime and Delinquency*, 44, 388–98.

Thornberry, T. P. (1987) Toward an interactional theory of delinquency. *Criminology*, 25, 863–91.

Thornberry, T. P. (1996) Empirical support for interactional theory: a review of the literature. In J. D. Hawkins (ed.) *Delinquency and Crime: Current Theories*. Cambridge: Cambridge University Press.

Thornberry, T. P. and Krohn, M. D. (2003) The development of panel studies of delinquency. In T. P. Thornberry and M. D. Krohn (eds.) *Taking Stock of Delinquency: An Overview of Findings from Contemporary Longitudinal Studies*. New York: Kluwer Academic/Plenum Publishers.

Thornberry, T. P., Lizotte, A. J., Krohn, M. D., Smith, C. A. and Porter, P. (2003) Causes and consequences of delinquency: findings from the Rochester Youth Development Study. In T. P. Thornberry and M. D. Krohn (eds.) *Taking Stock of Delinquency: An Overview of Findings from Contemporary Longitudinal Studies*. New York: Kluwer Academic/Plenum Publishers.

Thornton, D., Curran, L., Grayson, D. and Holloway, V. (1984) *Tougher Regimes in Detention Centres: Report of an Evaluation by the Young Offender Psychology Unit*. London: HMSO.

Thornton, T. N., Craft, C. A., Dahlberg, L. L., Lynch, B. S. and Baer, K. (2000) *Best Practices of Youth Violence Prevention: A Sourcebook for Community Action*. Atlanta, GA: National Center for Injury Prevention and Control.

Todorov, A. and Bargh, J. A. (2002) Automatic sources of aggression. *Aggression and Violent Behavior*, 7, 53–68.

Torstendahl, R. and Burrage, M. (eds.) (1990) *The Formation of Professions: Knowledge, State and Strategy*. London: Sage Publications.

Tracy, P. E., Wolfgang, M. E. and Figlio, R. M. (1985) *Delinquency in Two Birth Cohorts: Executive Summary*. Washington, DC: US Department of Justice.

Trasler, G. (1993) Conscience, opportunity, rational choice, and crime. In R. V. Clarke and M. Felson (eds.) *Routine Activity and Rational Choice*. Advances in Criminological Theory, Vol. 5. New Brunswick, NJ: Transaction Publishers.

Traverso, G. B. and Manna, P. (1992) Law and psychology in Italy. In F. Lösel, D. Bender and T. Bliesener (eds.) *Psychology and Law: International Perspectives*. Berlin: Walter De Gruyter.

Tremblay, R. E., Vitaro, F., Nagin, D. S., Pagani, L. and Séguin, J. R. (2003) The Montreal Longitudinal and Experimental Study: rediscovering the power of descriptions. In T. P. Thornberry and M. D. Krohn (eds.) *Taking Stock of Delinquency: An Overview of Findings from Contemporary Longitudinal Studies*. New York: Kluwer Academic/Plenum Publishers.

United Nations Office on Drugs and Crime (2003) *Global Illicit Drugs Trends 2003*. Geneva: UNODC (available online: http://www.unodc.org/unodc/global_illicit_ drug_trends.html).

Vazsonyi, A. T., Pickering, L. E., Belliston, L. M., Hessing, D. and Junger, M. (2002) Routine activities and deviant behaviors: American, Dutch, Hungarian and Swiss youth. *Journal of Quantitative Criminology*, 18, 397–422.

Vazsonyi, A. T., Pickering, L. E., Junger, M. and Hessing, D. (2001) An empirical test of a general theory of crime: a four-nation comparative study of self-control and the prediction of deviance. *Journal of Research in Crime and Delinquency*, 38, 91–131.

Vennard, J., Sugg, D. and Hedderman, C. (1997) *Changing Offenders' Attitudes and Behaviour: What Works?* Home Office Research Study 171. London: HMSO.

Vila, B. (1994) A general paradigm for understanding criminal behaviour: extending evolutionary ecological theory. *Criminology*, 32, 311–59.

Vizard, E., Monck, E. and Misch, P. (1995) Child and adolescent sex abuse perpetrators: a review of the research literature. *Journal of Child Psychology and Psychiatry*, 36, 731–59.

Vold, G. B., Bernard, T. J. and Snipes, J. B. (1998) *Theoretical Criminology*, 4th edn. New York: Oxford University Press.

Von Hirsch, A. (1976) *Doing Justice: The Choice of Punishments. Report of the Committee for the Study of Incarceration.* New York: Hill & Wang.

Von Hirsch, A. (1990) The ethics of community-based sanctions. *Crime and Delinquency*, 36, 162–73.

Von Hirsch, A. and Ashworth, A. (eds.) (1998) *Principled Sentencing: Readings on Theory and Policy*, 2nd edn. Oxford: Hart Publishing.

Von Hirsch, A., Bottoms, A. E., Burney, E. and Wikström, P. O. (1999) *Criminal Deterrence and Sentencing Severity: An Analysis of Recent Research*. Oxford: Hart Publishing.

Vrij, A. and Akehurst, L. (1998) Verbal communication and credibility: statement validity. In A. Memon, A. Vrij and R. Bull (eds.) *Psychology and Law: Truthfulness, Accuracy and Credibility*. London: McGraw-Hill.

Walker, M. A. (ed.) (1995) *Interpreting Crime Statistics*. Oxford: Clarendon Press.

Walker, N. (1991) *Why Punish? Theories of Punishment Reassessed*. Oxford: Oxford University Press.

Walker, N. and Padfield, N. (1996) *Sentencing: Theory, Law and Practice*. London: Butterworths.

Walklate, S. (1997) *Understanding Criminology: Current Theoretical Debates*. Buckingham: Open University Press.

Walters, G. D. (1992) A meta-analysis of the crime–gene relationship. *Criminology*, 30, 595–613.

Walters, G. D. (1998) *Changing Lives of Crime and Drugs: Intervening with Substance-Abusing Offenders*. Chichester: Wiley.

Ward, T., Hudson, S. M. and Keenan, T. R. (2001) The assessment and treatment of sexual offenders against children. In C. R. Hollin (ed.) *Handbook of Offender Assessment and Treatment*. Chichester: Wiley.

Ward, T. and Stewart, C. (2003) Criminogenic needs and human needs: a theoretical model. *Psychology, Crime and Law*, 9, 125–43.

Warr, M. and Stafford, M. (1991) The influence of delinquent peers: what they think or what they do? *Criminology*, 29, 851–66.

Webster, C. D., Douglas, K. S., Eaves, D. and Hart, S. D. (1997) *HCR-20: Assessing Risk for Violence. Version* 2. Burnaby, BC: Mental Health, Law and Policy Institute, Simon Fraser University.

Wegner, D. M. (2002) *The Illusion of Conscious Will*. Cambridge, MA: MIT Press.

Weiner, I. B. and Hess, A. K. (eds.) (2000) *Handbook of Forensic Psychology*, 2nd edn. New York: Wiley.

Weisburd, D. and Chayet, E. (1995) Specific deterrence in a sample of offenders convicted of white-collar crimes. *Criminology*, 33, 587–607.

Weisburd, D., Sherman, L. and Petrosino, A. J. (1990) *Registry of Randomized Criminal Justice Experiments in Sanctions*. Unpublished report, Rutgers University, University of Maryland and Crime Control Institute.

Wells, G. L. and Olson, E. A. (2003) Eyewitness testimony. *Annual Review of Psychology*, 54, 277–95.

Wells-Parker, E., Bangert-Drowns, R., McMillen, R. and Williams, M. (1995) Final results from a meta-analysis of remedial interventions with drink/drive offenders. *Addiction*, 9, 907–26.

Welsh, B. C. and Farrington, D. P. (2000) Correctional intervention programs and cost benefit analysis. *Criminal Justice and Behavior*, 27, 115–33.

Welsh, B. C. and Farrington, D. P. (2001) Evaluating the economic efficiency of correctional intervention programs. In G. A. Bernfeld, D. P. Farrington and A. W. Leschied (eds.) *Offender Rehabilitation in Practice: Implementing and Evaluating Effective Programs*. Chichester: Wiley.

Werner, E. E. (1987) Vulnerability and resiliency in children at risk for delinquency: a longitudinal study from birth to adulthood. In J. D. Burchard and S. N. Burchard (eds.) *Prevention of Delinquent Behavior*. Newbury Park, CA: Sage Publications.

Wesner, D. W. (1996) Cognitive factors mediating the social problem-solving ability of adolescent offenders. *Dissertation Abstracts International*, 57(1-B): 0768.

Wexler, D. B. (1991) An introduction to therapeutic jurisprudence. In D. B. Wexler and B. J. Winick (eds.) *Essays in Therapeutic Jurisprudence*. Durham, NC: Academic Press.

Wexler, D. B. (1996) Therapeutic jurisprudence and the criminal courts. In D. B. Wexler and B. J. Winick (eds.) *Law in a Therapeutic Key: Developments in Therapeutic Jurisprudence*. Durham, NC: Carolina Academic Press.

Wexler, D. B. (1998) How the law can use *What Works*: a therapeutic jurisprudence look at recent research on rehabilitation. *Behavioral Sciences and the Law*, 15, 368–9.

Wexler, D. B. and Winick, B. J. (1991) *Essays in Therapeutic Jurisprudence*. Durham, NC: Carolina Academic Press.

Wexler, D. B. and Winick, B. J. (eds.) (1996) *Law in a Therapeutic Key: Developments in Therapeutic Jurisprudence*. Durham, NC: Carolina Academic Press.

Whitehead, J. T. and Lab, S. P. (1989) A meta-analysis of juvenile correctional treatment. *Journal of Research in Crime and Delinquency*, 26, 276–95.

Whitton, A. and McGuire, J. (submitted) Problems and coping skills in adolescent offenders. Manuscript submitted for publication.

Widom, C. S. (1989) The intergenerational transmission of violence. In N. A. Weiner and M. E. Wolfgang (eds.) *Pathways to Criminal Violence*. Newbury Park, CA: Sage Publications.

Widom, C. S. and Maxfield, M. G. (2001) *An Update on the Cycle of Violence*. Washington, DC: National Institute of Justice (available online: http://www.ojp.usdoj.gov/nij).

Wiederanders, M., Bromley, D. L. and Choate, P. A. (1997) Forensic conditional release programs and outcomes in three states. *International Journal of Law and Psychiatry*, 20, 249–57.

Wikström, P. (ed.) (1990) *Crime and Measures Against Crime in the City*. Stockholm: National Council for Crime Prevention.

Wikström, P. and Loeber, R. (2000) Do disadvantaged neighborhoods cause well-adjusted children to become adolescents? A study of male juvenile serious offending, individual risk and protective factors, and neighborhood context. *Criminology*, 38, 1109–42.

Wilkinson, J. (1997) The impact of Ilderton motor project on motor vehicle crime and offending. *British Journal of Criminology*, 37, 568–81.

Williams, N. (1995) Cognitive skills groupwork. *Issues in Criminological and Legal Psychology*, 23, 22–30.

Wilson, D. B. (2001) Meta-analytic methods for criminology. *Annals of the American Academy of Political and Social Science*, 578, 71–89.

Wilson, D. B., Gallagher, C. A. and MacKenzie, D. L. (2000) A meta-analysis of corrections-based education, vocation and work programs for adult offenders. *Journal of Research in Crime and Delinquency*, 37, 568–81.

Wilson, D. B., Gottfredson, D. C. and Najaka, S. S. (2001) School-based prevention of problem behaviors: a meta-analysis. *Journal of Quantitative Criminology*, 17, 247–72.

Wilson, J. Q. and Herrnstein, R. J. (1985) *Crime and Human Nature*. New York: Simon & Schuster.

Wilson, S. J. and Lipsey, M. W. (2000) Wilderness challenge programs for delinquent youth: a meta-analysis of outcome evaluations. *Evaluation and Program Planning*, 23, 1–12.

Wilson, S. J., Lipsey, M. W. and Soydan, H. (2003) Are mainstream programs for juvenile delinquency less effective with minority youth than majority youth? A meta-analysis of outcomes research. *Research on Social Work Practice*, 13, 3–26.

Woolfenden, S. R., Williams, K. and Peat, J. K. (2002) Family and parenting interventions for conduct disorder and delinquency: a meta-analysis of randomised controlled trials. *Archives of Disease in Childhood*, 86, 251–6.

World Health Organization (1992) *The International Classification of Mental and Behavioural Disorders (ICD-10)*. 10th edn. Geneva: WHO.

Worling, J. R. and Långström, N. (2003) Assessment of criminal recidivism risk with adolescents who have offended sexually: a review. *Trauma, Violence and Abuse*, 4, 341–62.

Worrall, A. (1997) *Punishment in the Community: The Future of Criminal Justice*. Harlow: Addison Wesley Longman.

Wright, B. R. E., Caspi, A., Moffitt, T. E., Miech, R. A. and Silva, P. A. (1999) Reconsidering the relationship between SES and delinquency: causation but not correlation. *Criminology*, 37, 175–94.

Wright, B. R. E., Caspi, A., Moffitt, T. E. and Silva, P. A. (2001) The effects of social ties on crime vary by criminal propensity: a life-course model of interdependence. *Criminology*, 39, 321–51.

Wright, R. T. and Decker, S. H. (1994) *Burglars on the Job: Streetlife and Residential Break-ins*. Boston, MA: Northeastern University Press.

Wrightsman, L. S., Greene, E., Nietzel, M. T. and Fortune, W. H. (2002) *Psychology and the Legal System*, 5th edn. Belmont, CA: Wadsworth.

Yoshikawa, H. (1994) Prevention as cumulative protection: effects of early family support and education on chronic delinquency and its risks. *Psychological Bulletin*, 115, 28–54.

Zamble, E. and Porporino, F. J. (1988) *Coping, Behavior, and Adaptation in Prison Inmates*. New York: Springer.

Zamble, E. and Quinsey, V. (1997) *The Criminal Recidivism Process*. Cambridge: Cambridge University Press.

Zimring, F. E. and Hawkins, G. (1994) The growth of imprisonment in California. *British Journal of Criminology*, 34 (special issue), 83–96.

Zimring, F. E. and Hawkins, G. (1995) *Incapacitation: Penal Confinement and the Restraint of Crime*. New York: Oxford University Press.

Zinger, I. and Forth, A. E. (1998) Psychopathy and Canadian criminal proceedings: the potential for human rights abuses. *Canadian Journal of Criminology*, 40, 237–76.

Zuckerman, M. and Driver, R. E. (1985) Telling lies: verbal and non-verbal correlates of deception. In A. W. Siegman and S. Feldstein (eds.) *Multichannel Integration of Nonverbal Behaviors*. Hillsdale, NJ: Erlbaum.

Zumkley, H. (1994) The stability of aggressive behavior: a meta-analysis. *German Journal of Psychology*, 18, 273–81.

译后记

本书翻译分工如下：姚兵翻译第一章、第三章，张广宇翻译第二章、第四章，李颖翻译第五章、第六章，王志美翻译第七章、第八章。张广宇对全书进行了校对。由于译者水平有限，难免有所疏漏，敬请读者批评指正。另外，本书的翻译和校对工作从一开始就得到了李玫瑾教授的协助，在一定程度上弥补了译者的不足，于此一并表示谢意。